Natur und Modernität

Untersuchungen zu den Frauengestalten
in den Dramen Georg Kaisers

von

Mikyung Chu

Tectum Verlag
Marburg 2002

Die Deutsche Bibliothek - CIP-Einheitsaufnahme

Chu, Mikyung:
Natur und Modernität.
Untersuchungen zu den Frauengestalten in den Dramen Georg Kaisers.
/ von Mikyung Chu
- Marburg : Tectum Verlag, 2002
Zugl: Mainz, Univ. Diss. 2001
ISBN 3-8288-8355-9

© Tectum Verlag

Tectum Verlag
Marburg 2002

Dankesworte

Meinem Lehrer und Doktorvater, Prof. Dr. Dieter Kafitz, verdanke ich mehr, als hier gesagt werden kann. Er hat mich durch kritische Anmerkungen und sorgfältige Betreuung ermutigt und unterstützt.

Auch allen deutschen und koreanischen Kollegen, die mit Interessen und Wohlwollen den Fortgang meiner Arbeit begleitet haben, möchte ich danken. Mein besonderer Dank gilt Susanne Krumb, Inka Gritzner, Dr. Stefan Ringel und Wolfgang Hackenberg, die mir während meinen Studien- und Promotionszeit mit mühevoller und geduldiger Korrekturarbeit und Diskussionsbereitschaft geholfen haben.

Verständnis- und liebevoll standen meine Eltern in langjährigen Studienzeiten an meiner Seite, denen ich nur von ganzen Herzen danken kann.

Mainz, 18. Januar 2002   Mikyung Chu

INHALT

Einleitung 1

1. Lebensphilosophie und Körperkult Nietzsches 10
   1. 1 Grundzüge einer immoralistischer Lebensphilosophie Nietzsches 10
   1. 2 Nietzsches und Kaisers Bilder der neuen Frau 15
   1. 3 Die neue Frau zwischen Tradtion und Moderne 21
      1. 3. 1 Differenzierung der Judith-Figuren bei Hebbel und Kaiser 21
      1. 3. 2 Kaisers Judith zwischen Jungfrau und Weib 26
      1. 3. 3 Körperlichkeit und Vitalität 30
   1. 4 Radikales Umdenken in der Sexualmoral 34
      1. 4. 1 Brechen der alten Tafeln 34
      1. 4. 2 Die alten Wertvorstellungen komödienhaft kritisiert 38

2. Neue Sachlichkeit - Rückkehr zur Verinnerlichung 45
   2. 1 Neue Sachlichkeit - ein Epochenbegriff 45
   2. 2 Der Technikkult und die Krise des Lebens 49
   2. 3 Kaisers Zeitstücke in den zwanziger Jahren 56
   2. 4 *Nebeneinander* - Expressionsmus und Neue Sachlichkeit 59
      2. 4. 1 Merkmale der Neuen Sachlichkeit 60
      2. 4. 2 Die antithetische Spannung zwischen Menschlichem und Mechanischem 65
      2. 4. 3 „Neusachliche" Frauen als Modell gegen die Konsumgesellschaft? 74
      2. 4. 4 Symbol-Gegenstände 77
   2. 5 Höhe- und Wendepunkt der Neuen Sachlichkeit in *Hellseherei* 79
      2. 5. 1 Die Dreierbeziehung in der Ringgeschichte 83
      2. 5. 2 Hellseherei und die Flucht in die Illusion 88
      2. 5. 3 Farbensymbolik und -kontrast 97

3. *Rosamund Floris* : Liebe als Einheit eines dialektischen Prozesses 106
   3. 1 Rosamunde Floris - Naturfrau 107
      3. 1. 1 Das Wesen der Liebe als Inbegriff des Lebens 108

3. 1. 2 Rosamunde - Natursymbol	110
3. 2 Mondsymbolik und Liebe	117
3. 2. 1 Licht und Dunkel in der Seinsfrage	118
3. 2. 2 Rosamunde Floris die Lichtgestalt	119
3. 3 Natur, Imagination und Mystik	127
3. 3. 1 Laotses Spuren in *Rosamunde Floris*	128
3. 3. 2 Rezeption des Taoismus im Expressionismus	135
3. 3. 3 Naturhaftes Selbstbewußtsein der weiblichen Welt	140
4. Kaisers späte Schaffensperiode und sein Exil	151
4. 1 Treibhaussymbol für die reine Liebeswelt	155
4. 2 Kinder als Träger des Erlösungsgedankens	167
4. 3 Lichtmetapher-Frauen im Sinne des Lebensprinzips	175
5. Schlußfolgerung	182
6. Literaturverzeichnis	186

Einleitung

Gegenstand der vorliegenden Arbeit sind die Dramen Georg Kaisers, in denen häufig Frauen als Titelfiguren auftreten und als solche den Männern gegenüberstehen. Die Frauenfiguren prägen unter dem Einfluß des sozialen Umfeldes ihren Charakter aus. In ihrer Entwicklung zeigen sich politische, wirtschaftliche und soziale Probleme, wie sie für den Anfang des 20. Jahrhunderts kennzeichnend sind. Das bürgerliche Milieu in Kaisers Werken ist aber nicht ausschlaggebend für die verhängnisvolle Entwicklung der Frauenfiguren. Denn diese handeln nach ihren eigenen Wünschen und aus ihrem eigenen Willen. Sie nehmen keine Rücksicht auf andere Menschen und schrecken selbst vor Mord nicht zurück. Was passiert, wird in stark symbolischer und mystifizierender Weise dargestellt. Die Frauengestalten sind in ihren Reaktionen nicht sozial determiniert, sondern reagieren in den jeweiligen Situationen spontan und unabhängig. Sie sind auf bestimmte Ziele fixiert und gerade in ihrer Zielstrebigkeit überzeugen sie ihre soziale Umwelt.

Während in den expressionistischen Dramen der Blütezeit Georg Kaisers die Beziehung zwischen dem Einzelnen und der Gesellschaft im Mittelpunkt steht, beschäftigen sich die späten Dramen mit dem Verhältnis zwischen Mann und Frau. Gefühle wie Wärme, Liebe und Zuversicht stehen im Vordergrund und dienen als Hilfe zur Überwindung existentieller Nöte. Biographisch gesehen spiegeln sich die Folgen materiellen Mangels und der Kontaktarmut des Dramatikers während der wirtschaftlichen Krisenzeit in den Themen der späten Dramen. Diese Erfahrungen fallen in die Zeit seines Exils in der Schweiz und führen zu einem Rückzug in die Innerlichkeit. Die Verabsolutierung der Subjektivität und des Gefühls in den Dramen dieser Periode - beispielsweise in *Rosamunde Floris*, *Alain und Elise* und *Der Gärtner von Toulouse* - geht mit der Ausschaltung des objektiven Wirklichkeitsraumes und einer uneingeschränkten Konzentration auf die private Existenz einher. Die Tendenz zur Subjektivierung löst das Drama aus den realistischen Bezügen heraus und gipfelt in der Gestaltung zeitloser, visionärer Ideen. Stellvertretend hierfür könnte man das Fluchtmotiv in *Rosamunde Floris* anführen, das eine Flucht in die häusliche Idylle zum Inhalt hat und einen Gegenentwurf zum Nationalsozialismus jener Jahre darstellt.

Auch wenn sich in den späten Stücken des an seinem Lebensabend stehenden Dramatikers eine Vorliebe für das Subjektive zeigt, steht diese dennoch in Zusammenhang mit seinem Hauptthema, dem Aufbruch zu einem neuen Menschen, der in den ausgewählten Dramen als Aufbruch zu einem ‚modernen' Frauenbild realisiert ist. Seine Frauengestalten sind so eigenwillig und emanzipiert, daß sie kompromißlos zu ihren Zielen drängen und sich nicht beirren lassen.

Im ersten Teil dieser Arbeit soll das frühe Drama *Die jüdische Witwe* (1909) in Abgrenzung von Hebbels *Judith* betrachtet werden. Dabei sollen Nietzsches Lebensphilosophie und der Körperkult der Zeit für die Interpretation berücksichtigt werden. Zum einen spielen die Andeutungen - „Das Mahl und das Weib halten: ist die Kunst der Kamelwäscher" und „Wer führt aber den Pflug in den Mutterschoß?" - die aus Nietzsches *Also sprach Zarathustra* stammen, in der Bestimmung von Kaisers naturverbundenen Frauenbildern eine wichtige Rolle. Zum andern durchzieht der als Untertitel eingeschobene Vers - „O, meine Brüder, zerbrecht, zerbrecht mir die alten Tafeln!" - die gesamte Handlung des Dramas.

Der zweite Teil befaßt sich mit dem Epochenbegriff der Neuen Sachlichkeit, der dazu dient, die neusachlichen Dramen Kaisers zu charakterisieren und sie vom Programm des Expressionismus zu unterscheiden. Im Mittelpunkt stehen zwei Dramen: Das Volksstück *Nebeneinander* (1923) und das Gesellschaftsstück *Hellseherei* (1928/29). Beide Werke thematisieren die durch den Umbruch der modernen Zeit entstandenen geistigen Situationen der Großstadtmenschen in den zwanziger Jahren, wobei sich die Kritik des Autors gegen die inhumane Ellbogen-Mentalität in der Großstadt richtet.

Im dritten Teil ist *Rosamunde Floris* (1937/38) Gegenstand der Analyse, ein Drama, in dem die Protagonistin zum einen als eine die Rückkehr zur Natur verkörpernde Idealfigur Laotses Naturbegriff repräsentiert, zum andern im Zusammenhang mit dem Kindsmord-Motiv Gerhart Hauptmanns *Rose Bernd* (1903) gegenübersteht.

Der fernöstliche Einfluß von Laotses(老子) Philosophie, des Taoismus, auf Kaisers dichterische Schöpfung ist außer wenigen Zeilen in seinem Notizbuch nicht bewiesen, aber der Ausgangspunkt der geistigen Verwandtschaft zwischen den beiden Denkern ist bezeichnend. Der Untertitel zu *Rosamunde Floris*, „Vollendete Reinheit ist Einfalt", stammt aus Laotses *Tao-te-ching* (道德經   ). Kaiser muß also dieses rätselhafte Werk aus der chinesischen Frühgeschichte gekannt haben. Aus diesem Grund werden Laotses Taoismus und dessen Anhängerschaft in der Dichtung während der Weimarer Republik zur Deutung der „Laotse-Epoche" mit einbezogen.

Der vierte Teil vergleicht Stoffe und Motive der späten Dramen *Agnete* (1935), *Der Gärtner von Toulouse* (1937/38), *Alain und Elise* (1937/38) und *Die Spieldose* (1943). Diese Dramen werden nicht im einzelnen analysiert. Es geht vielmehr um die Akzentuierung moderner Züge der Frauenfiguren, zu denen u.a. die selbstbestimmte, metaphysische Liebe zu dem geliebten Mann zählt. Diese Protagonistinnen nutzen die konfliktgeladene Situation mit verändernder Tatkraft und setzen sich durch. Sie sind radikal, um die idealisierte Vorstellungswelt und die Heiligkeit der Liebe zu verteidigen.

Bei oben genannten Texten müssen deren politische, soziale und kulturelle Entstehungsbedingungen mit berücksichtigt werden, um die Frauengestalten nicht ausschließlich aus feministischer Perspektive zu interpretieren. Aus geschlechtsideologischer Sicht wären sie nur funktionale Gestalten am Rande der patriarchalischen, bürgerlichen Gesellschaft. Bei genauerer Beobachtung ihrer Vielfältigkeiten stellen sie sich jedoch als die eigentlichen Protagonistinnen heraus. Abgesehen von den modernen Zügen sind die Frauenfiguren als starker Gegenpol zu den schwächeren männlichen Figuren dargestellt. Die Geschlechter stehen sich zwar gegenüber, bilden aber, wie zu zeigen sein wird, eine harmonische Einheit im Sinne der Urprinzipien des Daseins, wie z.B. Licht und Finsternis, Geist und Körper, Himmel und Erde, Feuer und Wasser, Yin und Yang (陰陽   ). Beide Pole prallen nicht aufeinander. Es kommt auch nicht zum Geschlechterkampf.

Die vorliegende Arbeit versucht, unter der Perspektive dieses Dualismus die Frauenfiguren im Zusammenhang mit der Lichtmetaphorik zu behandeln und sie als Vertreterinnen eines progressiven Frauenbildes herauszustellen. Die Protagonistinnen, die nach der absoluten Liebe suchen, werden mehr oder weniger stark mit Metaphern des Lichts verbunden, während die männlichen Antagonisten eher durch Zeichen der Schwäche und Passivität charakterisiert werden. Die Handlungen verlaufen auf einer höchst expressiven Sprachebene und erzeugen große dramatische Spannungen und Schnelligkeit im Wechsel der Rollen. Die Frauenfiguren verkörpern einen entschlossenen Willen zur absoluten Einheit von Geist und Körper, verbunden mit einer Flucht in eine mystisch-irreale Welt. Dazu sagt Kaiser selbst in seinen theoretischen Äußerungen *Die Sinnlichkeit des Gedankens*:

> Kunst ist der großartigste Ausbruch von Sinnlichkeit. Andere Formen des Eros werden vor ihm nicht verächtlich - aber klein. Doch um diesen Unterschied geht es: was groß - was klein! Es ist sehr reizvoll, von einer Frau im Blut entzündet zu sein - aber es ist nicht stark. Sehr eigenartig können Probleme zwischen Frau und Mann pendeln - aber es sind Verwicklungen, Anlässe zu erbärmlichen Spannungen. Sie mit dem Mittel der Kunst darzustellen - heißt auf halbem Weg stehen bleiben. Lyriker, Romantiker, Naturalist sein.[1]

Um die Modernität und Vitalität seiner weiblichen Figuren in ihrer ganzen Tragweite zu erfassen, erscheint es sinnvoll, sie mit Frauenfiguren in den gleichzeitigen naturalistischen Dramen Hauptmanns zu vergleichen. In den naturalistischen Dramen vollzieht sich ein mühsamer Prozeß bürgerlicher Emanzipation auf verschiedenen gesellschaftlichen Ebenen. Das Sozialisationsmuster der kleinbürgerlichen Familie wird im Hinblick auf die Unterdrückung individualistischer Moral und die Determinationselemente ‚Milieu' und ‚Vererbung' thematisiert. Der Versuch des Individuums, aus dem Milieu auszubrechen, gelingt nicht, das Einzelwesen ordnet sich den übergeordneten Institutionen unter. Stellvertretend dafür kann *Rose Bernd*

---

[1] Kaiser, Georg: Werke 4. Hrsg. v. Walther Huder. Frankfurt a. M. 1971. S. 587. Im folgenden werden Band- und Seitenzahl in Klammern angegeben.

genannt werden. Die Kindsmörderin, nimmt sich unter dem moralischen Druck des Umfeldes und dem Zwang der Gesellschaft das Leben.

Anders als im Naturalismus artikuliert das expressionistische Drama den Aufbruch des Einzelnen, die Rebellion gegen die Vätergeneration sowie eine Utopie und die Vision eines neuen Menschentums. Die Protagonisten in expressionistischen Dramen befinden sich auf der Suche nach dem neuen Menschen und kündigen eine mitmenschliche Utopie an. Bereits in Kaisers Dramen der frühen Schaffensperiode, wie z. B. in *Die jüdische Witwe*, deutet sich der Entwurf eines neuen Menschentums an. Sie unterscheiden sich auch auf Grund ihrer sprachlichen Gestaltung und des progressiven, vitalistischen Frauenbildes erheblich von den naturalistischen Dramen.

Das moderne Frauenbild in der mittleren Schaffensperiode Kaisers wird im Zusammenhang mit den kulturellen, sozialen und wirtschaftlichen Wandlungen der Weimarer Republik und mit Blick auf den Epochenbegriff Neue Sachlichkeit thematisiert. Seit Mitte der zwanziger Jahre ist das deutsche Großstadtleben durch amerikanische Einflüsse als Ausdruck modernen Lebensgefühls geprägt. Berlin ist die erste große deutsche Stadt, in der das Gefühl der Befreiung von bindenden Traditionen aufkommt. Beteiligt sind daran Filmindustrie, Kabaretts, Nachtklubs, Illustrierten und Trivialromane. Auf der Bühne treten junge Frauen, Girls, spärlich bekleidet als Vamps auf. Die Begeisterung des Publikums für die Elastizität und Vitalität der sich bewegenden Frauen kann offensichtlich mit der Neubewertung des Sports am Anfang dieses Jahrhunderts in Verbindung gebracht werden, worauf hier nicht ausführlich eingegangen werden soll. Der nackte Frauenkörper wird als Werbeobjekt in Illustrierten und auf Plakaten verwendet, und die zum modernen Liebesleben gehörenden Aspekte des Genusses und der Sexualität werden in der Öffentlichkeit offen dargestellt. Aufgrund der Freizügigkeit im Umgang mit sexuellen Fragen strebt man nach einem möglichst spannenden, abwechslungsreichen Sexualleben.[2] In dieser sozialen, politischen und kulturellen Umbruchsphase lösen sich immer mehr Menschen aus ihren kleinstädtischen und patriarchalisch-familiären Bindungen und Traditionen. Viele Tabus fallen und engagierte Menschen streben nach freier Liebe.

---

[2] Vgl. J. Hermand und F. Trommler: Die Kultur der Weimarer Republik. München 1978. S. 87.

Im Zuge dieser Veränderung bildet sich ein Frauentyp heraus, dessen Existenz finanzielle Unabhängigkeit durch Erwerbstätigkeit voraussetzt, sei es als Arbeiterin am Fließband in einer Fabrik oder als Büro-Angestellte. Das geschlechtsspezifische Rollenspiel wird somit lockerer und freizügiger. Mit dieser öffentlichen Stellung der Frau findet eine Neuorientierung im Hinblick auf die Rolle der Frau in der Gesellschaft statt. Außerdem haben das Großstadtleben und dessen Anonymisierung allmählich eine einer Befreiung gleichkommende Versachlichung der zwischenmenschlichen Beziehungen verursacht.

Parallel zu Wirtschaftsaufschwung und Fortschrittsoptimismus sind zivilisationskritische Stimmen zu vernehmen, die sich von dem expressionistischen Programm verabschiedet haben. Eine Gegenbewegung zum Expressionismus ist in der Malerei nachzuweisen, die gemäß dem Motto ‚Rückkehr zur Wirklichkeit und klarer Erfassung der objektiven Formen' um 1925 aufkommt. In Abgrenzung von den ekstatischen, utopischen, visionären und sozialrevolutionären Kunstformen bei den Expressionisten entwickeln die neusachlichen Tendenzen nüchterne, realistische und kühle Formen. Diese sind nicht nur in der deutschen, sondern in der gesamten europäischen Malerei verbreitet. Die Neue Sachlichkeit wird in allen kulturellen Bereichen als Erlösung von der expressionistischen Ekstase verstanden. Im Gegensatz zur Naturverherrlichung der Expressionisten schätzen die Vertreter der Neuen Sachlichkeit, wie Otto Dix und George Grosz, in der Naturwahrnehmung das Ungekünstelte und Einfache. Sie tragen zu einer zunehmenden Entromantisierung der Natur bei.[3] Natur wird nicht mehr als das Ferne, das Unerreichbare, sondern als etwas für den Menschen Zugängliches betrachtet, die Berge werden z. B. zu Orten beliebter Freizeitbetätigung. Die Maler und Dichter schildern nicht mehr bewundernd Sonnenaufgänge, sie wollen vielmehr sachliche Reporter und Berichterstatter sein und wenden sich gegen jede Form gefühlsmäßigen Überschwangs.[4] In der Dichtung ist eine Tendenz zu knappen, sachlichen Sätzen erkennbar. Es dominieren eheliche bzw. familiäre und zwischenmenschliche Themen.

---

[3] Vgl. Hermand / Trommler 1978, S. 65.
[4] Vgl. Hermand / Trommler 1978, S. 65.

In den Dramen werden geschichtliche und zeitgenössische Stoffe mit desillusioniernder Ironie dargeboten. Es ist daher nicht überraschend, daß Brechts episches Theater durch politisches Engagement die Aufklärung der Bevölkerung bezweckt und dank des Regisseurs Leopold Jessner zu Weltruf kommt. Kaisers neusachliche Dramen unterscheiden sich von Brechts epischem Theater, aber ähnliche dramatische Effekte verbinden beide miteinander.

In der Kaiser-Forschung, die vom Anfang der zwanziger Jahre über zahlreiche neue Ansätze und Reinterpretationen seiner Dichtung in den sechziger Jahren bis hin zu einem Symposium in Edmonton/Kanada in den siebziger Jahren reicht, werden repräsentative expressionistische Dramen und deren sprachstilistische Elemente untersucht. Die daraus resultierenden Ergebnisse und Urteile bestimmen das heutige Kaiser-Bild.

In den letzten Jahrzehnten sind im angelsächsisch-amerikanischen Bereich einige Arbeiten erschienen, die speziell Kaisers Protagonistinnen analysieren. Sie erlauben einen Blick auf die bisher in der Kaiser-Forschung vernachlässigten Frauenfiguren. Es mangelt ihnen oft an detaillierter textimmanenter Interpretation. Diese Arbeiten belegen aber, daß auch Kaisers späte Dramen aufschlußreiche Ansätze für eine Interpretation der Frauengestalten bieten, und regen zur weiteren Beschäftigung mit ihnen an.

Die 1986 in Houston erschienene Dissertation von Wolfgang H. Justen basiert strukturell auf den beiden späten Frauen-Dramen *Rosamunde Floris* und *Alain und Elise*. Er untersucht das Wahrheitsproblem, das gleichzeitig den Sinn des Seins bedeuten soll. Dafür benötigt Justen mehrere Kapitel zu Kaisers Biographie, die er im Übermaß strapaziert. Er kommt damit nicht über eine chronologische Faktenbeschreibung hinaus und leistet keinen effizienten Beitrag zur Dramenanalyse. Sein Interpretationsversuch verweist zwar die Kaiser-Forschung auf die Motive der beiden wenig bekannten Frauen-Dramen, erschöpft sich aber in einer unverbindlichen Aneinanderreihung inhaltlicher Leitgedanken.

Carol Diethes 1988 erschienene Publikation, die sich unter dem Titel *Aspects of Distorted Sexual Attitudes in German Expressionist Drama* mit den Werken von drei Dramatikern - Wedekind, Kokoschka und Kaiser - beschäftigt, bietet aufgrund des feministischen Ansatzes weniger eine Analyse der dominanten Frauengestalten im expressionistischen Zeitraum als eine von vornherein von einer hierarchischen Geschlechtsideologie ausgehende Gegenüberstellung der Ansichten der drei Autoren. Dabei zieht Diethe aus der Analyse der sporadisch ausgewählten Textpassagen von Kaisers Dramen eine skeptische Schlußfolgerung. Aus der Sicht der häuslichen Kategorie wie Ehe, Familie und Kindergeburt interpretiert sie die Frauengestalten - Judith in *Die jüdische Witwe*, Europa in *Europa* und die Frau in *Von morgens bis mitternachts* - und stellt sie als „Opfer oder Verlierer" im Geschlechtskampf mit den Männern dar.

Die vorliegende Arbeit hat das Ziel zu zeigen, daß die Frauengestalten ästhetische Selbstdarstellungen Georg Kaisers sind. Sie sind eine Projektion seines Ideals und werden zum ästhetischen Ausdruck seiner Sehnsucht nach einer unerreichbaren Naivität. Natur und Geist bedeuten bei Kaiser nicht feindliche, sondern friedliche Gegensätze. Das verbindet Kaiser mit dem chinesischen Mystiker Laotse, dessen Naturbegriff unmittelbar mit Reinheit und Naivität des Menschen zusammenhängt. Der Weg, den Laotse weist, führt den Menschen von der Zivilisation zur Natur, vom Künstlichen zum Selbstverständlichen und Einfachen zurück. Die Rückkehr zur Natur beinhaltet daher nicht nur die naturnahe Umgebung, sondern auch den inneren Zustand des Menschen, in dem er ohne Rennen und Jagen Ruhe und Harmonie mit sich selbst bewahrt. Demgemäß sind die Frauenfiguren Kaisers nicht in einem traditionellen konservativen Sinne als naturhaft zu verstehen, sondern sie repräsentieren einen neuen Menschen, der seine geheimen Wünsche in einer mythisch-irrealen Welt zu verwirklichen sucht.

Ausgehend von der Liebesthematik und den ursprünglichen Gegensätzen wie Geist und Natur, Himmel und Erde, Wärme und Kälte, Licht und Dunkel, Mann und Frau, soll in der vorliegenden Arbeit mit Nachdruck hervorgehoben werden, wie Kaiser in seinen frühen Werken, eingebunden in das tägliche Leben und die

Gesellschaft, Zeitkritik übt, während er in den späten Dramen aus seiner Isolation heraus die ihm ferne Außenwelt abwertet.

Die mit höchster Spannung beladene Wechselbeziehung zwischen Mann und Frau in den hier zu behandelnden Dramen soll mittels textnaher Analysen herausgearbeitet werden.

1. Lebensphilosophie und Körperkult Nietzsches

Die Begriffe, die Nietzsches Philosophie im allgemeinen bestimmen, wie ‚Übermensch‘, ‚Wille zur Macht‘ und ‚Wiederkehr des Gleichen‘, sind Grundelemente, die zum Aufbau seiner Philosophie dienen. Sie bedingen auch die metaphorischen Bilder in dem nicht leicht faßbaren Nebeneinander seiner Werke, das sich jeder greifbaren objektiven Erfassung zu entziehen scheint. Sowohl *Also sprach Zarathustra* wie auch Aphorismen und Gedichte erlauben keine eindeutige Festlegung. Mehrdeutige und widersprüchliche Aussagen verhindern eine einheitliche Linie. Die folgenden Ausführungen geben einen Überblick über Nietzsches Lebensphilosophie. Ihre Bedeutung erscheint insofern wichtig, als seine philosophische Kulturkritik in der brüchigen Zeit zu Anfang des 20. Jahrhunderts die Aufmerksamkeit der jungen rebellischen Intellektuellen wie Georg Kaiser und anderer zeitgenössischer Dichter findet und in der Literatur, vor allem im Expressionismus, unauslöschliche Spuren hinterläßt. Daran anschließend sollen in diesem Abschnitt die bedeutsamen Begriffe ‚Zucht‘ und ‚Züchtung‘ in der dionysischen Lebenswelt und Nietzsches Frauenbilder vermittelt und daraus Schlußfolgerungen für die Interpretation gezogen werden. Es ist dabei zu überprüfen, inwiefern Nietzsches Lebensphilosophie mit Kaisers Dichterwelt in dem Drama *Die jüdische Witwe* zusammenhängt.

1. 1 Grundzüge einer immoralistischen Lebensphilosophie Nietzsches

Den meisten Nietzsche-Interpreten gilt *Also sprach Zarathustra* als ein dichterisches Werk, das sich von den übrigen philosophischen Schriften abhebt. Zarathustra, der orientalische und alttestamentarische Prophet, bedient sich einer von Metaphern und Anspielungen geprägten Sprache, die bei den entscheidenden Diskussionen und Monologen immer wieder in Visionen mündet. Wenn man ausschließlich auf die Bildlichkeit und den treffenden Ausdruck im Sprachstil Nietzsches achtet, könnte man *Also sprach Zarathustra* als eine Dichtung ansehen. Das Werk beginnt an irrealen Schauplätzen, welche Zarathustras Reden über die Sonne und den Übermenschen evozieren. Die Szenenausstattung (Gebirge, Wald und Marktplatz) verdeutlicht die Vielschichtigkeit der inneren, unsichtbaren Situation Zarathustras, wie sie am Ende des Gesprächs mit dem Heiligen in den Worten zum Ausdruck kommt: „Da erhob sich Zarathustra und sagte zu seinem Herzen: Wahrlich, einen schönen Fischfang tat heute Zarathustra! Keinen Menschen fing er, wohl aber einen Leichnam!"[5] Hinsichtlich der großen Themen und ihres Mißverständnisses beschreibt Karl Schlechta die Schwierigkeiten der Nietzsche-Lektüre folgendermaßen: „Die bleibenden Themen Nietzsches bilden einen aufs innigste in sich zusammenhängenden Komplex - nicht [. . .] im Sinne einer systematischen Ordnung, sondern so, daß ziemlich gleichartig alles, nach allen Seiten hin, Verwandtem, auch wiederum Gleichgeartetem verhaftet erscheint."[6]

Um Nietzsches eigenartige Verbindung von Philosophie und dichterischen Zügen zu erkennen, kann man auf den Gegensatz des Apollinischen und Dionysischen verweisen, der die wesentlichen Aspekte kulturkritischen Denkens vereint, wie er ihn am Fall der griechischen Tragödie entwickelt. In *Nietzsches Philosophie* sieht Eugen Fink die beiden Gesichter des Janus im Namen des Dionysos und interpretiert die dionysische Welt als eine lichterfüllte Seinsform im ontologischen Sinne:

> Nietzsche greift nicht zur mythischen Erinnerung nur, wenn er seine widerspenstig-einheitliche Grundauffassung des Lebens aussagen will, er sieht in der Morgendämmerung einen neuen Mythos von der Göttlichkeit der Welt. Wenn man einmal begriffen hat, daß ‚Dionysos' Nietzsches Name für das Sein, das lebendige, bauend-zerstörende Sein selbst ist und so Wille zur Macht und Ewige Wiederkunft zusammen meint, aber ihren Gegensatz dabei nicht auslöscht, wird es auch verständlich, warum im vierten Buch des „Willens zur Macht" Dionysos in der Mitte steht.[7]

---

[5] Nietzsche, Friedrich: Also sprach Zarathustra (KSA 4) S. 22f. Im folgenden wird Nietzsche nach der kritischen Studienausgabe zitiert: Sämtliche Werke. Kritische Studienausgabe. Hrsg. von G. Colli und M. Montinari. 15 Bd. München. 2., durchgesehene Aufl. 1988.
[6] Schlechta, Karl: Der Fall Nietzsche. Aufsätze und Vorträge. München 1958. S. 20.
[7] Fink, Eugen: Nietzsches Philosophie. Stuttgart 1960. S. 173f.

Nietzsches radikale Kulturkritik verneint die Vergangenheit und verwirft alle Traditionen. Mit kritischem und historischem Bewußtsein soll sich der neue Mensch an die abendländische Vergangenheit erinnern und sie radikal umkehren. Erst mit der Kritik an der etablierten Moral, Religion und schließlich an dem abendländischen Kulturgut ist der neue Mensch in der Lage, alle Werte neu zu definieren und sein eigenes Leben zu führen. Dies ergibt Nietzsches immoralisches Weltverständnis. Zu Nietzsches Weltprinzip bezieht Fink aus der Sicht der Metaphysik Stellung:

> Tragisch ist ihm die Zerrissenheit des Ganzen des Seins in den Gegensatz der Nacht, wo alles eins ist, und des Tages, wo alles vereinzelt erscheint. Das uralte Motiv des Kampfes von Nacht und Licht beherrscht Nietzsches Grundkonzeption; und wenn er später seine Verkündigung Zarathustra in den Mund legt, so ist es nicht nur, weil dieser Perser den moralischen Dualismus, den er in die Welt gebracht habe, auch als erster widerrufen müsse; Nietzsches Zarathustra bleibt dem persischen Ur-Motiv des Kampfes von Nacht und Licht gerade mit seiner tragischen, dionysischen Weisheit treu.[8]

Nietzsches letztes Buch *Wille zur Macht* ist ‚Zucht und Züchtung' überschrieben und in drei Abschnitte gegliedert: ‚Rangordnung', ‚Dionysos', ‚Die Ewige Wiederkunft'. Sein letzter Mensch entsteht durch den Tod Gottes. Er ist Übermensch und hat den Willen zur Macht. Der schaffende Mensch ist der schöpferisch Spielende, der sich Werte setzt und einen starken Willen zur Macht hat. Mit diesem Grundgedanken vom Wille zur Macht zeigt Nietzsche nach Fink die Zukunftsphilosophie und zugleich den Gegensatz zweier Kunstprinzipien:

> Wille zur Macht und Ewige Wiederkunft verhalten sich wie das Apollinische und das Dionysische. Der anfängliche Gegensatz zweier Kunstprinzipien radikalisiert sich am Ende seines Denkweges zum Gegensatz von Wille zur Macht und Ewiger Wiederkunft - und wird einheitlich im Namen des Dionysos begriffen.[9]

---

[8] E. Fink 1960, S. 28.
[9] E. Fink 1960, S. 173.

Nach der Lehre der Rangordnung, im Sinne des Willens zur Macht, folgt der Zustand des neuen Menschen dem Wiederkunftsgedanken. Dies ergibt den Begriff ‚Zucht' des menschlichen Daseins im doppelten Sinne. Der neue Mensch nimmt den Willen zur Macht und die Ewige Wiederkunft wahr, die wiederum mit dem Namen Dionysos chiffriert wird. Dionysos ist also die Einheit, die Wille zur Macht und Ewige Wiederkunft miteinander verbindet. Unter dem Titel *Was ich den Alten verdanke* in *Götzen-Dämmerung* verehrt Nietzsche den dionysichen Willen zum Leben:

> Denn erst in den dionysischen Mysterien, in der Psychologie des dionysischen Zustands spricht sich die Grundthatsache des hellenischen Instinkts aus - sein „Wille zum Leben". Was verbürgte sich der Hellene mit diesen Mysterien? Das ewige Leben, die ewige Wiederkehr des Lebens; die Zukunft in der Vergangenheit verheissen und geweiht; das triumphierende Ja zum Leben über Tod und Wandel hinaus; [10]

Wer ist überhaupt der Gott Dionysos? Es ist nicht einfach, ihn mit einem Wort zu definieren. Es ist kein Gott, der sich mit einer festen Gestalt beschreiben läßt. Es ist der unfaßliche Gott des Seins und des Lichts. Dionysos ist vor allem die Einheit von Wille zur Macht als der apollinischen Tendenz und von Ewiger Wiederkunft als der dionysischen Zeittiefe in allen endlichen Dingen.

Um den Begriff Dionysos als Schlüsselbegriff der Lebensphilosophie Nietzsches zu begreifen, ist es notwendig, den Gegensatz zwischen Apollinischem und Dionysischem näher zu betrachten.

Der Antagonismus zwischen dem Apollinischen und Dionysischen breitet sich vom Problem der Geburt der griechischen Tragödie bis hin zum kulturkritischen Denken aus, wie der Metaphysik des Künstlers und der Lehre von der Sprache. In dem *Nachlaß der Achtziger Jahre* unterscheidet Nietzsche die apollinischen Elemente in der griechischen Kunst von den dionysischen:

---

[10] Nietzsche, Friedrich: Götzen-Dämmerung (KSA 6). S. 159.

Mit dem Wort »dionysisch« ist ausgedrückt: ein Drang zur Einheit, ein Hinausgreifen über Person, Alltag, Gesellschaft, Realität, über den Abgrund des Vergehens: das leidenschaflich-schmerzliche Überschwellen in dunklere, vollere, schwebendere Zustände; ein verzücktes Jasagen zum Gesamt-Charakter des Lebens, als dem in allem Wechsel Gleichen, Gleich-Mächtigen, Gleich-Seligen; die große pantheistische Mitfreudigkeit und Mitleidigkeit, welche auch die furchtbarsten und fragwürdigsten Eigenschaften des Lebens gutheißt und heiligt: der ewige Wille zur Zeugung, zur Fruchtbarkeit, zur Wiederkehr; das Einheitsgefühl der Notwendigkeit des Schaffens und Vernichtens. Mit dem Wort »apollinisch« ist ausgedrückt: der Drang zum vollkommenen Für-sich-sein, zum typischen »Individuum«, zu allem was vereinfacht, heraushebt, stark, deutlich, unzweideutig, typisch macht: die Freiheit unter dem Gesetz. An den Antagonismus dieser beiden Natur-Kunstgewalten ist die Fortentwicklung der Kunst ebenso notwendig geknüpft, als die Fortentwicklung der Menschheit an den Antagonismus der Geschlechter.[11]

Nietzsche konzipiert den Übermenschen als die Aufgabe einer Selbstgestaltung des Menschen, wobei seine Logik dem Notwendigkeitsprinzip nicht ausweichen kann. Der Sinn des Lebens ist ihm zufolge mit der Gotteswelt verlorengegangen. Nun muß der künftige Mensch aus der Selbstverantwortung handeln und sein eigenes Leben gestalten. Alle bisherigen Werte müssen durch neue menschliche Wertregeln ersetzt werden. Er muß auch einen neuen Sinn für das ewige Leben entwickeln und sich selbst in Zucht nehmen, da Zuchtlosigkeit eine große Gefahr ist, die die Freiheit des Menschen ins Nichts führt. Er muß durch die Überwindung des Nihilismus die Selbstbindung schaffen, die Nietzsche in der „Wahrheit der Philosophie" ansiedelt: „Diese Selbstbindung bedeutet weder die Achtung vor den Sitten noch die willkürliche Festlegung auf ein Ziel, um der Sinn- und Ziellosigkeit zu entgehen. Die Selbstbindung des Menschen steht in der Wahrheit der Philosophie."[12]

---

[11] Nietzsche, Friedrich: Werke 4. Aus dem Nachlaß der Achtziger Jahre. Briefe (1861-1889). Hrsg. v. Karl Schlechta. 6. Aufl. Frankfurt a. M. 1969. S. 383.
[12] E. Fink 1960, S. 171.

Der Mensch ist jetzt durch die Gegensatzspannung zwischen dem Willen zur Macht und der Ewigen Wiederkunft geprägt. Denn Wille zur Macht und Ewige Wiederkunft stehen in einem Widerspruch, der wiederum der Widerspruch des Lebens selbst ist. Der kommende Mensch ist ein Wollender und zugleich einer, der in der gestaltlosen Nacht verwurzelt ist. Der Sinn des Zucht- und Züchtungsgedankens kann daher in dem Doppelbereich zwischen Tag und Nacht, Licht und Dunkel gesehen werden. Der kommende Mensch ist von dieser Zwiespältigkeit bestimmt.

Was Nietzsches Elitenbildung als eine Aufgabe der Menschenzüchtung angeht, hebt sie sich deutlich von den Themen dieser Studie ab. Daher soll in diesem Abschnitt nicht näher darauf eingegangen werden. Zudem ist der Züchtungsgedanke in Bezug auf die Elitenbildung durch den Mißbrauch im Nationalsozialismus in Verruf geraten.

1. 2 Nietzsches und Kaisers Bilder der neuen Frau

In diesem Abschnitt wird untersucht, inwieweit Nietzsches Frauenbild für Kaiser wichtig ist und in welcher Hinsicht es auf Kaisers neues Frauenbild starken Einfluß ausübt. Allerdings muß man sich auf die greifbaren Berührungspunkte mit Nietzsches Werken beschränken, da es keine biographischen Zeugnisse über Umfang und Art der Auseinandersetzung Kaisers mit den Frauenbildern Nietzsches gibt. Eine Möglichkeit der Annäherung ist die Interpretation der Zarathustra-Zitate und die Übernahme des Nietzsche-Stils in Kaisers Dramen.

Nietzsches Frauenbilder können zunächst in Verbindung mit den griechischen Frauenfiguren gesehen werden. In der hellenistischen Welt sieht man die Sexualität der Frau in dem von Kultur entfernten Naturzustand wohl behütet und empfiehlt ihr die Zurückgezogenheit von der Zivilisation. Wenn Nietzsche auf die griechischen Frauen zurückgreift, um sich gegen die Emanzipationsbewegung in seiner Zeit zu wehren, bezieht er sich auf das Staats- und Familienideal Platons. In dessen Staatsideal sind die Frauen Mütter, die von der politischen Welt abgeschirmt sind und sich für das höhere Ziel des Staats zur Verfügung stellen. Sie sollen dem Staat gesunde Söhne gebären:

> Sodann ist doch zu erwägen, *was für Söhne* diese Weiber geboren haben und was für Weiber es gewesen sein müssen, um solche Söhne zu gebären! - Das hellenische Weib, als *Mutter*, mußte im Dunkel leben, weil der politische Trieb, samt seinen höchsten Zwecken, es forderte. Es *mußte* wie eine Pflanze vegetieren, im engen Kreise, als Symbol der epikurischen Weltweisheit.[13]

In Anlehnung an Platons Familienideal sieht Nietzsche die Lebensaufgabe der Frau in der Kindererziehung. Intelligenz und Stärke der Frau bedeuten bei Nietzsche Mütterlichkeit und naturnahe Weiblichkeit als ideale Fraueneigenschaften, die in gewissem Sinne ein progressives Frauenbild gegenüber Einstellungen im Wilhelminischen Reich vermitteln. Sieht man die Thematisierung der Frau bei Nietzsche im Zusammenhang mit der massiven Kritik und dem Mißtrauen gegenüber Moral und Religion der streng konservativen Wilhelminischen Zeit, so kann man sagen, daß Nietzsche einen gewissen Beitrag zur Entwicklung der Frauenbewegung am Anfang der zwanziger Jahre geleistet und den Grundstein zur Ethik der modernen Frauen gelegt hat. Aus feministischer Sicht weist Heide Schlüpmann auf die Nietzsche-Rezeption und deren Einfluß auf prominente Vertreterinnen der Frauenbewegung hin, z. B. Helene Stöcker, Begründerin und Vorsitzende des *Bundes für Mutterschutz und Sexualreform* (1904 -1933):

> Den Gegensatz von Herrenmoral und Sklavenmoral interpretiert Stöcker jedoch unmittelbar als den der Geschlechter; vom Standpunkt der Frauen aus macht sie die Rehabilitierung der Sinnlichkeit, Sexualität, ja des Egoismus zur Grundlage einer neuen Ethik. [. . .] «Umwertung aller Werte» heißt für Stöcker, daß die Perspektive des unterdrückten

---

[13] Nietzsche, Friedrich: Nachgelassene Fragmente 1869 -1874 (KSA 7). S. 171f.

weiblichen Geschlechts auf eine Aufhebung von Herrschaft hin Geltung erhält.[14]

Trotz der Tatsache, daß Nietzsche die Rolle der Frau an vielen Stellen seiner Werke widersprüchlich bewertet und gegen die Emanzipationsbewegung der Frauen Stellung bezieht, ist nicht zu übersehen, daß er den Frauen erlauben möchte, ihre sexuellen Triebe und Bedürfnisse zu entfalten. Aber in Sachen Erziehung und Ehe scheint Nietzsche einer der konservativsten Europäer zu sein, denn er beschränkt die Rolle der Frau allein auf das Kindergebären und -erziehen. Dies erklärt sich daraus, daß Nietzsches Geschlechtslehre von einer fixierten Rollenverteilung von Mann und Frau ausgeht. Wenn Nietzsche die Emanzipation ablehnt, folgt dies nicht aus der Diskriminierung eines Geschlechts, sondern aus Furcht davor, daß die Natur bzw. Natürlichkeit des Weiblichen durch die Teilnahme an der Zivilisation verloren geht:

> Indem es sich dergestalt neuer Rechte bemächtigt, „Herr" zu werden trachtet und den „Fortschritt" des Weibes auf seine Fahnen und Fähnchen schreibt, vollzieht sich mit schrecklicher Deutlichkeit das Umgekehrte: *das Weib geht zurück.*[15]

In *Also sprach Zarathustra* äußert sich Zarathustra über Frauen in bezug auf die Schwangerschaft ähnlich wie in *Ecce homo* (Vgl. KSA 6, S. 306):

> Alles am Weib ist ein Räthsel, und Alles am Weib hat Eine Lösung: sie heisst Schwangerschaft. Der Mann ist für das Weib ein Mittel: der Zweck ist immer das Kind. Aber was ist das Weib für den Mann? Zweierlei will der Mann: Gefahr und Spiel. Deshalb will er das Weib, als das gefährlichste Spielzeug.[16]

Hierin zeigt sich, daß Nietzsche die Frau und ihr Leben allein aus einer idealistischen, wirklichkeitsfernen Sichtweise heraus betrachtet. Er sieht Natur,

---

[14] Schlüpmann, Heide: Zur Frage der Nietzsche-Rezeption in der Frauenbewegung gestern und heute. In: Nietzsche heute. Die Rezeption seines Werks nach 1968. Hrsg. von S. Bauschinger, S. L. Cocalis und S. Lennox. Bern 1988. S. 178.
[15] Nietzsche, Friedrich: Jenseits von Gut und Böse (KSA 5). S. 176.
[16] Nietzsche, Friedrich: Also sprach Zarathustra (KSA 4). S. 84f.

Bestimmung und Lebensaufgabe der Frau darin, Kinder zu gebären und sie großzuziehen. Ihre Pflicht ist es dementsprechend, mit Liebe und Sorge Harmonie in der Familie zu erzeugen und zu bewahren. Somit bezieht sich sein Frauenbild unmittelbar auf das gesellschaftliche Phänomen seiner Zeit und übt Kritik an der gefesselten Geschlechtssehnsucht, die in einer Ideologie befangen ist.

Hier muß man berücksichtigen, daß Nietzsche während der Frühzeit seines Lebens von Jungfräulichkeits- und Keuschheitsidealen erfüllt war und in späteren Jahren sexuelle Erfahrungen aufgrund zunehmender Krankheit kaum eine Rolle spielten.[17] Auf Grund dessen, daß seine Lehre über Weib und Kind Ausdruck einer kühl distanzierten, in einer idealisierten Gedankenwelt zurückgezogenen Natur ist, soll man eine vorschnelle Abwertung seiner Geschlechtslehre vermeiden. Die bisherigen Ausführungen zeigen, daß Nietzsches Frauenbilder allein in einer idealisierten Welt des Ewig-Weiblichen zu suchen sind, ähnlich denen in Goethes *Faust*.

Nietzsches Einfluß auf Kaisers Werke zeigt sich zunächst in der Weltanschauung eines freien Geistes in Leben und dichterischer Schaffenswelt. Diese ist begründet in Kaisers bevorzugter Lektüre der Werke Nietzsches, die die Entwicklung seiner thematischen Gedankengänge in den wichtigen Dramen und die Art und Weise seiner Sprache beeinflußt. In der Kaiser-Forschung wird kaum darauf hingewiesen, daß die Beziehung zwischen Nietzsche und Kaiser in der Schaffenswelt des Dramatikers eine wichtige Rolle spielt. Ausnahmen bilden die 1960 erschienene Publikation *Georg Kaiser. Die Perspektiven seines Werkes* von Wolfgang Paulsen und der bemerkenswerte Aufsatz *Nietzsche and Georg Kaiser* (1964) von Herbert W. Reichert.

Die folgenden Ausführungen gehen davon aus, daß Nietzsches Gedanken am Anfang des 20. Jahrhunderts weltweite Aufmerksamkeit erregen und auch in Kaisers Dichterwelt durch alle Schaffensperioden bedeutsame Spuren hinterlassen.

Zu Begegnungen Kaisers mit Nietzsches Philosophie kommt es in seiner frühen Schulzeit und später auf seiner Weltreise. Kaiser antwortet 1926 auf die Frage nach

---

[17] Vgl. Theodor Lessing: Nietzsche. München 1985. S. 66.

den zwölf unsterblichen Dichtern: „Ich kenne nur zwei Unsterbliche: Plato und Nietzsche. Wenn ich auf eine einsame Insel verbannt würde, hätte ich an den Büchern dieser beiden vollauf genug."(B. 4, S. 591) Kaisers Annäherung an Nietzsche gilt vor allem den vitalistischen Visionen von der Erneuerung des Menschen, die im Expressionismus einen Höhepunkt erreichen. Im Vitalismus spielt die dionysische Bejahung des diesseitigen Lebens eine wichtige Rolle und der damit verbundene Kampf zwischen Leben und Geist. Das zweite Verbindungsglied zwischen Nietzsche und Kaiser ist das Konzept vom Übermenschen, das man mit den Hauptfiguren in Kaisers Dramen in Verbindung bringen kann. Der Übermensch ist bei Kaiser ein leidendes Mischwesen zwischen gegebenen Werten und der Umwertung aller Werte, zwischen Leben und Ideal, Schatten und Licht, Tradition und Moderne. Die meisten männlichen Hauptfiguren befinden sich in dieser ambivalenten Zwischenstellung, während die weiblichen Protagonisten als die entschlossenen - jenseits von Gut und Böse - Grenzen überschreitenden Immoralistinnen auftreten. Die Frauen streben mit vitalem Lebenstrieb die Erfüllung ihrer eigenen Bedürfnisse und Wünsche an. Mit ungehemmter Sinnlichkeit vertreten sie eine lebensbejahende weibliche Kultur als zukunftsträchtiges Ideal. Ein weiterer Faktor sind nihilistische Züge. Darauf verweist die gründliche Studie von Reichert, die einen Vergleich zwischen Kaisers nihilistischen Figuren und Zarathustra anstellt:

[. . .]: the extent to which Kaisers drama parallels *Also sprach Zarathustra* . In the one as in the other, a sage comes upon a dreadful secret concerning the nature of being which is so terrible that he feels compelled to hide it from his fellow men. In each case the secret has to do with the nihilistically conceived universe that lies under the façade of idealism. In each case the hero seeks to isolate himself. In each case, at the moment of death, by reference to a miraculous event, life is reaffirmed within the framework of nihilism;[. . .][18]

Seine These stützt Reichert auf das Drama *Der gerettete Alkibiades* (1919). Er sieht in Sokrates eine Gegenfigur zu Zarathustra, in dem sich die Dichotomie von Geist und Leben zeigt. Paradox ist, daß Sokrates auf das Leben verzichtet, obwohl er für

---

[18] Reichert, H. W.: Nietzsche and Georg Kaiser. In: Studies in philology 61(1964). S. 92f.

das Leben steht. Darin sieht Reichert den Nihilismus des Autors selbst, verkörpert durch Sokrates. Es bleibt dennoch zweifelhaft, ob eine Annäherung zwischen Kaiser und dem Nihilismus angenommen werden kann.

In der frühen Kaiser-Forschung gehen einige Arbeiten am Rande auf den Einfluß Nietzsches auf Kaisers Dramen ein. Max Freyhan stellt in seinem Buch *Georg Kaisers Werk* (1926) mit Bezug auf Nietzsche einen Vergleich an zwischen *Der gerettete Alkibiades* und *Gats*. Die Publikation von Hugo F. Koenigsgarten, *Georg Kaiser* (1928), beschränkt sich auf die Feststellung, Kaiser sei ein Schüler der nietzscheanischen Lehre in bezug auf die Erneuerung des Menschen.[19] Wolfgang Paulsen schätzt in Kaisers gesamtem Schaffen Nietzsches Einwirkung als gering ein und begrenzt sie auf äußere Sprachgesten. Dabei weist er auf die Zarathustra-Zitate in *Die jüdische Witwe* hin:

> Es ist für Kaiser wohl bezeichnend, daß ihn an Nietzsche nichts so berührt zu haben scheint wie der Eindruck der großen, pathetischen Geste, das, was wir heute gerne als das Blendende und damit doch auch wieder Äußerlichste an der Erscheinung Nietzsches zu sehen geneigt sind: die melodramatische Übermenschen-Gebärde. „Oh, meine Brüder, zerbrecht, zerbrecht mir die alten Tafeln!" lautet das Motto, das er der „jüdischen Witwe" vorausgeschickt hat, damit die Komödie von Judith und ihren einzigartigen Schwierigkeiten unter das Gebot Nietzsches stellend.[20]

Auf diesen Zusammenhang zwischen dem Zarathustra-Zitat und dem Thema des Dramas *Die jüdische Witwe* soll im nächsten Teil eingegangen werden. Dabei wird die Frage erörtert, wie weit der Nietzsche-Vers auf die Thematik einwirkt und in welchem Zusammenhang er mit der Rolle der Protagonistin Judith steht.

---

[19] Vgl. Freyhan, Max: Georg Kaisers Werk. Berlin 1926. S. 337, 364.
    Hugo F. Koenigsgarten: Georg Kaiser. Potsdam 1928. S. 68, 70.
[20] Paulsen, Wolfgang: Georg Kaiser. Die Perspektiven seines Werkes. Tübingen 1960. S. 103f.

1. 3 Die neue Frau zwischen Tradition und Moderne

Mit dem Judith-Stoff beschäftigen sich viele Autoren mit unterschiedlichen Akzentsetzungen seit dem Mittelalter. Für einen Vergleich mit Kaisers *Die jüdische Witwe* eignet sich Hebbels *Judith* in besonderem Maße, denn Kaisers Drama wird durch das Hebbelsche Stück angeregt. In Hebbels *Judith* leistet die Protagonistin Widerstand gegen Holofernes, der über ihre Individualität hinweggeht. Demgegenüber stellt sich Kaisers Judith als ein Naturwesen dar, das sich nach der Erfüllung ihrer weiblichen Bestimmung und Befriedigung ihrer Weiblichkeit sehnt. Es stellt sich die Frage, inwieweit sich Judiths waches Bewußtsein in beiden Dramen unterschiedlich entwickelt und weshalb die Spannungen am Ende in eine völlig neue Lage umschlagen.

Als Kernpunkt der beiden Dramenanalysen und des Vergleiches sollen das Handeln Judiths und deren Motive erläutert werden und die unterschiedlichen Akzentsetzungen in ihrer Natur thematisiert und voneinander abgegrenzt werden.

1. 3. 1 Differenzierung der Judith-Figuren bei Hebbel und Kaiser

Die Judith aus dem Alten Testament wird in der deutschen Literatur auf verschiedene Art dargestellt: Zum einen ist sie Gottes Werkzeug und eine liebende, tragische Frau mit individuellem Schicksal, zum andern ist sie die öffentliche Vertreterin der politischen Ziele des Volkes und das mit Trieb und Begierde in Konflikt geratende Individuum. Hebbels *Judith* ist der Ausgangspunkt einer Entwicklung, in der der Stoff mit seinen individuellen, religiösen, sozialen und politischen Elementen einen modernen Charakter erhält und für die nachkommenden Dramatiker wie Johann Nestroy, Kaiser und Bertolt Brecht Maßstäbe setzt. In Hebbels *Judith* wird nicht nur die Gestalt Judiths akzentuiert, sondern auch die Auseinandersetzung zwischen Judith und Holofernes, die als Sinnbild für den weltanschaulichen oder politischen Kampf gesehen werden kann. Die beiden Hauptfiguren agieren nicht nur als bloße

Ideenträger, sie handeln vielmehr als Menschen mit eigenen, individuellen Motiven und Problemen. Im Vorwort des Dramas *Judith* schreibt Hebbel über den Geschlechterdualismus der beiden Hauptfiguren:

> Das Faktum, daß ein verschlagenes Weib vor Zeiten einem Helden den Kopf abschlug, ließ mich gleichgültig, ja, es empörte mich in der Art, wie die Bibel es zum Teil erzählt. Aber ich wollte in Bezug auf den zwischen den Geschlechtern anhängigen großen Prozeß den Unterschied zwischen dem echten, ursprünglichen Handeln und dem bloßen Sich-Selbst-Herausfordern in einem Bilde zeichnen, [...].[21]

Bei Hebbel sind Judith und Holofernes als Personen zu verstehen, die psychologisch zu deuten sind. Sie verfügen über ein Unbewußtes, das die beiden Figuren in verschiedene Richtungen führt. Holofernes bezieht sein Psychologisieren immer auf eine andere Person, während Judith vorwiegend von sich selbst spricht bzw. auf ihre eigene Person reflektiert. Die Auseinandersetzung zwischen Bewußtem und Unbewußtem gipfelt in einer Spannung zwischen beiden. Die Bedeutung der psychologischen Reflexion ist bereits im ersten Auftritt des 2. Aktes an Judiths Traum-Erzählung deutlich erkennbar, in der das Unbewußte das Bewußtsein vor oder nach dem Handeln durchdringt. Durch die ständige Selbstreflexion geht sie sowohl auf das eigene Ich als auch auf den von außen kommenden Druck und Zwang ein. Judith erzählt Mirza ihren Traum, während Mirza von Ephraim spricht. Ohne ihr zuzuhören, schildert Judith ihre unglückliche Ehe mit Manasse. Ihr inneres Verhalten, aus dem heraus sie ihre Worte wählt, ändert sich nicht und ihr Erzählen gleicht einem Monolog. Parallel zu den Traumbildern ihrer Ehegeschichte erwähnt sie ihren Glauben an Gott. Das Grundbild des Traums bleibt aber andauernd im Hintergrund des ganzen zweiten Aktes. Gert Kleinschmidt nennt dies einen ‚Zirkel' und ‚Kreis' der gesamten seelischen Bewegung Judiths:

> Es ergibt sich ein eigentümlicher *Zirkel*: die merkwürdigen, unaufgeklärten Vorgänge der Vergangenheit führen zu einem Traum, der wiederum die Erinnerung der früheren Vorgänge auslöst. Dieser Bericht

---

20 Hebbel, Friedrich: Werke. Judith. Bd. 1. Hrsg. v. G. Fricke, W. Keller u. K. Pörnbacher. München 1963. Im folgenden werden die Band- und Seitenzahl in Klammern angegeben.

lenkt seinerseits wieder auf den Traum zurück, insofern nämlich, als die seelische Folge des vergangenen Geschehens (das Gebet) im Bilde des Traums gezeichnet wird.[22]

Ohne Zweifel sind psychische Antriebskräfte wirksam. Es ist jedoch fraglich, ob Judiths Selbstreflexion durch eine von außen kommende Motivation bestimmt ist, die verhindert, daß sie erkennt, was in ihr geschieht.[23] Das Motiv des Traums hat eine besondere Funktion, nämlich die Enthüllung der verborgenen Triebkräfte Judiths. Zunächst ist ihr nicht bewußt, daß sie in ängstlich-verzweifelter Ungewißheit versucht, die Motive für die vergangenen Ereignisse zu erkennen. Allmählich wird ihr aber klar, was sie sich wünscht: Sie will ihre verborgenen erotischen Bedürfnisse befriedigen. Doch kann sie sich nicht vollkommen ihrer Triebnatur unterwerfen. An dieser Stelle fleht sie verzweifelt und ängstlich Gott an:

> Judith: Du hast oft gesehen, daß ich manchmal, wenn ich still am Webstuhl oder bei sonst einer Arbeit zu sitzen scheine, plötzlich ganz zusammenfalle und zu beten anfange. Man hat mich deswegen fromm und gottesfürchtig genannt. Ich sage dir, Mirza, wenn ich das tue, so geschieht's, weil ich mich vor meinen Gedanken nicht mehr zu retten weiß. Mein Gebet ist dann ein Untertauchen in Gott, es ist nur eine andere Art von Selbstmord, ich springe in den Ewigen hinein, wie Verzweifelnde in ein tiefes Wasser - - [24]
> (B. 1, S. 22)

In dem Zitat sind bereits die Tragik ihres Schicksals und ihre schuldhafte Verstrickung zwischen der Erfüllung der Triebnatur und dem Auftrag Gottes bzw. des Volkes angedeutet. Judiths Tragik erwächst immer stärker aus der Erkenntnis,

---

[22] Kleinschmidt, Gert: Die Person im frühen Drama Hebbels. Judith. Genoveva. Herodes und Mariane. Maria Magdalena. Lahr/Schwarzwald 1965. S. 29.
[23] Vgl. Kleinschmidt 1965. S. 30.
[24] Hebbel, Friedrich: Werke. Bd. 1. S. 22.

daß sich die ursprünglichen erotischen Motive ihrer Tat von dem religiösen idealistischen Pflichtgefühl nicht trennen lassen.

Um die belagerte Stadt Bethulien vor den Feinden zu retten, geht Judith ins Lager des Holofernes. Judiths Begegnung mit Holofernes findet am Ende des 4. Aktes statt, in dem sie sich als triebhaftes Naturwesen und entwürdigter Mensch begreift. Von da ab ist das Geschlechterverhältnis zwischen Judith und Holofernes mit Spannung geladen.

Judiths Einschätzung des Holofernes als übermächtiger Sieger und von ihrem Gott bestimmter Rächer wird wörtlich zitiert. In diesen Situationen tritt die psychische Verhaltensweise der beiden Hauptfiguren besonders deutlich hervor, die die erotischen und sexuellen Spannungen auf der verbalen und auch nonverbalen Ebene austragen. Judith will Holofernes schmeicheln und sich ihm als schöne, begehrenswerte Frau präsentieren. Er, in seiner Frauen brutal abwertenden Haltung, schließt jedes Gespräch mit Judith von Anfang an aus. Für ihn erscheint Judith als schöne Frau und als Vertreterin Gottes bzw. des Volkes, das er erobern will. Wenn er von Judiths Körper Besitz ergreifen würde, wären die Ebräer besiegt und er hätte die absolute Herrschaft erreicht. Holofernes denkt daran, daß Judith für die Erfüllung seines Ziels vernichtet werden muß. Er weiß auch, daß ihre erotische Triebnatur und der Auftrag des Volkes nicht miteinander vereinbar sind und diese Diskrepanz zwischen den triebhaften Wünschen und dem Vollzug ihrer Verpflichtung kein glückliches Ende nehmen wird:

> Holofernes: [. . .] Auch diese Judith - zwar ihr Blick freundlich, und ihre Wangen lächeln, wie Sonnenschein; aber in ihrem Herzen wohnt niemand, als ihr Gott, und den will ich jetzt vertreiben! In meinen Jugendtagen hab ich wohl, wenn ich einem Feind begegnete, statt mein eigenes Schwert zu ziehen, ihm das seinige aus der Hand gewunden und ihn damit niedergehauen. So will ich auch diese

vernichten; sie soll vor mir vergehen durch ihr eigenes Gefühl, durch die Treulosigkeit ihrer Sinne! (B. 1, S. 56-57)

Judith enthauptet Holofernes aus Rache, weil er sie als Frau beleidigt und als Mensch entwürdigt hat. Erst da wird sie sich ihrer Tat und ihrer Motive bewußt. Sie erkennt, daß sie nicht aus religiös idealistischen, sondern aus persönlichen Motiven die Mordtat an Holofernes verübt hat. Damit erfolgt eine Motivverschiebung vom Religiösen ins Weiblich-Natürliche, was Hebbels *Judith* von den traditionellen Judith-Gestalten unterscheidet. Sie ist menschlicher und moderner: „[...] Mein Hirn löst sich in Rauch auf, mein Herz ist wie eine Todeswunde. Und doch kann ich nichts denken, als mich selbst. Wär' das doch anders!" (B. 1, S. 68) Judith wird als das naturhafte Weib dargestellt, das an ihre Sinnlichkeit gebunden ist. Es stellt sich die Frage, ob Hebbel mit seiner Judith ein persönliches Motiv rechtfertigen will. Dafür kann sein zeitgenössisches Gott-Verständnis eine Antwort geben. Auf die ‚Verdinglichung' des Menschen gegenüber Gott weist Helmut Kreuzer hin, Hebbel lasse ausdrücklich Judith nach der befohlenen Mordtat der innerlichen tragischen Vernichtung anheimfallen:

> Werkzeug - der oft wiederholte Ausdruck Hebbels zeigt, wie bewußt Hebbel der Gottheit die Verdinglichung des Menschen unterstellt, d. h. jenen höchsten Menschen-Frevel, den Hebbel immer wieder ins Zentrum seiner Tragödien rückt und von seinen Heroinnen rächen läßt: die Behandlung des Menschen als bloßes Mittel statt als Zweck seiner selbst. Derart wird die Tragödie des Menschen zugleich zur Anklage gegen Gott, die Darstellung des Schicksals zu einer Art von metaphysischer Revolte.[25]

Judith ist sich dessen bewußt, daß sie einen Sohn erwartet, dessen Vater sie erschlagen hat. Aber gerade durch ihre Mordtat demonstriert sie den Anspruch auf das Selbstbestimmungsrecht des Menschen. Judith gehört nicht zu jenen Frauen, die

---

[25] Kreuzer, Helmut: Die Jungfrau in Waffen. Hebbels Judith und ihre Geschwister von Schiller bis Sartre (ursprünglich 1973 erschienen). In: Aufklärung über Literatur. Ausgewählte Aufsätze. Bd. 2. Hrsg. von W. Drost und C. W. Thomsen. Heidelberg 1993. S. 103f.

Holofernes als ‚Weiber' bezeichnet und den Männern unterstellt und herabwürdigt. Agierend und reagierend begegnet sie dem Mann, für den sie zunächst Liebe und Respekt empfindet. Wenn man Judith aus emanzipatorischer Sicht betrachtet, könnte man sagen, daß die Verwirklichung des weiblichen Anspruchs auf Selbstbestimmung durch sie in Aussicht gestellt wird. Aber das Ende des Dramas läßt das nicht zu. Mit Judiths tragischer Selbstbestimmung will Hebbel seine Absicht erkennen lassen, daß es sich um die Auseinandersetzung mit einem ethisch-religiösen und privat-tragischen Problem handelt. Dadurch ist der Bruch mit der Tradition der biblischen Judith zwar nicht ganz gelungen, aber die Abgrenzung von den traditionellen Judith-Gestalten wird deutlich.

Hebbels *Judith* ist für Kaiser der Anlaß zur Adaption des Stoffes. Kaiser überträgt die überlieferte, alttestamentarische Erzählung von Judith und Holofernes in ein komödienhaftes Drama. Er will mit der sich allen Konventionen widersetzenden Judith-Figur gegen die überkommene Sexualmoral der Wilhelminischen Zeit opponieren. In Hebbels und Kaisers Werk gibt es ein gemeinsames Grundmotiv in der Thematisierung einer Frauenfigur, die nach Selbstbestimmung strebt. Kaiser formt die biblische Fabel stärker als Hebbel um und bezieht Gegenwartsbilder und die Krisenstimmung des menschlichen Daseins am Anfang des 20. Jahrhunderts in das Drama mit ein.

1. 3. 2 Kaisers Judith zwischen Jungfrau und Weib

Es wird aufgezeigt, wie sich Kaisers Judith von der Hebbels unterscheidet und in welchem Zusammenhang ihre Rätselhaftigkeit und Modernität mit den Themen der *jüdischen Witwe* stehen.

Kaisers *Die jüdische Witwe* (erste Fassung 1904) parodiert Hebbels *Judith* und verzerrt das Drama zur Groteske. Dadurch bricht Kaiser mit der traditionellen Überlieferung des biblischen Judith-Stoffes. Seine Adaption hebt sich von den bisherigen ab. Sie bezieht die Probleme der modernen Menschen am Anfang des 20.

Jahrhunderts ins Drama ein. Aus der Überlieferung der Judith-Gestalt mit ihren historischen, religiösen und individuell-tragischen Zügen entwickelt Kaiser einen modernen Frauentyp, der sich allen Konventionen widersetzt und Anspruch auf das Selbstbestimmungsrecht der Frau erhebt. Außerdem wird durch Situationskomik und Ironie eine Distanz zu der historisch-biblischen Gestalt Judith hergestellt.

Anders als die traditionellen Judith-Figuren tritt Kaisers Judith als zwölfjähriges Mädchen auf, das sich gegen den Willen der Familie der Heirat mit dem greisenhaften Schriftgelehrten Manasse widersetzt. Nach kurzer Ehe stirbt Manasse. Obwohl nunmehr verwitwet, ist Judith von ihrem Mann „unberührt". Sie sucht jetzt selbst einen Mann. Als Knabe verkleidet geht sie in das Lager des Holofernes. Für Nebukadnezar tötet sie Holofernes im Feindeslager und wird damit als Retterin der Stadt gefeiert. Am Ende erfüllen sich ihre Wünsche und sie wird von dem neuen Hohepriester Jojakim entjungfert.

Als zwölfjähriges Mädchen wird Judith von der Familie zur Heirat mit einem wesentlich älteren Mann gezwungen. Bis zum Tempel wird sie von Mutter und Schwester gewaltsam geführt. Mit trotziger Verneinung wehrt sie sich gegen den Eintritt in den Saal mit Händen und Füßen. Mutter und Schwester sind zunächst hilf- und sprachlos. Sie versuchen, Judith zu überreden und zu ermahnen. Sie weisen Judith darauf hin, daß sie als unverheiratetes Mädchen unglücklich sein wird. Durch die Uneinigkeit der gegensätzlichen Gruppierung (Familie - Judith) wird die Situation für Mutter und Schwester immer peinlicher. Schließlich beklagen sie sich über ihr typisches Frauenschicksal. Für Frauen gibt es keine andere Wahl als eine Ehe einzugehen und sich von Männern versorgen zu lassen. In den Augen von Mutter und Schwester kann man sich eine Ehelosigkeit überhaupt nicht vorstellen. Die individuellen Wünsche der Frau und die Befriedigung ihrer sinnlichen Bedürfnisse stehen nicht zur Debatte. Der traditionellen Sitte gemäß ist es ein Gebot der Natur, daß Frauen sich um Kinder und Haushalt kümmern, während die Männer sich mit Politik, Geschäft und Religion beschäftigen.

Die Auseinandersetzung, in der Mutter und Schwester mit Judith ringen, spielt sich im Tempel ab. Das zeigt die satirisch-ironische Gesinnung Kaisers. Denn gerade im

Tempel herrschen die alten Sitten- und Moral-Gesetze und Formen, die die anwesenden Schriftgelehrten und die jüdischen Kaufleute verkörpern. Alle Untertanen sollen den Gesetzen, die im Auftrag Gottes von den Schriftgelehrten niedergeschrieben wurden, mit Respekt begegnen. Judiths Verweigerung ist für Mutter und Schwester daher ein Verstoß gegen die Gesetze:

> Die Mutter: Was muß nur eine Sünde auf unserer Familie lasten! Dies Kind zeigt sie mir und dir, Rebekka. Du bist die arme Schwester. Ja, auch du! Unsere Tochter will sich nicht verheiraten - die Schande liegt auf uns - Eltern und Geschwister: seht hin - kein Mann nahm sie an. Ja, so heißt es: kein Mann nahm sie hin - die hat keinen Mann erhalten - da ist eine Tür, an der man vorüberbiegen soll - darin sitzt eine Tochter - Tochter bei einer alten Mutter - die zwei sind gleich elend!
> Rebekka: Ja, Judith, du mußt deinen Widerstand brechen!
> Judith: *mit verschlungenen Händen, leise*. Nein!
> (B. 1, S. 129f.)

Auf den ersten Blick sieht man nur die trotzige verneinende Haltung Judiths. Die Verneinung, die durch ihre ungewöhnliche Ruhe zum Ausdruck gebracht wird, kann ihr nicht helfen, sich der Zwangsheirat zu entziehen. Das große Schweigen, das sich in der widerstrebenden Geste und der wortkargen Haltung mit der Wiederholung des ‚Neins' ausdrückt, läßt nicht erahnen, warum sie sich weigert und was sie sich wünscht.

Auf die Bedeutung von Judiths stummem Spiel weist Kurt Behrsing hin: „Das Miteinanderringen geschieht nicht in der Wortform heftiger Rede und Widerrede, sondern bleibt bei Judith beschränkt auf ein dramatisch um so wirkungsvolleres Schweigen oder „Nein"-Sagen."[26] Auch ihre Bekleidung macht sie

---
[26] Behrsing, Kurt: Sprache und Aussage in der Dramatik Georg Kaisers. Diss. München 1958. S. 45f.

undurchschaubar. Im Nebentext, in dem ihr erster Auftritt zwischen Mutter und Schwester beschrieben wird, heißt es: „*Judith, die zwölfjährige, ein Reh an Biegsamkeit, ist einzig in Weiß gehüllt, ihr Gesicht bedeckt ein weißes leinenes, undurchsichtiges Schleiertuch.*"(B. 1, S. 127f.) In der Farbsymbolik bedeutet Weiß Licht und Reinheit, das weiße Brautkleid Unschuld und Jungfräulichkeit. Rebekka sagt: „[. . .] Unsere Judith ist ein Reh." (B. 1, S. 132) und deutet damit deren unschuldige, scheue Kindheit an.

Nicht allein unschuldige Reinheit und Kindheit charakterisieren Judith. Sie ist auch als erotische Frau dargestellt, die fruchtbare Mutter werden möchte. Das zeigt sie in der Ehe mit Manasse, in der sie nicht aus ideellen oder religiösen Motiven handelt, sondern als naturverbundene, erotische Frau mit dem Anspruch auf Selbstbestimmung und Verwirklichung ihrer sexuellen Bedürfnisse. Dem Vorrang ihrer sinnlichen Wünsche gemäß steht sie gegen die moralischen Gesetze und Sitten, die als Zwangsmittel Druck auf die freie Entscheidung des Individuums ausüben.

In der sexuell freizügigen Gesinnung der Judith-Figur, die dem neuen Frauentyp am Anfang der modernen Zeit entspricht, wird Kaisers fortschrittliche Denkweise erkennbar. Im späten 19. und frühen 20. Jahrhundert richtet sich eine große Aufmerksamkeit auf das Problem der Frauenemanzipation, die auf Befreiung der weiblichen Sexualität zielt und damit den Geschlechterkampf anstachelt, der von vielen Dichtern aufgegriffen wird. Auf der Literaturbühne werden emanzipierte Frauentypen gezeigt, z. B. Ibsens *Nora* (1880) und Wedekinds *Lulu* (1903). In der Öffentlichkeit engagieren sich Frauenverbände, die die Frauen von der entstellenden Sexualmoral der bürgerlichen Gesellschaft befreien wollen. Gerade Judiths sexuelles Verhalten steht in diesem Zusammenhang, wobei sie sich deutlich von den schrillen Femmes fatales wie Lulu unterscheidet. Kaiser entwirft die Judith-Figur so, daß sie sich gegen die verstaubten Ansichten und Vorurteile der bürgerlichen Gesellschaft wendet, um das Selbstbestimmungsrecht über ihr Leben zu gewinnen. Man kann sogar sagen, daß Judith bei Kaiser für den naturverbundenen Lebensstrieb steht, der durch die Befreiung des unterdrückten oder noch nicht erwachten sexuellen Triebes der Frau auf eine einheitliche Entfaltung von Seele und Körper zielt. Zu den charakteristischen Zügen der Judith-Gestalt gehören auch Körperlichkeit und

Vitalität. Judith spielt mit ihren dynamischen und vitalen Kräften den männlichen Figuren gegenüber eine dominierende Rolle, wodurch ein Kontrast zwischen Judith und dem traditionellen Moralgesetz der bürgerlichen Gesellschaft entsteht.

1. 3. 3 Körperlichkeit und Vitalität

Die Körperlichkeit der Judith-Figur, die für das sinnliche Leben im Kontrast zu der vergeistigten Moral und zum Gesetz steht, wird in ihrer Vitalität und Entjungferung präsentiert. Sie versucht nacheinander mit drei Männern erotische Beziehungen zu haben: Mit ihrem Ehemann Manasse, dem Feldhauptmann Holofernes und dem König von Assyrien, Nebukadnezar. Die Erfüllung des Sexualtriebes, die das Bühnenspiel *Die jüdische Witwe* thematisiert, kommt durch die Betonung der Körperlichkeit Judiths zum Ausdruck.

Das Körperliche bzw. die Körperlichkeit als Thema und Objekt der Handlung wird in der Badeszene im 2. Akt durch den komisch-satirischen Sprachstil versinnbildlicht. Es zeigt sich besonders in Manasses eigenartiger Sprache. Nackte Körper werden durch seinen direkten Hinweis auf einzelne Körperteile aller Beteiligten hervorgehoben.

Im Innenhof seines Hauses badet Manasse in einer Wanne. Judith und der farbige Diener, Simson, bedienen ihn. Manasse empfindet die beiden als Lustobjekt. Sein Charakter zeigt hier voyeuristische, geckenhafte und geschwätzige Züge. Seine Figur verkörpert auch Impotenz und Lüsternheit. Seine leeren Versprechungen werden entlarvt. Seine Sprache ist wie sein Charakter. Sie entspricht dem Bild des sich zierenden, affektierten und alten Schriftgelehrten. Ein quasselnder Redefluß, der in Wiederholungen und Geschwätzigkeiten keine Rücksicht auf die Gesprächspartner nimmt:

> Manasse: [. . .] *Er greift wieder um Simsons Säulenbein und blickt auf Judith herunter.* Wie werde ich dir

	den vertreiben, da tue ich doch lieber so, als merke ich nichts. Dazu bin ich für dich doch da, um dir eine Freude zu sein. Bin ich deine Freude gewesen? *Er tätschelt Simsons Bein.* Ja, springen und hüpfen: die Lust soll sein! Wir brauchen unsere Lenden, nicht? Was, du geriebener Bursche? - wie ich dich doch nenne? Du reibst noch anderen die Beine! - Wir brauchen auch unsere Lenden -was? Wozu: -? - frage ich dich danach, Bursche? He, wozu wir Lenden reiben?
Simson :	Ich springe und tanze!
Manasse :	*lächelnd* Du wirst sie dir zum Tanzen hernehmen! *Zu Judith, indem er aufschreit.* Hast du mir wieder den Streich gespielt?
Judith :	*rasch, aufschauend.* Nein ich habe die Sohle nicht gestrichen! (B. 1, S. 137f.)

Über diese komische Bade-Szene sagt Kurt Behrsing zutreffend: „Hier bricht die ganze Lüsternheit und Impotenz Manasses hervor, der nur noch die lüsterne Gier des Schauens und schmutzigen Denkens besitzt, aber nicht mehr die Selbstverständlichkeit des Handelns."[27] Manasse entwickelt Taktik, um seine Lust am Anblick der beiden halbnackten Anwesenden zu befriedigen. Er will Judith provozieren. Seine lüsterne und zum Teil provokative Wortwahl in dem oben zitierten Gespräch wie „Freude", „Lust", „springen", „hüpfen", „tanzen" soll Judith bewegen. Er will ihr beim Baden zuschauen, solange er selbst ungesehen bleiben kann. Er läßt Judith und Simson allein im Badehof und schaut mit Neugier zu, was da vor sich geht. Aber es dauert nicht lange. Judith entdeckt sein Versteck. Nun entzündet sich Judiths weibliche Begierde am lüsternen Manasse. Sie versucht, ihn zu reizen. Mit ihrem Verführungsversuch befindet sie sich in einer dominierenden Stellung. Sie ruft Manasse zu, vom Balkon herunterzukommen:

---

[27] K. Behrsing 1958, S. 46f.

Manasse:	Ja - du deutest dich an: wie du bist - so bist du - Ju - ja! - das soll so sein!
Judith	*mit allem Nachdruck sich einwickelnd.*
Manasse:	*das Kinn auf das Eisen darniedergebeugt.* Ja - prall ist das Laken: nun du heraus -! mein Fisch! - mein Nacktfrosch -! - meine kleine Ju -! - Ju - so klein bist du: - wo sind deine kleinen Ellenbogen! - - die Knie -! Knie -! Ju - Knie - Ju!!
Judith:	*zaghaft, doch deutlich.* Komm herab!

(B. 1, S. 142)

Manasses Lüsternheit gipfelt hier in den Namen, die er Judith gibt. Darin zeigt sich auch seine Animalität. In seinen Augen ist Judith ein Tier im Wasser wie „Fisch" und „Frosch". Seine Begeisterung und Bewunderung für Judith drücken sich im stockenden Sprechen deutlich aus, das in den Nebentexten mit zahlreichen Bindestrichen und Ausrufezeichen angegeben wird. Judiths schöner Körper soll Manasses Lust auslösen. Dabei ist Manasse nicht in der Lage zu erkennen, was Judiths Aufforderung bedeutet. Das erotisch-sinnliche Bedürfnis der beiden Figuren erreicht zwar seinen Höhepunkt, aber es kommt nicht zur Erfüllung ihrer Wünsche. Manasse genügt es, Judith zuzuschauen, während Judiths sexuelle Wünsche von Manasse mehr als ein bloßes Zuschauen verlangen, er soll Worte in Tat umsetzen. Schließlich stellt sie Manasse ein Ultimatum herunterzukommen. Er bewegt sich aber nicht und bleibt Judith fern. Das führt zu seinem verhängnisvollen Abgang, weil er die letzte Gelegenheit zum Liebesakt mit Judith verpaßt. Gleich nach Manasses Tod spricht Judith zu sich selbst: „Jetzt will ich mir einen jungen Bräutigam suchen -!" (B. 1, S. 147)

Als Knabe verkleidet geht sie in das Feldlager, um einen Mann zu suchen. Ihre äußere Erscheinung, in Farbe und Form der Kleidung, ähnelt sowohl einem Mann als auch einem Kind-Weib:

[. . .] *Judith in der blumigen Hose und dem hochgewickelten Turban. Der Oberkörper steckt in einem Lederbeutel, aus dem die nackten, schmalen schimmernden Arme brechen.*" (B.1, S. 171)

Sie trägt eine Hose, die mit „blumigem" Muster geschmückt ist, und in der plumpen Oberkleidung zeigt sie ihre weibliche Figur durch die zarten, zerbrechlichen Arme. Mit ihrer Verkleidung beabsichtigt sie, eine völlig andere Rolle zu spielen. Sie wird sozusagen der Inbegriff der aktiven Sexualität, die der konventionellen Rolle nicht angepaßt ist. Sie will sich selbst einen Mann aussuchen. Sie demonstriert Tatkraft und behauptet ihre Selbständigkeit gegenüber Holofernes, den sie warnt, nicht den selben Fehler wie ihr letzter Mann zu begehen:

Holofernes:	Ich werde zu jeder Sicherheit - *Er schaukelt das Amulett.* Du ißt, was ich esse.
Judith:	*vertraulich*. Als ich meinen ersten Mann hatte -
Holofernes:	Ja, sage nur, wenn ich einen Fehler mache!
Judith:	*lustig*. Du darfst nur einen Fehler nicht machen, den er machte.
Holofernes:	Sprich eilig!
Judith:	*seine Arm unter der Schulter umgreifend*. Den machst du nicht!

(B. 1, S. 172)

In dem obigen Textauszug ist zwar nicht verbalisiert, um welchen Fehler es geht, aber er deutet darauf hin, wie sich Judith für die Erfüllung ihrer sexuellen Bedürfnisse engagiert. In ihrer Wahrnehmung der sinnlichen Wünsche drückt sich die Grundauffassung eines progressiven Lebensbildes der Frau aus. Die Körperlichkeit und Sinnlichkeit betonende Lebensauffassung richtet sich auf die kommende neue Zeit, die aus der Auseinandersetzung mit Vergangenheit und Gegenwart hervorgeht. Die zukünftige Welt des neuen modernen Menschen wird in der vital-elementaren Lebensform vorgezeichnet.

Mit der ganzheitlichen Anthropologie am Anfang der modernen Zeit beginnt auch die Neuinterpretation der Geschlechterrollen und der Abbau konventioneller Rollenschemata.

Nach dem 1. Weltkrieg und dessen Elend treten die Frauen in die Öffentlichkeit und fordern das Recht auf Gleichstellung mit den Männern. Parallel zur sozialen stellt sich auch die sexuelle Frage: der Stellenwert der elementaren Triebe im Menschen. Martin Lindner weist auf die Entdeckung der neu zu bewertenden Frau im Sinne der Lebensideologie hin: „Die Frau wurde als »irritierendes Element« entdeckt, als Vertreterin des teils ersehnten, teils gefürchteten vitalen Lebens, das in der in Konventionen erstarrten bürgerlichen Gesellschaft unmöglich geworden war."[28]

Die neuen Frauenbilder in der Dichtung sind zum Teil von Normen und Sitten der bürgerlichen Gesellschaft abgegrenzt. Der Psyche der Frau ordnet Lindner eine ‚ganzheitliche' Struktur zu, in der sich Trieb-Sexualität, Seele und Verstand in ursprünglicher Harmonie befinden. Genauso steht Kaisers Judith für das sinnliche Leben und das Mutterrecht als Prinzip der Weiblichkeit, während ihr Mann Manasse dem geistigen, lebensmüde gewordenen Lebensstil angehört. Judiths instinktive Eigenschaften als weiblicher Wesenszug sind Beleg dafür, daß sie sich als vom Geschlechtstrieb gelenktes Instinktwesen und als mit ihrer inneren Natur geeinte Naturfrau darstellt.

1. 4 Radikales Umdenken in der Sexualmoral

1. 4. 1 Brechen der alten Tafeln

In *Also sprach Zarathustra* läßt Nietzsche bereits am Anfang des Werkes Zarathustra über den Weg zum Übermenschen sagen: „Drei Verwandlungen nenne ich euch des Geistes: wie der Geist zum Kamele wird, und zum Löwen das Kamel, zum Kinde

---

[28] Lindner, Martin: Leben in der Krise. Zeitromane der neuen Sachlichkeit und die intellektuelle Mentalität der klassischen Moderne. Stuttgart 1994. S. 84.

zuletzt der Löwe."[29] Seine Rede über die drei Verwandlungen verweisen auf die Verwandlung des Geistes, die der Übermensch als die Überwindung des Menschen durchführen muß. „Das Kamel ist der Geist, dem Ehrfurcht und Selbsterniedrigung innewohnt, und damit ist die lange Geschichte der menschlichen Abhängigkeit von einem höheren Wesen gemeint."[30] Der Löwe, der zweite Geist, will Freiheit. Er setzt sein ‚Ich will' gegen ‚Du sollst' (der Kampf gegen die Moral). Aber der Löwe muß sich noch mal verwandeln und zum Kind werden:

> Tausendjährige Werthe glänzen an diesen Schuppen, und also spricht der mächtigste aller Drachen, „aller Werthe der Dinge - der glänzt an mir."
> „Aller Werth ward schon geschaffen, und aller geschaffene Werth - das bin ich. Wahrlich, es soll kein „Ich will" mehr geben!" Also spricht der Drache. Meine Brüder, wozu bedarf es des Löwen im Geiste? Was genügt nicht das lastbare Thier, das entsagt und ehrfürchtig ist? Neue Werthe schaffen - das vermag auch der Löwe noch nicht: aber Freiheit sich schaffen zu neuem Schaffen - das vermag die Macht des Löwen. Freiheit sich schaffen und ein heiliges Nein auch vor der Pflicht: dazu, meine Brüder, bedarf es des Löwen.[31]

Nietzsches Moralkritik bestimmt seine Grundgedanken, die in allen Schriften zur Sprache kommen, von der Fragestellung einer moralischen Weltauslegung in der *Geburt der Tragödie* bis zu der hinterlassenen Schrift *Der Antichrist*. Vor allem steht das Problem der Moral bzw. die Umwertung der Werte im Zusammenhang mit dem Thema Religion. Nach Zarathustras Gebot muß die alte Tafel zerbrochen und die neue Tafel mit zukunftsfähigen Werten geschaffen werden. Seine Forderung, ‚neue Werthe zu schaffen', bedeutet den Neuaufbau der Gesetze für menschliches Leben und Handeln. Deswegen betont er die ‚Umwertung aller Werthe' als die eigentliche Aufgabe. Es bleibt ein Problem der Interpretation, worin die Umwertung bestehen soll. Ingeborg Heidemann meint, das Prinzip der Umwertung sei „nicht in einem Schaffen einzelner Werte oder im Vorschreiben neuer Wege der Kultur zu suchen,

---

[29] Nietzsche, Friedrich: Also sprach Zarathustra (KSA 4). S. 28.
[30] Helferich, Christoph: Geschichte der Philosophie. Stuttgart 1992. 2. Aufl. S. 354.
[31] Nietzsche, Friedrich: Also sprach Zarathustra (KSA 4). S. 30.

und auch nicht im „Willen zur Macht" als dem eigentlich Bleibenden, dem Sein, sondern in der Umkehrung der Denkrichtung."[32]

Zarathustras Rede *Von alten und neuen Tafeln* enthält den angedeuteten Sinn, der bei der Analyse des Dramas *Die jüdische Witwe* miteinbezogen werden soll. Abgesehen davon, daß es hier um Nietzsches Mißtrauen gegenüber der Moral und der alten Wertsetzung geht, wird das Nietzsche-Zitat aus *Von alten und neuen Tafeln* von Kaiser als Untertitel der *jüdischen Witwe* verwendet. Auffällig sind an mehreren Stellen im 4. Akt die Anspielungen auf Nietzsche und Zarathustra auf der Ebene der sprachlichen Gestaltung.

In den folgenden Ausführungen werden die parallelen Textpassagen aus *Die jüdische Witwe* und *Also sprach Zarathustra* herausgehoben und die Bedeutung der Anspielungen im Zusammenhang mit der Problematik der moralischen Umwertung herausgearbeitet.

Im Feldlager, wo Judith als Knabe verkleidet auftritt, findet ein Dialog zwischen Holofernes und dem König Nebukadnezar statt. Dies geschieht im 4. Akt, in dem Kaiser eine merkwürdige Gedankenentwicklung gelungen ist. Kaiser führt zwei Gegner ein. Interessant erscheint dabei, daß König Nebukadnezar wie Zarathustra spricht. Demgegenüber stellt sich Holofernes als ein grober, geschwätziger Macho-Typ dar, der das Weib mit einer Mahlzeit gleichsetzt und für den es wie ein Sklave käuflich und immer gehorsam sein soll. Er verhält sich Judith gegenüber so brutal, als wäre sie sein Besitz. Ihm fehlt die Sensibilität und das Feingefühl der Liebe. Dagegen hat König Nebukadnezar zwar nicht die körperliche Stärke wie Holofernes, aber er besitzt die überragendere Geisteskraft, hat dichterische Fähigkeiten und das sinnliche Empfinden für die Liebe. Diese Gegensätzlichkeit der beiden Männer zeigt sich in der zynischen, polaren Sprachgestaltung des Dialoges mit den ironischen Untertönen:

Holofernes: Der Knabe hat bei dir schlafen wollen?
Der Hauptmann: *schnell*. Doch ist die Liebe verboten!

---
[32] Heidemann, Ingeborg: Nietzsches Kritik der Moral. In: Nietzsche-Studien 1 (1972). S. 109.

Der König:	*hereinrufend.* Siehe mit deiner Sternenseele den Mond an, wenn der blasse ins blaue Tuch der Nacht gezeichnet steht - also spricht Zarathustra. *Nach einem Schweigen.* Ach ja, die Schlußfolgerung: - du besäßest die Welt ohne Leid der Erde. Wende dich den Welten zu - so hast du Erdengrund.
Holofernes:	*zum Hauptmann.* Und was mit dir?
Der König:	*rufend.* Was wendest du gegen Zarathustra an?
Holofernes:	Der Akazienstachel ist längst gerieben! *Zum Hauptmann.* Dieser Knabe riet sich dir an?

(B. 1, S. 167)

Nebukadnezars Repliken sind von höchst manieristischer Kunstfertigkeit und zielen in spielerischem Ton auf eine bewußt distanzierte Gegenposition zu Holofernes, der an konventionellen Gesetzen und Normen festhält und sich nicht davon befreit. Aus der Gegensätzlichkeit geht hervor, daß Nebukadnezar für die neue Ordnung steht, während Holofernes für die alten sittlichen Gesetze eintritt. Die feindselige Gegenüberstellung von Nebukadnezar und Holofernes spitzt sich zu und gipfelt schließlich in der Mahlzeit-Szene mit Judith. An der Stelle weiß Judith, für wen sie sich entscheiden will. Das bedeutet für Holofernes den Tod:

Holofernes:	So lange muß ich noch mit dir hier das Mahl halten, Judith!
Der König:	*Holofernes nicht aus den Augen lassend.* Das Mahl und das Weib halten: ist die Kunst der Kamelwäscher. Wobei ihnen ja auch ein nennenswerter Unterschied nicht wetterleuchtet!
Judith:	*lachend.* Und was soll er mit beiden für einen Unterschied treffen?
Der König:	*nicht zu ihr.* Mann, ich sage ja: er soll es nicht, denn sie würde ihn entmannen - die winzigste Weisheit nämlich.
Judith:	*faßt Holofernes an.* Er ist der stärkste!

Der König:	Stark mit der Stirnwand, wie der Ochse den Pflug zerrt. Wer führt aber den Pflug in den Mutterschoß?
Judith:	*lacht auf.*

(B. 1, S. 174)

Der Spürsinn des Königs Nebukadnezar, der mit Stolz und Selbtbewußtsein gegenüber Holofernes und Judith handelt, ist unmittelbar auf Nietzsches Zarathustra zurückzuführen. Der direkte Verweis auf bestimmte Worte wie „Kamelwäscher", „wetterleuchten", „Pflug in den Mutterschoß", die Nietzsche in *Also sprach Zarathustra* formuliert, ermöglicht es, zum einen eine Verbindung zu Zarathustras Rede herzustellen, zum andern zeigt sich hierin der zeitgenössische Hintergrund zu Beginn des 20. Jahrhunderts. Der König spielt die dominierende Rolle und gibt Judith freien Spielraum, zwischen ihm und Holofernes selbst zu wählen. Dabei beeinflußt er mit seiner Überzeugungskunst Judith so, daß sie Holofernes auf der Stelle enthauptet. Erstaunlicherweise fügt der König noch hinzu, es sei „die winzigste Weisheit nämlich". Im Sinne Nietzsches bezieht sich der König auf die ‚freien Geister' und die Tugend einer neuen Gerechtigkeit für alle. Scheinbar ist die ‚ideale' Beziehung zwischen dem König, dem freien Geist, und Judith, dem sich von Trieb und Bedürfnis befreien wollenden Naturwesen, vorgegeben. Judiths Tatkraft, Holofernes zu enthaupten, statt zu „entmannen", verursacht aber die völlige Umwendung der Situation. Der König, der Judith begehrt, erschrickt vor dem abgeschlagenen, blutigen Kopf des Holofernes, fürchtet sich vor Judiths Entschlossenheit und flüchtet mit dem gesamten assyrischen Heer.

1. 4. 2 Die alten Wertvorstellungen komödienhaft kritisiert

In den Überarbeitungen des Dramas *Die jüdische Witwe* bringt Kaiser mehrfach Korrekturen an. Das Motiv der Überarbeitungen ist nicht geklärt. Schon fünf Jahre nach der 1904 beendeten ersten Fassung gibt es zwei Überarbeitungen. Die eine trägt den Titel *Die jüdische Witwe. Biblische Komödie.* Die andere Fassung, die hier zur

Interpretation dient, trägt den Titel: *Die jüdische Witwe. Bühnenspiel in fünf Akten.* Demonstrativ fügt Kaiser das Nietzsche-Zitat hinzu: „O, meine Brüder, zerbrecht, zerbrecht mir die alten Tafeln!", aus dem dritten Teil von *Also sprach Zarathustra, Von alten und neuen Tafeln*:

> Du sollst nicht rauben! Du sollst nicht todtschlagen!" - solche Worte hiess man einst heilig; vor ihnen beugte man Knie und Köpfe und zog die Schuhe aus. Aber ich frage euch: wo gab es je bessere Räuber und Todtschläger in der Welt, als es solche heilige Worte waren?
> Ist in allem Leben selber nicht - Rauben und Todtschlagen? Und dass solche Worte heilig hiessen, wurde damit die **Wahrheit** selber nicht - todtgeschlagen? Oder war es eine Predigt des Todes, dass heilig hiess, was allem Leben widersprach und widerrieth? - Oh meine Brüder, zerbrecht, zerbrecht mir die alten Tafeln! [33]

In der Forschung gehen die Meinungen über das Nietzsche-Zitat in *Die jüdische Witwe* so weit auseinder, daß die Fronten nicht zu einem Ergebnis zusammenzubringen sind. Ingrid Schuster geht davon aus, daß Kaisers Absicht auf die Verbindung dreier Bereiche zielt: „des persönlichen, des gesellschaftlich-zeitgenössischen und des historischen oder literaturhistorischen."[34] Darauf basieren die weiteren Ausführungen zum Problem der Frauenemanzipation, zur weiblichen Sexualität und zu dem daraus resultierenden ‚Kampf der Geschlechter'. Wenn man an Nietzsches Immoralismus und Befreiung des Geistes, bzw. des Körpers der Frauen denkt, besteht ein Widerspruch in Schusters Argumentation, nach der Kaiser Nietzsche und die alten Philister kritisiert, ohne daß herausgearbeitet wird, was Kaiser in diesem Drama zu zeigen beabsichtigt. Er verändert den biblischen Stoff ins Groteske und verleiht seiner Judith Züge einer emanzipierten Frau, die ihren eigenen Interessen folgt. Die feministische Perspektive bringt keinen einheitlichen Zusammenhang für die Textanalyse des Dramas. Sie geht nicht darauf ein, daß sich die Gesamtheit der sozialen, literaturhistorischen und autobiographischen Aspekte in dem Nietzsche-Zitat bündelt. Schusters Darstellung der emanzipatorischen Züge

---

[33] Nietzsche, Friedrich: Also sprach Zarathustra (KSA 4). S. 253.
[34] Schuster, Ingrid: Die jüdische Witwe. In: Georg Kaiser. Hrsg. von Armin Arnold. Stuttgart 1980. S. 55.

Judiths hätte über den Bezug auf den Immoralismus Nietzsches Rechenschaft geben müssen. Über Judiths männliche Tat schreibt sie: „[...], wie falsch es wäre, Kaiser auf die Position Nietzsches festlegen zu wollen. Kaiser gibt Nietzsche-Anhänger und emanzipationsdurstige Frauen ebenso der Lächerlichkeit preis wie die alten Philister und Moralisten."[35] Um zu klären, was das Nietzsche-Zitat hier zu bedeuten hat, muß man auf Kaisers Hinweis in dem ursprünglichen Untertitel „Biblische Komödie" eingehen. Auf den Zusammenhang zwischen dem Zitat und dessen komischem Effekt weist Jürgen Hein in seiner Arbeit *Aktualisierung des Judith-Stoffes von Hebbel bis Brecht* hin. Er geht zwar nicht ausführlich auf den Text ein, weist aber auf Kaisers Absicht für das Zitieren des Untertitels hin:

> Die Komik erzeugt im Zuschauer Distanz zum Geschehen, aus der er den überlieferten Stoff und die andere Konzeption der Judith-Figur betrachten kann. Kaiser macht durch komisch-parodistische Gestaltung das „Zitieren" des Stoffes sichtbar, um an Judith den Konflikt des „neuen", durch natürlichen Lebenstrieb ausgezeichneten Menschen gegenüber konventionellen Formen zu demonstrieren.[36]

Die Komik zieht sich durch das gesamte Drama und erreicht ihren Höhepunkt im 5. Akt. Der letzte Akt ist ähnlich wie der 1. Akt angelegt, aber die Situation, in der sich Judith befindet, ist eine andere. Die männlichen Schriftgelehrten sind in beiden Akten im Tempel versammelt. Die Festtagsrituale werden vollzogen, um ihren Sieg gegenüber den Feinden zu feiern und ihre ewige Jungfräulichkeit zu verherrlichen. In beiden Szenen wird Judith von Mutter und Schwester gezwungen und sträubt sich dagegen, dem feierlichen Ritual beizuwohnen. Dieser Vorgang ereignet sich auch in beiden Akten auf der Treppe. Im Hinblick auf die zeitgenössische Theaterszene bezieht Kaiser die Treppe in den theatralischen Effekt ein. Die Treppenbühne veranschaulicht den Sinn des Bühnengeschehens und zum andern Judiths Widerstand gegenüber der Familie und dem übermächtigen moralischen Gesetz Gottes. Das Ringen der Familie mit Judith geschieht im Vorraum, und die Intensität der Auseinandersetzung steigert sich von Stufe zu Stufe:

---

[35] I. Schuster 1980, S. 58.
[36] Hein, Jürgen: Aktualisierung des Judith-Stoffes von Hebbel bis Brecht. In: Hebbel-Jahrbuch. 1971/72. S. 80.

Rebekka:	*zu Judith.* Judith, deine Mutter fleht dich an: der Hohepriester wird jetzt kommen. Komm!
Judith:	*aufs äußerste widerstrebend.* Nein!
Rebekka:	*verzweifelt zu den Mädchen.* Das Fest ist so groß - das ist so verwirrend!
Die Mutter:	*zu Judith, heftig.* Willst du dich dem Hohepriester widersetzen?
Rebekka:	Mutter, das tut sie ja nicht. Es sind die Menschen im Tempel und der Anblick des toten Kopfes, die erschrecken!

(B. 1, S. 189)

Die Schwester fordert Judith dringlich auf, in den festlich geschmückten Saal einzutreten. Der Hohepriester erwartet sie. Für Judith gibt es aber keinen Anlaß, sich zur Heldin ihres Volkes weihen zu lassen. Denn ihr Endziel liegt nicht in der Anerkennung der Heldentat als Retterin der Stadt. Sie will vielmehr ihre triebhaften Wünsche zur Entjungferung befriedigen. Bemerkenswert ist dabei, daß Judiths verborgene sexuelle Wünsche gerade im Tempel in Erfüllung gehen, einer Bastion des Judentums. Das bedeutet mehr als eine einfache Wende. Die Erfüllung von Judiths sexuellen Wünschen zeigt die moralischen Werte und die traditionelle Konvention der Religion in der Gesellschaft als unzeitgemäße Prinzipien und fordert die Befreiung des ‚verstellten' Geistes und die freie Entfaltung des Leibes.

Die Komik kommt in den Dialogen der jüdischen Bürger in den ersten Szenen des letzten Aktes besonders zum Ausdruck. Sie machen sich zunächst über Holofernes abgeschlagenen Kopf an der Wand lustig. Dann verspotten sie Judiths männliche Heldentat in bezug auf ihr weibliches Dasein. In ihrem Witz zeigt sich nicht nur das lustig erheiternde Lachen über die Ereignisse, sondern spiegelt sich auch die Belustigung über das Priestertum wider. Die jüdischen Bürger treten in Zweiergruppen "Rechts und Links" auf die Bühne und tauschen unterschiedliche Meinungen aus über den Judith-Fall und die wirtschaftliche Lage des Landes. Dabei bezieht sich die Teilung der Gruppe der jüdischen Bürger auf "Pro- und Contra-

Meinungen". In der Opposition der Pro- und Contra-Gruppen erkennt man auch die Zwiespältigkeit des Kollektivs:

> Einer Rechts: Ich habe nichts vom Fürsten Achior gehört!
> Einer Links: Hört doch zu!
> Einer: *pfeift*.
> Der erste Tempeldiener: Das Pfeifen ist im Tempel durch die Priester verboten!
> Einer Rechts: Und das Spucken vergiß nicht, wenn du die Kenntnis deiner Vorschriften vor uns beteuern willst!
> Einer Rechts: Das mit dem Fürsten Achior soll erzählen, wer es weiß!
> Einer Links: Schweigt!
> Einer Rechts: Der Gott von Israel hat mir meinen Mund nicht zum Schweigen hineingeschnitten!
> Einer Links: So red' einmal nur mit den Armen!
>
> *Gelächter* .
> (B. 1, S. 186)

Das dichotomische Prinzip als die ursprüngliche Daseinsform wird in *Die jüdische Witwe* durch den Geist- und Körperkontrast hervorgehoben. Wie auch an Kaisers anderen Dramen gezeigt wird, prallen zwei polare Kräfte wie Mann und Frau, Rechts und Links zwar nicht aufeinander. Aber mit der völlig verkehrten Situation, in der es zum Durchbrechen der Zehn Gebote durch Judiths Tat kommt, postuliert Kaiser als Grundhaltung des Menschen das immoralistische, vitale Leben im Sinne Nietzsches. Auch in der Dramenstruktur stellt Kaiser die grundsätzliche Antithese in einen Zusammenhang mit der Szenensymmetrie des 1. und 5. Aktes. Darüber sagt Hans Dieter Gröll:

> Die Symmetrie der Szene hat den immanenten Gegensatz zwischen Judith und den alten Tafeln also beibehalten, hier wie dort erscheint die Polarität, die sich etwa in der Antithese Individuum - Gesellschaft oder

Leben - Geist formulieren läßt. Jetzt am Ende sind jedoch die Vorzeichen verkehrt, denn beide Positionen sind in ihr Gegenteil umgeschlagen, jede hat die Stellung der anderen eingenommen, [...].[37]

Göll sieht zu Recht, daß der synthetische Ausgang zwischen den beiden Oppositionen durch die dialektische Bewegung des Gegensatzspiels erwartet werden kann. Es hat sich nun unter den Schriftgelehrten und den Bürgern herumgesprochen, daß Judith trotz der Ehe immer noch Jungfrau ist. Von da an wird Judith als halb heilige und halb rätselhafte Frau angesehen. Sie ist nicht irgendeine Frau, sie wird als die mythische Frau verherrlicht. Zu der Ehre als Retterin der Stadt kommt die Befriedigung ihrer sexuellen Triebe durch den schönen, jungen Hohepriester aus Jerusalem. Man kann aber nicht einfach sagen, daß es hier um den Triumph des Fleisches über den Geist geht, wie Kenworthy interpretiert.[38] Ein ebenso zweifelhaftes Argument ist die These von Manfred Kuxdorf, der behauptet, daß man Judiths Rolle als „die eines Katalysators verstehen soll, da sie - ähnlich wie der Bediente in *Schellenkönig* - durch ihre Natürlichkeit das Lächerliche der extremen Haltung - reine Vitalität und reine Geistigkeit - zur Anschauung bringt."[39] Betrachtet man den letzten Satz jedoch genauer, widerspricht er Kuxdorfs Ansicht. Der Stadtoberst Osias ist von der ewig andauernden Fußfallzeremonie des Hohepriesters und von Judith irritiert und sagt: „Jedenfalls ist die Art eines Fußfalls bei euch in Jerusalem eine andere!" (B. 1, S. 198) In diesem Satz kann man deutlich Kaisers ironisch witzige Absicht erkennen. Wenn man so will, kann man daraus den Schluß ziehen, daß Kaisers Konzept des Dramas *Die jüdische Witwe* darin liegt, durch die Betonung von Judiths schöner Körperlichkeit und Sinnlichkeit ein zukünfiges, weibliches Lebensmodell zu zeigen. Als einen Beleg für Judiths Körperlichkeit kann man den Nebentext anführen, der Judiths psychische und physische Einheit kurz vor der Begegnung mit dem Hohepriester beschreibt:

---

[37] Gröll, Hans Dieter: Untersuchungen zur Dialektik in der Dichtung Georg Kaisers. Köln 1965. S. 171.
[38] Vgl. B. J. Kenworthy: Georg Kaiser. Oxford 1957. S. 4.
[39] Kuxdorf, Manfred: Die Suche nach dem Menschen im Drama Georg Kaisers. Frankfurt a. Main 1971. S. 57.

Judith: [. . .] *Im folgenden entstehen diese Steigerungen : Schimmer schöner Jugend fluten auf und nieder. Leise tasten ihre Finger, denen die Hände mit größeren Flächen langsam nachgehen, an den eigenen Gliedern herab. Ihr Leib spannt sich - aus aller Verfolgung, Vorwurf und Bestimmung baut er sich neu und voller auf. Ihre Finger zittern um den Saum ihres kurzen Kleides, als höben sie daran. - Die Säule ihres zur Erde stehenden Haares trägt die Stirn ihrer schönen Mädchenkraft, wie die Krone heiligsten Gebietens.* (B. 1, S. 196)

Judiths strahlende Innerlichkeit und Freude auf das kommende Ereignis wird durch ihre Gesten plausibel gemacht. Dabei hat der Nebentext eine kommentierende Funktion, weil die Vorgänge, die Judiths geistige und körperliche Befreiung ausdrücken, sprachlos verlaufen. Judiths junge, vitale und schöne Kraft beschreibt die Einheit mit dem geistigen Willen und den harmonischen Gipfel von Leib und Seele. Sie errichtet als Gegenpol gegen die alte Tafel bzw. Moral und Konvention die neuen Werte des ‚Körperkultes'.

2. Neue Sachlichkeit - Rückkehr zur Verinnerlichung

Die späten Dramen, in denen geheimnisvolle, moderne Frauen dargestellt sind, haben bis jetzt in der Kaiser-Forschung nicht so große Aufmerksamkeit gefunden wie die expressionistischen Werke. Offensichtlich liegt das daran, daß diese Dramen in der Darstellung des Themas ‚Frau' konventionell realistisch bleiben und kaum einen dramatischen Höhepunkt erreichen. Der eintönige Handlungsverlauf der Liebesbeziehung kann beim Leser den Eindruck erwecken, als ob der Dramatiker in diesen Dramen zu traditionellen Schemata zurückkehre. Anders als die Frauen in den späten Dramen weisen die Frauen der frühen und mittleren Schaffensperiode einige Gemeinsamkeiten auf. Die Frauengestalten in der Neuen Sachlichkeit unterscheiden sich nicht wesentlich von Judith in dem frühen Drama, die in ihrer Haltung mehr oder weniger zu einem einsamen Naturwesen tendiert.

2. 1 Neue Sachlichkeit - ein Epochenbegriff

Die vitalistischen Lebenskräfte der neuen Frauengestalten aus Kaisers mittlerer Schaffenszeit sind im Zusammenhang mit der Lebensfreiheit der zwanziger und dreißiger Jahren dieses Jahrhunderts zu sehen. Mit der Entstehung der Großstädte und der Umwandlung der sozialen, kulturellen und politischen Ordnungen entsteht eine Kunstbewegung, die sich gegen die utopische und ideologische Schwärmerei expressionistischer Programme wendet. Ihr Motto lautet: weg von der Erneuerung des Menschen mit Hilfe visionärer Utopien expressionistischer Programmatik und Dramatik, zurück zum Gegenstand und zur Realität. G. F. Hartlaub, der damalige Leiter der Kunsthalle Mannheim, hat dieser Strömung den Namen ‚Neue Sachlichkeit' gegeben.[40] Die Künstler der Neuen Sachlichkeit - sowohl Maler als auch Dichter - richten ihre Arbeit auf eine Kritik an der Unordnung und dem Chaos der Zeit aus. Dementsprechend thematisieren sie sozialgeschichtliche Probleme wie

---

[40] Vgl. Loschek, Ingrid: Mode im 20. Jahrhundert. Eine Kulturgeschichte unserer Zeit. München 1978. S. 63..

das aufkommende Großstadtelend der zunehmenden Industrialisierung, Amerikanismus als Freiheitssymbol, Kriegswahnsinn und die Triebhaftigkeit des von moralischen Vorstellungen verlassenen Menschen der zwanziger Jahre. Ihre sachliche Schreibweise soll erkenntnisstiftende Funktion haben und wird als Reflex auf den Expressionismus entworfen.[41]

In der Literaturgeschichte ist die Neue Sachlichkeit zwischen ausgehendem Expressionismus und einsetzendem Nationalsozialismus angesiedelt. Zeitlich läßt sich die literarische Strömung der Neuen Sachlichkeit auf die Zeit zwischen 1924 und 1929 festlegen.[42] Man kann eine gewisse Überschneidung der Neuen Sachlichkeit mit dem Expressionismus feststellen: „[. . .] zielen die neusachlichen Bilder auf jene Typisierung und Verallgemeinerung der Expressionisten, die den Einzelmenschen zum Menschen überhaupt, die Gesellschaft zur Menschheit schlechthin, das Milieu zum prinzipiellen Weltzustand ausweitet und dabei entwirklicht."[43] Trotz einiger Ähnlichkeiten unterscheidet sich das neusachliche Programm von dem Expressionismus wesentlich. Die neusachlichen Bilder unterscheiden sich auch von der bis ins Detail gehenden Wirklichkeitsrezeption des Naturalismus und von den schnellen Eindrücken der Impressionisten, die unscheinbarste Sinnesreize wiedergeben. Die Maler der Neuen Sachlichkeit wollen jedesmal das Neue aus dem Vorhandenen herausholen. Daher scheinen alltägliche Gegenstände in ihren Augen als nicht selbstverständlich. Hier bekundet sich der Unterschied in der Wirklichkeitseinschätzung der Neuen Sachlichkeit im Vergleich mit den vorangegangenen Literatur- und Kunstströmungen.[44] Wenn man beispielsweise die Bilder von Otto Dix in den zwanziger Jahren sieht, fällt auf, daß mißachtete und geduckte kleine Menschen aus dem Alltag abgebildet sind. Das ist an sich nichts Neues, aber die dargestellten Menschen sehen poesielos und nüchtern, trostlos und kalt, weder mitleidig noch humorvoll aus. Menschengruppen, Landschaften und technisches Gerät sind sehr präzis erfaßt, nur erstarren sie in statischer Ruhelage. Es gibt keine gemeinsame Interaktion zwischen den dargestellten Menschen und Dingen. Sie sind einfach aus der lebendigen Umwelt,

---

[41] Modick, Klaus: L. Feuchtwanger im Kontext der zwanziger Jahre. Königstein 1981. S. 189.
[42] Prümm, Karl: Neue Sachlichkeit. S. 614.
[43] Klotz, Volker: Stilbeobachtungen an Bildern und Romanen der Neuen Sachlichkeit. In: Erich Kästner. Werk und Wirkung. Hrsg. von Rudolf Wolff. Bonn 1971. S. 70.
[44] Vgl. Klotz 1971, S. 71.

d. h. dem Lebenskreis und der sozialen Geschäftigkeit herausgeschält.[45] Beziehungslosigkeit, Isolation und Fremdheit dominieren, sei es zwischen den Menschen oder zwischen Menschen und Natur. Mensch und Natur (Tiere, Pflanzen und Landschaft) erscheinen in der stummen, starren Verfassung als verfügbare, neutrale Dinge. Volker Klotz stellt diese Abgrenzung der Neuen Sachlichkeit vom Expressionismus gut heraus, indem er die Neue Sachlichkeit als „Reglosigkeit" charakterisiert, Expressionismus als „Animismus".[46] Unter Animismus der Expressionisten versteht er „den entfesselten Subjektivismus und das ekstatische Ausdrucksverlangen des Ich, das die gegenständliche Welt in willkürlicher Vision verzerrt."[47] Die Neue Sachlichkeit kehrt diese animistische Tendenz völlig um, es herrscht abgekühlte, blanke Objektivation, wobei aber die Tendenz zur Sachtreue und dem grausamen Alltag nicht der allein bestimmende Faktor ist. Vielmehr macht gerade das Widerspiel von Sachtreue und irrealen Zügen die Neue Sachlichkeit aus. Denn das Elend der Städte und Fabriken steht zugleich als Symbol für Zerstörung und Lebenstrieb, magisch changieren die Bilder im Spiel mit dumpfem Licht und schillernden Farben.

Der im Expressionismus dargestellte Mensch zieht sich desillusioniert vom Weltkrieg und dessen Folgen zurück und erhebt sein Ich zum Maßstab der Weltordnung. Vision und metaphysisches Weltgefühl befinden sich nicht mehr in der äußeren Welt, sondern in den Räumen des Unwirklichen, des Übersteigerten, des Irrealen und des Unpolitischen. In der Beschreibung der Natur äußert sich dies darin, daß der Dichter das eigene Seelenleben in ein visionäres Bild der Natur hineinprojiziert, so daß dichterisches Ich und imaginierte Natur ineinander aufgehen und miteinander übereinstimmen. Auf die objektive Bedeutung der Natur legt der Expressionist keinen Wert, denn sein Naturbegriff resultiert allein aus der eigenen Vorstellung und Bestimmung.[48] Die Programmatik des Expressionismus, die den Menschen zur Erneuerung aufruft und einen Beitrag zur Veränderung der Welt leisten will, wird in der Zeit nach dem 1. Weltkrieg von jungen Künstlern als utopische Träumerei

---

[45] Vgl. Klotz 1971, S. 73.
[46] Vgl. Klotz 1971, S. 73.
[47] Klotz 1971, S. 20.
[48] Kindermann, Heinz: Vom Wesen der "Neuen Sachlichkeit". In: Jahrbuch des freien deutschen Hochstifts. Frankfurt a. M. 1930. S. 364.

angesehen und bewußt in Form einer Gegenkunst kritisiert. Trotz der Vielstimmigkeit der Neuen Sachlichkeit mit den unterschiedlichen thematischen Akzentsetzungen orientiert sich die neue Künstlerbewegung an der Negation aller expressionistischen Zielsetzungen. Die neusachlichen Dichter haben mit exakter, knapper und sachlicher Berichterstattung ihre Dichtung geschaffen und sich darum bemüht, „an die Stelle des Kunstwerks die ‚Sache' selbst, das Ding selbst, das Leben selbst, den authentischen Gegenstand treten zu lassen."[49] Sache ist Sache und Gegenstand ist Gegenstand, alles hängt von der Perspektive ab, um die Echtheit der Dinge zu erfassen. Die Aufforderung zum Detail läßt „dessen Bindung an Raum und Zeit verwischen"[50] und betont die subjektive Ansicht des Dichters hinsichtlich der Einzelphänomene.

Folgt man Horst Denkler, dann besteht zwischen Neuer Sachlichkeit und dem von dieser Strömung abgelehnten Expressionismus eine - wenn auch indirekte - Beziehung: „Die Forderung, sach- und zeitgerecht zu berichten, verlangt die Rücksichtnahme auf die Sichtungsweisen, Erkenntnismethoden, Darstellungsmittel und Formungsmöglichkeiten, die seit den neunziger Jahren erschlossen und erprobt worden sind, und bindet die neue Kunst und das neue Kunstprogramm indirekt auch an den Expressionismus."[51] Theoretisch haben die neuen Künstler das Erbe des Expressionismus jedoch abgelehnt und nach naturhafter Dinglichkeit gestrebt, die sie für ein „Synonym für Echtheit, Erlebnis und Lebendigkeit gehalten"[52] haben. Damit setzt die Neue Sachlichkeit voraus, daß die Authentizität einer Sache in Relation zu den anderen Dingen gemessen und bewertet wird.

Das Naturbild der Neuen Sachlichkeit ist von größter Objektivität geprägt. Die radikalsachliche Tendenz steht der Natur als Dinglichkeit gegenüber und hält Distanz zu ihr, um wahrhaft Sachliches und Wertvolles herauszufinden. Die Natur wird von den Künstlern nicht mehr bewundert, sondern „ist eingereiht in die unpathetischen und unproblematischen Dinge der Technik und des Werkzeugs, sie ist gleichgestellt

---

[49] Michel, Wilhelm: Physiognomie der Zeit und Theater der Zeit. In: Die Literatur (Das literarische Echo) 31. 1928/29. S. 281.
[50] Denkler, Horst: Sache und Stil. In: Wirkendes Wort. 18. Jahrgang 1968. S. 171.
[51] H. Denkler 1968, S. 171.
[52] Wedderkop, H. v.: Wandlungen des Geschmacks. Der Querschnitt 6 (1926). S. 502.

mit der übrigen, unbeseelten Welt."[53] Der sachliche Mensch steht der Urwüchsigkeit der Natur fern. Mensch und Natur gehören getrennten Welten an und werden nicht mehr als in einem einheitlichen Kosmos verbunden verstanden. Mit anderen Worten, man erkennt die gegenseitige Bedingtheit von Mensch und Natur.

Das nur kurzfristige Bestehen der Neuen Sachlichkeit ergibt sich nicht nur aus den Elementen ihrer sachlichen und wirklichkeitsnahen, materialistischen Programmatik, sondern auch aus sozialgeschichtlichen Faktoren. Die Unruhen der Zeit nach dem 1. Weltkrieg, die Ungewißheit der Zukunft und die Wirtschaftskrise der zwanziger Jahre überschatten die Auswirkungen der Neuen Sachlichkeit. Die Menschen wollen in euphorischer Stimmung die Probleme des Alltags durch exzessives Ausleben ihrer Triebe vergessen. Dies spiegelt sich in der Unterhaltungsliteratur wider, die sich mit zeitgeschichtlichen, wirtschaftlichen, gesellschaftlichen und politischen Stoffen befaßt. Ihre Zielsetzungen liegen in Lebens-, Sozial- und Sexualreformen und kommen in Film und Tanz, Sport und Mode zum Ausdruck. All diese Zeitideen sind ins Exotische oder Exzentrische überspitzt in der Dichtung dargestellt.[54] Es wird dazu aufgefordert, den Inhalt vor der Form zu bevorzugen. Nach Helmut Lethen, der aus marxistischer Perspektive die zwanziger Jahre zum Objekt literaturgeschichtlicher Untersuchung gemacht hat, tragen alle Bereiche wie Politik, Kultur und Literatur mit dem Interesse an der ausschweifenden Wirklichkeit dazu bei, die Epoche „Neue Sachlichkeit" zu beenden. Ein Großteil der Literatur der Neuen Sachlichkeit sieht die Aufgabe der Dichtung darin, den politisch-gesellschaftlichen Prozeß zu analysieren und mit dem Ergebnis dieser Analyse eine Reform der Gesellschaft literarisch anzustoßen.

2. 2 Der Technikkult und die Krise des Lebens

Die Neue Sachlichkeit als Epochenbegriff ist umstritten, meist wird ihr das geistige, politische oder stilistische Gemeinsame abgesprochen. In den meisten Diskussionen

---

[53] H. Kindermann, S. 366.
[54] H. Denkler, S. 178.

und Aufsätzen über diesen Zeitraum kommen sozialgeschichtliche Fakten zum Ausdruck, die sich nicht einmal zu ein paar Hauptthesen der Neuen Sachlichkeit zusammenfassen lassen. Aus diesem Grund will sich die Annäherung an diesen Epochenbegriff auf den zunehmenden Technikkult der zwanziger Jahre und dementsprechend die Denaturalisierungstendenz beschränken.

In manchen Forschungsbeiträgen wird die Neue Sachlichkeit auf einen Rückfall in den bürgerlichen Realismus oder in die naturalistischen Tendenzen um 1890 zurückgeführt. Es ist in dem Sinne eine berechtigte Annahme, als Naturalismus und Neue Sachlichkeit in exakter Treue Gegenstände und elende Zustände der vorhandenen Wirklichkeit wiederzugeben versuchen. Jedoch muß die Neue Sachlichkeit vom Naturalismus abgegrenzt werden, der als Gegensatz des Idealismus in der Wiedergabe des wirklichen Lebens auf jede von der Natur abweichende Stilisierung verzichtet. Die Welt der Neuen Sachlichkeit wird aus der emotionsfreien und scharf isolierenden Sicht auf die Dinge und die großstädtische Unterhaltungsindustrie „ins Photographisch-Typische stilisiert, um so die damit verbundene soziale, politische und ökonomische Modellsituation möglichst sachlich herauszupräparieren."[55]

Die polemische Auseinandersetzung mit der Technik beginnt mit Nietzsches Lebensphilosophie und erreicht den Höhepunkt mit Oswald Spenglers *Der Untergang des Abendlandes*. Mit der zunehmenden Technisierung verhärtet sich der Streit zwischen Kritikern und Befürwortern der technischen Zivilisation. Carl Wege formuliert die Kraßheit der beiden Fronten: „Sowohl Technikkritik als auch Technikapologie erreichen in den zwanziger Jahren ihren Höhepunkt: Technik wird zur teils offenen, teils unsichtbaren Leitreferenz einer gleichermaßen von Zukunftsängsten und Tabula-rasa-Begierden heimgesuchten Kulturszene."[56] Er sieht die Originalität bzw. Authentizität des neusachlichen Kunstwerks in der Sache selbst (Echtheit des Materials) oder in den nackten Fakten. „Originaltreue Wiedergabe der Realität in Fotografie und literarischer Fotografie wird zum obersten

---

[55] R. Grimm und J. Hermand (Hrsg.): Die sogenannten Zwanziger Jahre. Bad Homburg 1970. S. 10.
[56] Wege, Carl: Gleisdreieck, Tank und Motor. Figuren und Denkfiguren aus der Technosphäre der Neuen Sachlichkeit. In: DVjs. 68. 1994. S. 308.

Grundsatz einer sich als neusachlich deklarierenden Ästhetik."[57] Dementsprechend besteht die Aufgabe der neusachlichen Literatur darin, eine neue Oberflächenkultur der Eindrücke zu schaffen und disparat erscheinende Phänomene zusammenzubringen. Das Bekenntnis des Sachlich-Notwendigen ersetzt die ästhetische Verarbeitung des Materials.[58] Es herrscht fehlende Transzendenz und Sprachlosigkeit. Maschinen- und Technikkult dominieren die Gegenwart und sichern die Zukunft. Zugunsten von Gesetz und Gesetzmäßigkeit wird der Zufall völlig ausgeschlossen. Die Welt der Technik, wie Arnold Gehlen in *Die Seele im technischen Zeitalter* verkündet, ist wie der Mensch ‹nature artificielle›.[59] Diese neusachliche Faktenpräferenz stößt bereits bei den Zeitgenossen auf heftige Kritik. Denn ihre Zielsetzung, die Wiedergabe der Wirklichkeit, erschöpft sich in der Darstellung von bloßer Oberflächenrealität und in der Dokumentaraufnahme des Rohmaterials der „Sache selbst". Ihr Anspruch auf Authentizität des Kunstwerks und die Darstellung der gegenwartsbezogenen und aktuellen Probleme der Großstädte können allein auf der Basis der Präzisionsästhetik nicht realisiert werden. Der unmittelbaren, unverfälschten und wahren Wiedergabe von Realität liegt weder ein verbindliches gesellschaftstheoretisches Manifest zugrunde noch hat sie eine Legitimation in den beschleunigten Industrialisierungs- und Modernisierungsprozessen.

Die Wahrnehmungsformen der Neuen Sachlichkeit sind Helmut Lethen zufolge durch einen Habitus des Einverständnisses gekennzeichnet, „der in allen Kunstsparten zu einem Ausgleich von künstlerischen Ideenbildern mit der industriell bestimmten Pragmatik des Alltags führen soll."[60] In den zwanziger Jahren entsteht eine Fülle von Literatur, in der die Zivilisation mit wachsender Automatisierung und Industrialisierung eine Lust am materiellen Konsum zeigt, während das politische Lager „mit Appellen zu ‹Kultur›, Konsumverzicht und rigider Sexualmoral" operiert.[61] Als die Kunstform der technischen Reinheit tritt die Baukunst in den

---

[57] Wege 1994, S. 310.
[58] Wege 1994, S. 313.
[59] Gehlen, Arnold: Die Seele im technischen Zeitalter. Sozialpsychologische Probleme in der industriellen Gesellschaft. Hamburg 1957. S. 9.
[60] Lethen, Helmut: Neue Sachlichkeit. In: Deutsche Literatur. Eine Sozialgeschichte. Weimarer Republik - Drittes Reich: Avantgardismus, Parteilichkeit, Exil. 1918-1945. Hrsg. v. A. v. Bormann und H. A. Glaser. Bd. 9. Hamburg 1983. S. 168.
[61] H. Lethen 1983, S. 169.

Vordergrund. 1907 kam es zur Gründung des Deutschen Werkbundes, aus dem 1919 das Bauhaus hervorgeht. Die moderne Baukunst bestimmt das Gesicht der Großstädte. Sie kehrt sich ab von den etablierten Formen. Durch die zunehmende Aufwertung der Ingenieursarchitektur mit den neuen Prinzipien der Konstruktion und Sachlichkeit findet eine Veränderung in der Architektur statt. Diese Änderung fördert auch die Vorstellung der Menschen von der ästhetischen Eigendynamik als Fortschrittsbarometer. Nun werden die Funktions- und Sachlichkeitsstrukturen als neues kulturelles Leitkonzept durchgesetzt. Das Erlebnis der konstruierten Welt wird nicht mehr bloß eine bewundernswerte Erfahrung, sondern ein Bestandteil des gesellschaftlichen und individuellen Daseins. Ungewöhnliche Geschwindigkeiten, Werkstoffe, Architektur und Kommunikationsformen ermöglichen radikal die Veränderung der Natur und die traditionellen Lebenszwänge. In den Manifesten des russischen Konstruktivismus erscheint die Kunst als „Werkzeug des allgemeinen Arbeitsprozesses."[62] Für den Architekt Hannes Meyer, der ab 1927 das ‚Bauhaus' in Dessau leitet, ist das Künstleratelier ein ‚wissenschaftlich-technisches Laboratorium'. Bis in den Kleidungshabitus prägt sich das neue Idol des Konstrukteurs oder Arbeiters aus.[63] Künstler des ‚Bauhauses' wollen nützliche Arbeit für Zeit und Gesellschaft leisten und das Kunstschaffen auf das Handwerkliche reduzieren.[64] Die Aufgabe der Künstler besteht lediglich darin, den Stoff unverfälscht darzubieten. Sie nehmen „jedoch häufig mit der Aufnahme der Sensationen statt der zeittypischen Momente, der Auswüchse statt der Normalfälle, der extremen Situationen statt der Alltagsprobleme vorlieb und neigen dazu, statt Welt "Halbwelt" einzufangen."[65]

Was immer der Sinn der Neuen Sachlichkeit sein mag: Es geht in der Epoche um die Suche nach der neuen Wirklichkeit, die von einer neuen Wahrnehmung und einem Perspektivwandel geprägt ist und im Einklang mit dem Technikkult steht. Mit der Technik ist zugleich die Leistung der Naturwissenschaft verbunden und dementsprechend der Glaube an die Allmacht der Wissenschaft. Dagegen nimmt das Interesse an okkulten, verborgenen Kräften in der Natur und im Seelenleben

---

[62] H. Lethen 1983, S. 170.
[63] Vgl. H. Lethen 1983, S. 170.
[64] H. Denkler, S. 174.
[65] H. Denkler, S. 177.

gewaltig zu. Es entsteht ein Massenphänomen mit Wanderpredigern, Hellsehern und Goldmachern. Die technische Meisterung der Schwierigkeiten durch wissenschaftliche Methoden läßt viele Arten von Wissenschaft entstehen, die mit Schulwissenschaft nichts zu tun haben. Die Entstehung dieser Wissenschaft, die den gesunden Menschenverstand zu irritieren droht, kritisiert der Existenzphilosoph Karl Jaspers in *Die geistige Situation der Zeit* (1931):

> Durch Astrologie, Gesundbeten, Theosophie, Spiritismus, Hellsehen, Okkultismus usw. wird das Zeitalter trübe. Diese Macht begegnet heute in allen Parteien und weltanschaulich angesagten Standpunkten; sie zerbröckelt überall die Substanz vernünftigen Menschenseins. Daß so wenig Menschen bis in ihr praktisches Denken hinein echte Wissenschaftlichkeit zu eigen gewinnen, ist die Erscheinung versinkenden Selbstseins. Kommunikation wird unmöglich in dem Nebel dieses verwirrenden Aberglaubens, der die Möglichkeit sowohl des echten Wissens wie des eigentlichen Glaubens vernichtet.[66]

Diese Erscheinung in den zwanziger Jahren, in der der Hang zum Exotischen oder Okkulten die abenteuerliche Erfahrung des Ichs verherrlicht, wird zum Massenphänomen und deutet auf das ambivalente Verhältnis des Menschen zur Technik hin. Außerdem verkünden Modernisierung und Amerikanisierung das neue Lebensgefühl der Großstadtmenschen im privaten und öffentlichen Bereich. Anders als die okkulten Traditionen aus fremden Kulturkreisen, wie ägyptische, griechische oder altchinesische Mythen, stellt sich der Okkultismus in den zwanziger Jahren als Stoff der Literatur dar. Die Schauplätze für die okkulte Handlung in Romanen und Dramen sind nicht fremde Orte aus der fernen Welt, sondern das Hier und Jetzt des heimischen Bürgerhauses in der wirtschaftlichen Aufschwungszeit. Hier zeigt sich, daß das Interesse der Masse am Okkulten im Zusammenhang mit der Entwicklung des Technikkultes steht. In der Forschungsliteratur verbindet man diese Tendenz mit dem aufkommenden Faschismus bzw. Nationalismus und weist auf Ernst Blochs

---

[66] Jaspers, Karl: Die geistige Situation der Zeit. Siebenter Abdruck der im Sommer 1932 bearbeiteten 5. Aufl. Berlin 1971. S. 129.

1935 erschienenes Buch *Erbschaft dieser Zeit* hin.[67] Dazu läßt sich Kaisers Drama *Hellseherei* (1928/29) als Beispiel anführen.

Die Suche nach verborgenen Kräften in der Natur und im Seelenleben bedeutet eine Haltung, die sich aus der entfremdeten Umgebung zu einer selbst gebauten phantastischen Welt umkehrt. Man kann sagen, daß dies eine Flucht in die Illusion ist. Das Ich schließt sich selbst nicht aus der objektiven Welt aus, befindet sich aber doch distanziert von dieser und antwortet der automatisch funktionierenden Welt mit einem Gegenentwurf. Wenn man das Ich als ein anti-technisches Naturwesen annehmen darf, liegt darin ein gewisser kritischer Ansatz.

Die meisten der neusachlichen Autoren, wie L. Feuchtwanger, J. Roth, E. Kästner und A. Seghers, schreiben während der zwanziger Jahre vorwiegend Romane. Parallel zur Episierung der Dichtung dieser Autoren orientieren sich die Dramatiker an epischen Mustern, und ihre Formen tendieren mehr oder weniger zur Epik. Es bestehen keine kohärenten Zusammenhänge zwischen den Szenen und den Figuren untereinander. Einzelgeschichten werden ohne Orientierung auf einen schlüssigen Ausgang parallel aneinandergereiht. Die Dominanz der Einzelheiten, die langen monologischen Dialoge und die kurz gefaßten Szenen weisen deutlich auf die Episierung der Dramen als das literarische Überzeugungsmittel der Neuen Sachlichkeit hin. Das epische Charakteristikum der neusachlichen Dramatik dient dem Objektivismus, der nicht ausschließlich auf redende, handelnde Auseinandersetzung durch Dialoge zwischen den Figuren baut. Wie Klotz zu Recht sagt, zeigt sich bei Kaiser das Prinzip des Nebeneinanders gleichberechtigter Gesellschaftssektoren mit punktuellem Zufallskontakt, um gängige Romanverhältnisse ins Szenische umzusetzen.[68] Die Darstellung des Nebeneinanders bezieht sich auf die festgehaltene aktuelle zeitgenössische Wirklichkeit. Der Bezug auf die sachliche Realität spielt insofern eine wesentliche Rolle, als Motive und Stoffe der Neuen Sachlichkeit direkt aus dem zeitgenössischen Milieu in Dichtung und Malerei rezipiert und künstlerisch verarbeitet werden.

---

[67] Vgl. Reif, W.: Exotismus und Okkultismus. In: Weimarer Republik - Drittes Reich: Avantgardismus, Parteilichkeit. Hrsg. von A. v. Borman u. H. A. Glaser. Bd. 9. Hamburg 1983. S. 167.
[68] Vgl. V. Klotz 1971, S. 79.

Die oben genannten Schriftsteller illustrieren den Technikkult in ihren Dichtungen. Die Auswahl der Roman- und Dramenschauplätze erfolgt gemäß den Maximen der Neuen Sachlichkeit, die Echtheit der Wirklichkeit zu enthüllen. Die Örtlichkeit irgendeiner Großstadt in Europa hat exemplarischen Charakter, in dem die Realität zur Wahrheit einer ganzen Welt gesteigert wird. Die Suche nach der wirklichen Welt fordert die realistische Darstellung, eine genaue Berichterstattung und die Rückkehr zu einer naturalistischen Redeweise. Auf sprachlicher Ebene werden Einfachheit, Klarheit und nüchterne Sachlichkeit propagiert, und die neue Schreibweise ist auf das mobile, alltägliche Leben und die Freude der Masse an urbaner Zirkulation gerichtet. Die Umgangsformen und Gefühle der Großstadtmenschen sind distanziert und kühl. Auf der Inhaltsebene werden die alltäglichen Abläufe zwischen Arbeit, Straßenbildern und Familie in schnellen Bewegungsdiagrammen geschildert. Das innere Leben der Großstadtmenschen erscheint hingegen erstarrt, verunsichert und widersprüchlich. Die Bilder des Großstadtlebens sind in ein äußeres realistisches und ein einsames, inneres aufgespalten. Der Technikkult wirkt auf das innere Leben zurück. All dies spiegelt sich auch in den Menschenbildern der neusachlichen Literatur: „Der ‚eiskalte' Funktionär profiliert sich vor der ‚Wärme' der traditionellen Arbeiterkultur; die wärmebedürftige Kreatur bildet den Kontrast zu den "Gletschern" der Zivilisation."[69] Dieses Polaritätsschema ist für die Konzeption des Menschenbildes charakteristisch. Die Polarität des Ich und des Andern erklärt eine Entfremdung der Menschen durch die Scheidung zwischen dem wahrnehmenden Subjekt und dem realistischen Objekt.

Der beispielhafte Charakter der neusachlichen Literatur liegt in der Aufhellung einer verschleierten Wirklichkeit. Die Figuren sind Beispielfälle, die über private Schicksale hinausgehen und an denen generelle Phänome aufgezeigt werden. Sie haben Modellcharakter. Die Exemplifizierung des Subjektiven in einer objektiven Welt drückt das wahre Gesicht der Gesellschaft als Verlust des ganzheitlichen Menschenlebens aus. Das sind Bilder der Einsamkeit, Isolierung, Distanz und Kälte. Wenn sich das Individuum von der Wirklichkeit loslöst, die von mechanischer

---

[69] Lethen, Helmut: Verhaltenslehren der Kälte. Lebensversuche zwischen den Kriegen. Frankfurt a. Main 1994. S. 43.

Massenkultur beherrscht wird, kann das Überschreiten der Realität in seine eigene phantastische Welt gelingen.

2. 3. Kaisers Zeitstücke in den zwanziger Jahren

Die zeitgenössische Stimmung und die politische Krise der Weimarer Republik werden nicht zufällig in den Dramen und auf der Bühne behandelt. Die explosive Auseinandersetzung zwischen rechten und linken Parteien beherrscht die soziale Stimmung und übt Einfluß auf Theater und Publikum aus. Auf der Bühne wird das Großstadtbürgertum zum Hauptthema. Man will nicht die soziale Unruhe der Zeit im Theater erleben, sondern das vorurteilslose Leben der höheren Stände, die unsentimental und gefühllos erscheinen, denen Ehe- oder Freundschaftsverhältnisse als unzeitgmäß gelten. Das Großstadtleben bietet den modernen freien Bürgern vielfältige Möglichkeiten und profitable Gewinne. Maßstab ist kein allgemeingültiger absoluter Wahrheitsanspruch, sondern die Spielregel von Gegen- und Nebeneinander. Mit anderen Worten, man erfährt die Relativität aller Bezugssysteme. Die scheinbar selbstbestimmten Einzelmenschen äußern sich in freischwebendem, ironischem Sprechen, das häufig die Oberflächenwahrnehmung als Ausdruck der Realität nimmt. Solchen Denkweisen und ironischen Gesten jenseits konventioneller Normen entspricht die neusachliche Dramatik.

Ernst Schürer zählt Kaisers *Nebeneinander* (1923) zu den ersten Schlüsselstücken der Neuen Sachlichkeit. Er ordnet das Drama ohne epochale Definition als Volksstück zwischen Expressionismus und Neuer Sachlichkeit ein:

> 1923 gehörte Kaisers *Nebeneinander* zu den ersten Dramen der Neuen Sachlichkeit, jedoch schon 1926 veröffentlichte Carl Sternheim seine Satire auf diese Richtung: *Die Schule von Uznach oder die neue Sachlichkeit*, in der er die Verbindung von Technikkult mit südlichem Vitalismus und romantischer Schwärmerei, von Primitivismus mit größter Bildung und Belesenheit verspottet. Und 1924 [richtig 1923]

leistete Kaiser mit *Kolportage* seinen Beitrag zur nachexpressionistischen Komödie, die Zuckmayer 1925 mit dem Erfolg seines *Fröhlichen Weinbergs* ins richtige Fahrwasser brachte und der sich die Mehrzahl der Expressionisten wie Ernst Toller, Paul Kornfeld, Walter Hasenclever und Fritz von Unruh anschlossen.[70]

Kaiser schreibt in den zwanziger Jahren zahlreiche realistisch-filmische Stücke. Sie befassen sich mit den Grundsätzen der neusachlichen Literatur. Im Vordergrund steht die geistige Situation der Menschen, in der die technisch-industriellen und wissenschaftlichen Fortschritte die sozialen und psychischen Folgen hinter sich lassen. Die Stoffe zu den Zeitstücken stammen aus alltäglichen Lebensumständen der zwanziger Jahre. Der unmittelbare Bezug auf die Gegenwart zeigt sich in der Bühnenausstattung wie Grammophon, Auto oder Telephon, die auf die moderne Technik der Zeit hinweisen. Für die detaillierte, präzise Darstellung der Beobachtungen aus dem Alltag wählt Kaiser eine realistische, sogar dokumentarische Sprache. Die Figuren treten als Individuen auf, nicht als Typen wie im expressionistischen Drama. Sie haben relativ kurze Auftritte. Ihre zusammenhanglosen Repliken geben wenig Information über die Ereignisse und können daher beim Zuschauer Verwirrung stiften. Monologe und Gefühlsäußerungen nehmen zugunsten sachlich schlichter Aussagen ab. Symbolische Aussagen treten hinter den Blick auf die reale Umgebung zurück. Die Themen dieses realen Umfeldes sind die drei Bereiche Familie, Ehe und Liebe. Anders als im Naturalismus brechen die Protagonisten mit dem beängstigenden Zwang der alten Weltordnung. Aber der momentane Bruch bedeutet nicht den Zusammenbruch des alten Systems. Den Protagonisten steht ein freier Raum zur Verfügung, in dem sie das Joch der Konvention, der Triebe und des Milieus abschütteln können. Als Beispiele hierfür stehen die Dramen *Kolportage* (1923) und *Hellseherei* (1928/29). *Kolportage* ist ein Salonstück, das die Vorrechte des Adels durch Macht und Erziehung als überlebtes Relikt enthüllt. Das Selbstbestimmungsrecht der Protagonistin, Gräfin Stjernenhö, verursacht den Untergang der Adelsfamilie ihres geschiedenen Mannes und läßt ihren Söhnen freie

---

[70] Schürer, Ernst: Georg Kaiser und die Neue Sachlichkeit (1922-1932): Themen, Tendenzen und Formen. In: Georg Kaiser. Eine Aufsatzsammlung nach einem Symposium in Edmonton/Kanada. Hrsg. von H. A. Pausch u. E. Reinhold. Berlin 1980. S. 115f.

Bahn für das eigene Leben. In dem Geschehen spiegelt sich der Adelsstatus in der Weimarer Republik in ironischer und satirischer Kritik wider.

Die beiden neusachlichen Dramen, *Kolportage* und *Hellseherei*, sind durch die Kontrastierung weiblicher und männlicher Verhaltensmuster gekennzeichnet. Die Frauenfiguren pendeln zwischen Hingabe in der Liebe bzw. Fürsorge für ihre Kinder und dem Durchsetzen eigener Ziele nach ihren Bedürfnissen. Demgegenüber verlieren die männlichen Figuren den absoluten Herrschaftsanspruch. Ihnen mangelt es an Mut und entschiedener Handlungsorientierung. Deshalb ziehen die Frauen bzw. die Mütter die Fäden, durch die in verwickelten Situationen eine Orientierungsmöglichkeit entsteht.

Die flüchtige Lektüre beider Dramen könnte den Eindruck vermitteln, daß Kaiser den Frauenfiguren die traditionelle Rolle zuordnet, da sie sich zufrieden in ihrem bürgerlichen Milieu zeigen und überhaupt nicht rebellisch und widerstandsfähig sind. Die Frage nach ihren konventionellen oder unkonventionellen Bildern reicht jedoch tiefer.

Treue in Liebe und Ehe, die zu den Themen des bürgerlichen Theaters gehören, verlieren ihre moralischen Werte angesichts des Egoismus der modernen Großstadtmenschen, wie sich in *Nebeneinander* und *Hellseherei* zeigt. Die Beziehungen zwischen Mann und Frau sind durch egoistisches Nützlichkeitsdenken zerrissen. Die Umgangsformen zwischen den Mitmenschen sind durch Verschleierung und Verhüllung bestimmt. Es kommt weder zu einem offenen Kompromiß noch zu harmonischer Versöhnung. Isolation, Einsamkeit und Trostlosigkeit kennzeichnen die Beziehungen. Die modernen Menschen vergnügen sich, geben sich schnell zufrieden und rühmen sich obendrein, frei von Heuchelei und romantischer Emotion zu sein. Der zwanglose, bedingungslose und reibungslose Umgang miteinander enthüllt sich am Ende als große Leere.

Mit der Analyse der Rätselhaftigkeit der Protagonistin Vera aus Kaisers *Hellseherei* soll die Einstellung des Autors gegenüber den neusachlichen Menschen- und deren Lebensbildern beleuchtet werden. Zuvor jedoch wird das ‚Volksstück'

Nebeneinander (1923) als kennzeichnendes Werk herangezogen, um zu Anfang der Neuen Sachlichkeit dessen epochalen Typus herauszuarbeiten und Kaisers Haltung zu dieser literarischen Richtung aufzuzeigen. Es ist nachzuprüfen, ob und wie Kaiser in diesen beiden Dramen auf inhaltliche und formale Grundsätze der Neuen Sachlichkeit reagiert.

2. 4 *Nebeneinander* - Expressionismus und Neue Sachlichkeit

Beide in diesem Teil zu behandelnden Dramen, *Nebeneinander* und *Hellseherei*, stellen insofern Frauen in den Mittelpunkt, als die sozialen und privaten Probleme der bürgerlichen Familie thematisiert werden, die mit Konflikten mit Ehemännern, Familienangehörigen oder Freunden verbunden sind. Die Frauen verstoßen gegen Konventionen, verteidigen ihre eigenen Gesetze und deuten eine zukunftsfähige moderne Menschenwelt an. An den Protagonistinnen sind die Verhaltensmuster der Neuen Sachlichkeit wie Einfachheit, Echtheit und Sachlichkeit ablesbar. Andererseits kommen ihre Haltlosigkeit und ihre seelischen Nöte eindeutig zum Ausdruck, für die eine Erklärung in der Existenzphilosophie von Jaspers gefunden werden kann. In die folgenden Ausführungen soll daher Jaspers' *Die geistige Situation der Zeit* (1931) als philosophischer Bezugspunkt und als Zeitdiagnose einbezogen werden.

Das spezielle Thema dieser Studie, die Frauenfiguren und ihr Verhältnis zur Natur, steht in *Nebeneinander* nicht im Vordergrund. Aber der Naturbegriff, der als unterscheidendes Merkmal bei der Analyse der Frauenfiguren eingesetzt wird, hilft die Naturhaftigkeit der sich bekennenden Frauenfiguren hervorzuheben. Gleichzeitig geht es um Menschen in der modernen Großstadt und um deren Identitätsverlust. Sie lassen sich nicht nach der Schuld- oder Unschuldfrage beurteilen. Die Verantwortung des einzelnen Menschen verschwindet hinter seinen Handlungen, die aus sachlichen Gründen ausgeführt werden.

Gezeigt werden soll auch, wie die Hauptmerkmale der Neuen Sachlichkeit Inhalt und Form von *Nebeneinander* bestimmen.

Nebeneinander beschreibt das Menschenleben und den Technikkult am Anfang der zwanziger Jahre. Vielen Volksstücken ist die Abkehr von der Großstadt- und Intellektuellenproblematik gemeinsam, ohne daß die Autoren dabei den Beobachterstandpunkt des großstädtischen Intellektuellen völlig aufgeben. Das bürgerliche Milieu gewinnt damit symbolischen Charakter, auf dem sich das irregeleitete oder getäuschte Bewußtsein als Massenphänomen darstellt.

2. 4. 1 Merkmale der Neuen Sachlichkeit

Nebeneinander ist in seinem Aufbau kein geschlossenes Drama, das an Gustav Freytags Bau des Dramas gemessen werden könnte, obwohl es aus fünf Akten besteht. Ernst Schürer sieht *Nebeneinander* als ein ‚Simultanstück', in dem „drei Dramen[-typen] in gleicher Reihenfolge nebeneinander ablaufen, verbunden sind sie nur durch einen Brief, der den Aufbruch des Pfandleihers verursacht und der in jeder Handlung vorgelesen wird."[71] Es ist durchaus möglich, wie Schürer es sieht, daß sich drei Parallelszenen auf der dreigeteilten Bühne nebeneinander abspielen. Es bedarf aber einer Erklärung, wenn Schürer die drei Handlungen bzw. drei Dramen ohne Rücksicht auf den inhaltlichen Gesamtzusammenhang drei verschiedenen Gattungsformen zuordnet: „Auf den ersten Blick scheint

1) die Pfandleiher-Handlung ein expressionistisches Stationendrama zu sein, [. . .].
2) die Luise-Handlung ist ein melodramatisches Volksstück,
3) die Neumann-Handlung eine Gesellschaftssatire nach Sternheimschen Muster."[72]

1) Der Pfandleiher säubert einen eingelieferten Frack mit Benzin. Ungeschickterweise wird dabei die Anschrift eines Briefes, der in der Innentasche steckt, verwischt. Aus dem Brief geht hervor, daß eine Frau Luise Selbstmord begehen will, weil sich ihr Freund Otto, der Schreiber, von ihr trennen will. Der Pfandleiher liest seiner Tochter den Brief vor, so daß der Leser bzw. die Zuschauer den Inhalt des Briefes erfahren. Kurz nachdem der Pfandleiher mit der ungeheueren

---

[71] Schürer, Ernst: Die nachexpressionistische Komödie. In: Die deutsche Literatur in der Weimarer Republik. Hrsg. von W. Rothe. Stuttgart 1974. S. 53.
[72] E. Schürer 1974, S. 54.

Nachricht konfrontiert wird, ist er entschlossen, sich auf den Weg nach dem Absender zu machen. Er quält sich mit einer Erklärung für seinen Fehler, durch den die Anschrift des Briefes unleserlich geworden ist. Dabei fragt er sich, ob er Schuld dran hat, wenn die Frau sich das Leben nimmt. Aber im Vordergrund steht für ihn eher die Frage, weshalb es zu dem Versehen kam. Mit anderen Worten, ein innerer Druck zwingt ihn zu handeln, ohne zu wissen, was daraus resultiert und welche Konsequenzen er ziehen muß:

>Pfandleiher: Wir müssen uns auf den Weg machen. Ich werde ihm seinen Brief zustellen - und meinen Eingriff mit der umgestürzten Benzinflasche erklären! - Jetzt mutet es mich fast wie ein glücklicher Zufall an: daß der Frack fleckig war - ich zur Säuberung schritt - und mich versah! - Was hätte sonst aus dieser Nachlässigkeit des Briefschreibers entstehen können? Frage dich das! - und frage dich weiter: wie hätte es mich verstrickt, wenn du mich nicht beraten hättest, wie ich den Briefschreiber ausfindig mache? Mit meiner Schuld von Auslöschung der Schrift? Sprich es aus: Totschlag! - - - - So kann es einen Menschen überfallen - mitten im Alltag - man weiß nicht wozu: zur Sünde - - oder zur Erleuchtung?!!
>(B. 2, S. 284f.)

Der Pfandleiher hat eine gewisse Ähnlichkeit mit dem Kassierer in *Von morgens bis mitternachts* (1916) insofern, als er von einem zufälligen Ereignis angeregt wird, hier und jetzt aus seinem bisherigen Leben aufzubrechen und eine lange Reise anzutreten. Die beiden Figuren unterscheiden sich jedoch dadurch, daß der Pfandleiher nüchtern die Zwecklosigkeit seines Unternehmens erkennt, während der Kassierer an den verschiedenen Stationen seines Weges expressionistischen Visionen und Idealen nachjagt. Gemeinsam ist beiden, daß sie sich mit ihrem tragischen Ende von der Menschenwelt verabschieden. Trotz der Verschiedenheit zeigt sich die Humanität des Pfandleihers an dem Schlüsselwort ‚Erleuchtung' im obigen Textauszug, das für die neusachliche Literatur charakteristisch ist und im übertragenen Sinne die Bedeutung der Erneuerung involviert. Wörtlich heißt es, mit Licht zu erhellen, was im Dunkel oder Verborgenen liegt. Im gegebenen Kontext ist damit gemeint, daß die Geschichte des Briefes, der über Leben oder Tod entscheiden kann, erklärt werden soll. Das Unglück soll rechtzeitig vermieden werden.

2) Im Mittelpunkt des zweiten Handlungsstrangs steht die enttäuschte Luise. Das Bühnenbild zeigt sie an einer Schleuse. Sie ist hierhin aus der Großstadt Berlin geflohen, in der sie Otto einst geliebt hat. Der räumliche Gegensatz zwischen Großstadt- und Landleben spiegelt den zwiespältigen, seelischen Zustand Luises, die ein unglücklich endendes Liebesverhältnis erleben muß.

In dieser zweiten Handlung steht die Liebesgeschichte im Vordergrund, wobei diese im eigentlichen Sinne den Untertitel ‚Volksstück' verdient. Luises Naturromantik, die die ewige Unveränderlichkeit und den Einklang mit der Natur einschließt, wenn sie auch nicht ganz frei von Zivilisation bleibt, steht in krassem Kontrast zur Großstadt, die seelische Verwüstung durch Technikkult und Massengesellschaft signalisiert:

> Frau: Hier hat sich nichts verändert. Der Weg durch die Heide ist auch derselbe geblieben - staubig im Frühjahr - Herbst und Sommer. Schnee haben wir genug gehabt. Im Kanal Eis von Meterdicke. Ein rabiater Winter. Ihr in der Stadt spürt nicht die Natur, wenn sie Ernst macht - wir haben das hier aus erster Hand. (B. 2, S. 285)

Luises Schwester liest den Brief laut. Noch einmal erfährt der Leser den Inhalt Wort für Wort. Luise bekennt ihr innerlich verwüstetes Leben in der Großstadt. Ihre Rückkehr zum idyllischen Leben hat symbolischen Charakter. Die unveränderte und friedliche Naturumgebung zeigt ein Leben jenseits der technischen Welt, in der allein die Rationalität als zeitgemäße Tugend bewertet wird. Vor der Hektik, dem Automatismus und der Vereinsamung in Berlin flüchtet Luise in die ländliche Idylle, die frei ist von Verlassenheit, Unordnung und Feindschaft. Hier kehrt die alte Erinnerung an die seelische Geborgenheit, den irdischen Frieden und die menschliche Wärme zurück. Sie kann offen über das eintönige und einsame Leben in Berlin sprechen, um sich dann davon zu befreien und zu reinigen:

> Luise: Ein Tag wie der andere - gräßliche Sonntage, die nichts sind als Höhlen, die noch leerer als die Woche. Man hat keinen Anschluß ans Leben mehr - - - und greift gleich blindlings zu, was sich bietet. Zehnmal lieber das - - als vor Einsamkeit verrückt werden!!
> (B. 2, S. 287)

Luise blickt auf ihren vereinsamten Alltag in Berlin zurück, in dem sie jede Gelegenheit nutzt, um nicht allein zu sein bzw. nicht verrückt zu werden. Ihre Selbstklagen über das Großstadtleben deuten das häufigste Thema der Neuen Sachlichkeit an: die technisierte Welt und die Identitätsfrage der Großstadtmenschen. Das Leben ist von einem andauernden Gleichlauf geprägt. Man empfindet dabei keine Schaffensfreude, sondern nur noch unfüllbare Leere. Luises Leben in der Großstadt wird vor allem durch die mißlungene Beziehung mit Otto Neumann bestimmt.

3) Der neue, moderne Lebensstil, den Neumann vertritt, kennzeichnet die Großstadtkultur. Dies bestätigt allein sein Name ‚Neumann'. Die Kinoindustrie dominiert als ein Zeichen für die aus Amerika eingeführte Massenkultur. In *Nebeneinander* stellt Kaiser durch die Figur Neumann die Kinoindustrie bzw. Unterhaltungsindustrie als Chiffre für die neue Massenkultur der zwanziger Jahre in Berlin in den Vordergrund. In Neumanns Charakter als Opportunist, Geschäftemacher und Kavalier gestaltet sich der Prototyp der Massenkultur, der mit brutaler und skrupelloser Sachlichkeit nach seinen Karriereerfolgen strebt. In seiner Lebenseinstellung und seinem Menschenbild wird die Welt durch gewissenlosen Opportunismus regiert. Treue Freundschaft ist gar nicht gefragt. Sein Lebensmotto lautet, daß, je bunter und kürzer die Liebesbeziehungen zu Frauen seien, desto größer das Vergnügen sei:

Neumann: In Berlin bin ich beinahe hängen geblieben. Um ein Haar hatte ich ein Menschenleben auf dem Gewissen. Das war die tollste Nummer in meiner Kollektion. *Er trinkt erst.* Also: wie man's trifft - trifft man das Mädel. Das keusche Kind heißt Luise. [...] Fertig: sie kredenzte mir ihre Jungfernschaft. So was schafft immer Komplikationen. Ich vermeide eigentlich derartige Eroberungen - aber der Fall brachte es nun mit sich. Da war nichts zu ändern. Das Mädel ging mit - es war ein reines Vergnügen zu sehn, wie sie sich entwickelte. Die letzte Achtung verliert man vor dem bessern Geschlecht, wenn man die schiere Hure in jedem Weibsbild entdeckt. Pfui Pfennig!
(B. 2, S. 289-290)

Neumanns Verhältnis und Einstellung zu den Frauen charakterisieren die Umgangsformen der jungen Menschen in der Großstadt. Für ihn sind Frauen wie Kleider, die man je nach Geschmack und Stimmung aussuchen und austauschen kann. Deswegen kann von Treue überhaupt keine Rede sein. Er kennt keine moralischen Skrupel und will sich nicht in eine Lage versetzen, in der er von einer Frau an einem Ort gebunden wird. Von Ort zu Ort, wohin er geht, wechselt er die Frau, sobald sich eine andere bietet. Eine solche Entfesselung des sexuellen Verhaltens verweist auf die mechanische, zwangslose Geisteseinstellung. Dies bestimmt auch die Frauenbilder in der Öffentlichkeit. Wer sich als Frau dem Mann gegenüber anbietet, kann schnell zur käuflichen Ware herabgesetzt und ausgenutzt werden.

Mit diesen drei verschiedenen Handlungen will Kaiser exemplarische Lebensausschnitte in der Massengesellschaft der zwanziger Jahre zeigen und darüber hinaus das elementare, metaphysische Leben akzentuieren. Dies zeigt sich in der Gestalt des Pfandleihers deutlich.

Das Aufbrechen des Pfandleihers ist von einem zufälligen Ereignis bestimmt, das nach dem erfolglosen Ergebnis zu der tiefsten Auseinandersetzung mit sich selbst führt. Die Rückkehr zu sich selbst bzw. die Verinnerlichung des Pfandleihers erfolgt quasi am Höhepunkt der Krise der zwanziger Jahre und kennzeichnet damit die Abkehr von der neusachlichen Normalität.

2. 4. 2 Die antithetische Spannung zwischen Menschlichem und Mechanischem

Die Neue Sachlichkeit zielt auf die innere Haltung des Menschen in der technischen Welt, die bestimmte Funktionen vom Einzelnen verlangt, der zwischen Arbeits- und Privatleben sein Dasein gestalten muß. In der Öffentlichkeit hat er in gefühlloser Objektivität und Faktizität zur Verfügung zu stehen, im Privaten sucht er ständig nach Neuem, das schnell wieder in Vergessenheit gerät. Für ihn ist alles gleichgültig und nichts unmöglich. Menschliche Beziehungen und Gebrauchsgegenstände sind schnell austauschbar und wiederherstellbar. Genußsucht, sexuelle Zügellosigkeit und Geldgier sind ohne Grenzen. Dadurch beherrschen materielle Üppigkeit und geistige Unordnung die Wahrnehmung der Umwelt. Die mechanische Denk- und Verhaltensweise des Einzelnen hört selten auf die innere Stimme. Diese wird nur gehört, um Vergangenes zu verdrängen und Neues aufzunehmen.

Das Thema ‚Vergessen' wird in *Nebeneinander* ambivalent behandelt. Die Auseinandersetzung mit dem Vergangenen will man nicht gern führen. Stattdessen möchte man alles auf einen Nullpunkt bringen und mit leerem Kopf neu anfangen. Denn das Erinnern hat mit Schmerz und Leid zu tun. Das zeigt Luises Fall:

>Luise: Nichts. Gar nichts. Ich habe nichts - - Nichts hier - nichts da. Ich habe nichts mehr. Ich habe nur einen Kopf, der leer ist - - - - von Gedanken - von Glauben - von jedem und allem, das in der Welt unter und überm Himmel!! (B. 2, S. 286)

Die Wiederholung von „Nichts" zeigt im dialektischen Sinne ihren entschlossenen Willen, den Anfang eines neuen Lebens auszudrücken und wird durch den Bezug auf räumliche und geistige Gegensätzlichkeit wie „hier/da", „unter/überm Himmel" und „einen leeren Kopf/Gedanken, Glauben" polarisiert. In diesen Worten stecken das Grauen der Verlassenheit und der Leere und zugleich die Hoffnung auf die bessere Zukunft angesichts der irdischen Werte.

Zum Thema ‚Vergessenheit' als solche lautet Jaspers Kritik am Zeitgeist der zwanziger Jahre:

> Das Gewesene gilt nicht mehr, nur das gerade Gegenwärtige. Das Vergessen ist der Grundzug dieses Daseins, dessen Perspektiven in Vergangenheit und Zukunft fast zur bloßen Gegenwart zusammenschrumpften. Es wird ein Hineinfließen des Lebens ohne Erinnerung und ohne Voraussicht, außer der Kraft des zweckhaft abstrahierenden Blicks in der Leistungsfunktion am Apparat.[73]

Der Pfandleiher drückt die Problematik, Vergessen und Verdrängen des Vergangenen, aus und vertieft sie. Die Sicherheit seiner Existenz ist bedroht.

Der Pfandleiher macht im 2. Akt Station in der Pension Elvira, wo sich der Briefschreiber Niemann, wie der Mann seines Wissens heißt, höchstwahrscheinlich aufhält. In der Pension erlebt der Pfandleiher das Desinteresse und die Gleichgültigkeit der Umgebung und bekommt keine Auskunft über Niemann. Seine Suche wird zunächst unterbrochen. Er möchte alles aufgeben und alle seine Erlebnisse der letzten Tagen vergessen. Aber seine weiteren Überlegungen verhindern ein Nachgeben. Er kann nicht alles aus dem Kopf streichen. In der Form eines dialektischen Monologes versucht er, über den Ursprung und das Wesen seiner Suchaktion zu philosophieren:

> Pfandleiher: [. . .] Es häuft sich: der erste Schritt macht den zweiten notwendig. Es reißt sich ein Abgrund

---

[73] K. Jaspers 1971, S. 46.

> auf, in den ich stockend stürze. - Du wirst es
> erleben: - aus diesem Wirbel gibt es einmal
> keinen Ausweg. Man muß schließlich froh sein
> vergessen zu können. - Aber was heißt das: -
> vergessen?!
> [...]
> Hier ist ein Unternehmen im Gange, das aus
> kleinem Anfang ins Maßlose steigt. Wir werden
> am Ende mit Staunen stehen. Den Anfang
> begreifen wir nicht. Der ist doch nicht das
> Wesentliche. Was sich hinter diesem Herrn
> Niemann verbirgt - warum sein Frack mir seinen
> Brief in die Hände spielte: das wird nicht ohne
> Sinn! -
> (B. 2, S. 296)

Der Pfandleiher hat eine dunkle Ahnung davon, was auf ihn zukommt, er spricht von „Abgrund", „Wirbel" und „Schwindel". Die Welt draußen könnte in seinen Augen Schwindel erzeugen, Wirbel erwecken und ihn in den Abgrund stürzen. Seine Worte deuten auf den Zwiespalt zwischen der Außenwelt und der Innenwelt des Sich-selbst. Trotz einer schwachen Vorahnung des Unglücks gibt der Pfandleiher nicht auf, die Suchaktion zu vollenden. Er zeigt sich als einer von Kaisers idealisierten Helden, die unbeugsam, einsam und kämpferisch ihre Aufgaben erfüllen. Aber die Frage drängt sich auf, was der Autor mit seinem allein kämpfenden ‚Außenseiter' beabsichtigt und was für einen Sinn die idealistische Gesinnung des einsamen ‚Kämpfers' in einer antiidealistischen Zeit hat. Es mag nicht so angemessen sein, den Pfandleiher als Einzelkämpfer zu bezeichnen, weil er sich doch am Ende das Leben nimmt.

Bis zum verzweifelten, ausweglosen Ende lebt er für die Aufklärung der Brief-Geschichte und für Luise, die er nicht einmal kennt. Aus der Opferbereitschaft des Pfandleihers kann man erahnen, daß Kaiser das Problem der Verwüstung der menschlichen Beziehung in dem Bild des gescheiterten Idealisten veranschaulicht.

Hoffnungslose Verzweiflung, Resignation und Fassungslosigkeit des Pfandleihers über den Zeitgeist verdichten sich im Verlaufe der Handlung. Das Ende seiner Lebensgrundlage stürzt ihn schließlich in den Abgrund des Selbstmordes: „[. . .] So soll man mit Gas ohne Grauen in den Tod übergehn! *Er langt über sich und öffnet beide Hähne des zweiarmigen Gaslampenrohres.* Man wird es erfahren! - - - -" (B. 2, S. 336)

Mit Bezug auf den Fall und Ausstieg des Pfandleihers muß zunächst untersucht werden, ob Kaisers idealistische Figur im Rahmen des expressionistischen Programms zu verstehen ist oder unabhängig davon mit den Maximen der Neuen Sachlichkeit erklärt werden kann.

Das Motiv seines Aufbruchs ist, daß er seiner inneren Stimme gehorcht und sich für den aus Ungeschick begangenen Fehler verantwortlich fühlt. Warum er nicht aufhört nachzuforschen, hat zwei Gründe: Zum einen ist er von der persönlichen Schuldfrage geplagt, die ihn antreibt, den durch seinen Fehler entstandenen Schaden an dem von Niemann in sein Pfandhaus gebrachten Frack zu ersetzen. Zum andern recherchiert er weiter aus Unmut über die interesselose, kühle Reaktion der sozialen Umwelt, die nur zugunsten des eigenen Gewinns Teilnahme an einer Sache zeigt. Der pure Egoismus und die kühle Distanzierung des sozialen Milieus werden bloßgestellt. Die Krise des Lebens, die zeitgeschichtlich auf Inflation und Währungsreform verweist, wird zum Gegenstand der Kritik, die Kaiser durch den allein leidenden Pfandleiher übt. Die Nachforschungen des Pfandleihers bringen schließlich keine Änderung, aber im Verlauf der Handlung enthüllt sich das wahre Gesicht der verlogenen Gesellschaft, die von Desinteresse an Humanität und Rücksichtslosigkeit bestimmt ist. Kaum einer trachtet nach mehr als dem momentanen Wohlbefinden. Man vergnügt sich heute, interessiert sich nicht für gestern und kümmert sich nicht um das humane Zusammenleben:

> Pfandleiher: Es wird Himmel und Hölle in Bewegung gesetzt
> um einen gestohlenen Teppich - um ein Fahrrad
> - tausend Telephone schnurren: haltet den Dieb!
> *Den Brief aufnehmend.* Hier schreit ein

fieberndes Wesen nach Hilfe aus Not und Tod -
(B. 2, S. 326)

Die ermahnende Rede des Pfandleihers richtet sich im Polizeipräsidium an die Staatsräson, von der schnelle Handlungsfähigkeit für die gesellschaftliche Ordnung erwartet wird. Wenn man sein soziales Engagement und seine Kritik betrachtet, ist er der visionäre Idealist wie der Kassierer in *Von morgens bis mitternachts*. In dem Sinne kann man die heldenhafte Tat des Pfandleihers mit einer von Nietzsche inspirierten Willensphilosophie verbinden, abgesehen davon, daß er für die Veränderung der Gesellschaft mit seinem Leben zahlen muß. Nietzsches Lehre von Übermenschen verweist darauf, daß der Wille zur Macht und zur Wahrheit den Menschen befähigt, sein eigenes Dasein zu überwinden. Den sinngemäßen Gedanken kann man auch in Kaisers theoretischem Aufsatz *Vision und Figur* finden:

Der herbeilaufende Beschauer starrt aufs Gewühl. Er sieht nur Gewühl. Er widerspricht: *wo steckt die Einheit*, die ich hier mit einem Blinzeln überschauen sollte? Zersprengen diese Gestalten nicht den Kreis, in dem sie stehen - mit suchender Wucht nach außen? Was drängt sich hier alles im Ring, um den ich laufe - und stutze bei jeder neuen Figur im Nebeneinander von Buntheit? Was für Stimme? [. . .] Meine Augen tränen - und die Ohren dröhnen! - Kein Tadel für den Beschauer, der heranläuft. Was wußte er vom Gesetz, das die vielen Figuren, die ihn erschrecken, zueinander stellt. Kann er von heute auf morgen die Stücke so ordnen, wie sie seiner Erkenntnis nützen? Mit seinen verwirrten Händen? (B. 4, S. 548)

Der Pfandleiher ist jedoch nicht durch und durch Idealist. Denn seine letzten Worte haben einen melancholischen, doch nüchternen Ton. Er reflektiert und resümiert über das Motiv der Briefgeschichte und seinem Gewinn oder Verlust daraus. Was er aus tiefer Resignation und Fassungslosigkeit erörtert, zieht weite Kreise:

Pfandleiher: Den unsichtbaren Gewinn des wunderbarsten
               Gefühls: für einen fremden Menschen sich auf

den Weg gemacht zu haben! - Darin liegt der Sinn und die Vollendung des Abenteuers. Seinen Gegenstand verlöscht es - aber die Woge schäumt silberweiß, die es aufriß. Ich vernahm die Stimme meines Nächsten - vor der sich die andern verschlossen - ich hörte sie! Mir heilte sich die Taubheit - ich konnte mit beiden Ohren horchen! - Soll ich sie mir wieder verschütten lassen im weiteren Leben? Von seinen maßlosen Rohheiten und blutigen Zuhieben - von denen ich am meisten erfuhr - hier in meiner Pfandleihe? [...] Hier gilt es geizig sein - um nicht zu vergeuden - was einmal schließlich allen gehört!! - - - Oder sollte man nicht am Schicksal des Nächsten so viel Anteil nehmen?? - - - Aber wie kommt es, daß uns der Trieb - ausbrechend jählings - ins Blut gepflanzt ist??? - *Er zieht die Tochter fest in seine Arme.* Wir wollen in den rosaroten Punkt neben dem Schornstein sehen - Sonnenrest - und nicht mehr sprechen. - - - --
(B. 2, S. 337-338)

Nach den Erschütterungen und dem existentiellen Ruin sieht der Pfandleiher keinen Ausweg. Er kann seine Tochter in dieser lieblosen verruchten Welt nicht allein lassen und bringt schließlich sie und sich selbst um. Im Rahmen der neusachlichen Maxime ist sein Tod völlig abwegig und nicht einfach zu erklären. Mit der Humanität und dem Idealismus nimmt der Fall des Pfandleihers in *Nebeneinander* die Darstellung des expressionistischen Heldentodes auf. Der Protagonist wird jedoch als Narr verlacht und in aller Öffentlichkeit beschimpft. Sein Scheitern kann man unter zwei Aspekten betrachten: Die Rettungsidee für einen humanen Zweck scheint mit dem Zeitgeist der Neuen Sachlichkeit einerseits nicht vereinbar, wobei sein Aufbrechen für die Verbesserung der Menschheit durchaus Kaisers dichterische Leitidee vertritt. Andererseits enthüllt er die Gesellschaft mit ihrem von Lüge und Taktik gesteuerten und mechanisch funktionierenden Trübsinn. So gesehen stehen sich Kaisers Zeitkritik am Großstadtleben und die Sehnsucht nach dem idyllischem Landleben gegenüber.

Das Resümee des Pfandleihers über das Ergebnis der Brief-Geschichte und das Zurückblicken auf sein vergangenes Leben in der Pfandleihe geben den Anstoß zu einem leidvollen Nachdenken über das materielle und zugleich sprituelle irdische Leben, während sprachlich ein irreales und auch romantisches Vokabular die Gegesätzlichkeit zwischen dem irdischen und übersinnlichen Leben ausdrückt. Die Brutalität der Gesellschaftsformen wird vom Kommissar prägnant formuliert: „Es sollte überhaupt die Parole werden: Jeder gegen jeden - knock-out!" (B. 2, S. 327)

Als Gegenpol zum Pfandleiher, der von seinen Ellenbogen keinen Gebrauch macht, ist das zeitgemäß neusachliche Menschenbild in der Figur Neumann gestaltet. Wie schon gezeigt, symbolisiert er den Technikkult. Er besitzt ein verdinglichtes Bewußtsein und strebt immer nach Aufmerksamkeit und Anerkennung von außen, wie sein Lebensmotto es verkündet: „hier wird nicht mit Gefühlen gearbeitet - in Geschäften eiskalt!" (B. 2, S. 303) Damit verbunden sind Sucht, Gier und Wahn nach endloser Beschäftigung mit dem Triebhaften. In der Kinoindustrie sucht er den Aufstieg - ein Symptom, das auf die zwanziger Jahre verweist. Das alte System wird abgeschafft, und das neue auf der Basis eines Pragmatismus errichtet:

> Neumann: Mit diesem System zu brechen ist die vielleicht undankbare Aufgabe, die wir uns gestellt haben. Das Publikum darf nicht länger mit Afterkunst düpiert werden. Die längst verblichenen Lieblinge der Leinwand haben abzutreten vor den neu aufgehenden Sternen. Das klingt hart - aber mit Sentimentalität schieben wir den Karren keinen Zoll weiter!
> (B. 2, S. 316)

Wie schon angedeutet, ist die Filmindustrie in den zwanziger Jahren von schwerwiegender Bedeutung. Sie führt die kulturellen Bewegungen der Neuen

Sachlichkeit, also Technikkult, Amerikanismus und Unterhaltungskultur, zusammen. Diese Filmindustrie, deren Produkte reproduzierbar sind und auf die Masse zielen, kennzeichnet die neue Ästhetik der Großstadt Berlin. Der Aufstieg neuer Medien verändert den Umgang mit der Kultur und auch das Erlebnis der jungen Menschen:

> Das Kino zeigt eine Welt, die so nicht sichtbar war. Man ist gefesselt von dem indiskreten Darbieten der physiognomischen Wirklichkeit von Menschen. Man erweitert seine optische Erfahrung über alle Völker und Landschaften. Aber man sieht nichts gründlich und verweilend, sieht Aufreizendes, ja Erschütterndes, das man nicht vergißt, aber muß die meisten Sitzungen bezahlen mit einer so auf keine andere Weise zu erzielenden Öde der Seele, die nach Ablauf der Spannung zurückbleibt.[74]

Mit dem neuen Kulturphänomen kommt eine neue Generation. Die junge Generation, die den Krieg nicht erlebt hat, will weder mit dem Idealismus noch mit dem Pessimismus etwas zu tun haben. Man nimmt Kontakt mit allen Dingen und Menschen auf, die zum eigenen Nutzen behilflich sind:

Neumann:	[. . .] Erstlich: gut getippt mit Rechtsanwalt. Macht alle Sprünge mit. Die ganze hohe Schule der Schikanen wird vorgeritten. Bluff ist die Parole. Der Gegner muß kuschen vorm ersten Schuß. Hinhalten - nicht abdrücken. Das ist Taktik, mein Sohn!
Borsig:	Dabei setzt höchstens mein Konkurs Korkzieherlocken an.
Neumann:	Dem Kino gehört die Welt!
Borsig:	Meins ungefähr aller Welt. Die Schar der Gläubiger ist unzählbar.

---

[74] K. Jaspers 1971, S. 122.

Neumann: Unsere Chance. Wir spielen einen gegen den andern aus. Schließlich rettet sich jeder mit Genuß aus dem Schlamassel.
(B. 2, S. 301)

Für Neumann ist Sachlichkeit eine Tugend, die beim Geschäftemachen von Vorteil ist. Seine Sprache ist sachlich-knapp und emotionslos. Demgemäß wird der Geschäftsplan stichwortartig vorgetragen. Argumentative Auseinandersetzungen werden nicht geführt, und idealistische Visionen werden als nutzlos erachtet. Er weiß von Anfang an, mit welcher Strategie man im Geschäft und im Umgang mit Konkurrenten vorgehen soll. In seinem Kinounternehmen zählt nur die Verwirklichung des Ziels mit allen Mitteln, und das schließt moralische Umgangsformen geradezu aus. Geld, sozialer Aufstieg und gesellschaftliches Ansehen interessieren Neumann, der in seiner Rücksichtslosigkeit, seinem betrügerischen Verhalten und in seinem Hochstaplertum gewisse Ähnlichkeit mit Keith in Wedekinds Drama *Der Marquis von Keith* aufweist. Mit Erfolg startet schließlich sein Kino, und die Filmgesellschaft hat Anlaß zu feiern. Nachdem Neumann sich selbst zum Generaldirektor des gemeinsamen Kinounternehmens mit dem Freund Borsig ernannt hat und mit dessen Schwester, der Schauspielerin, ausgeht, durchschaut der Börsianer Elsasser Neumanns Geschäftsstrategie und beendet mit dem treffenden Urteil über Neumann das Volksstück:

Elsasser: *zu Borsig*. Das hat Ellbogen - dieser Neumann. Wie sich das unter dem Frack spannt - phänomenal. Das ist der Typ, der durchkommt. Wenn wir alle in Dreck und Speck verrecken, pfeift das noch die Wacht am Rhein mit vollen Backen. Ex Kino lux! Stimmt's? *Elsasser und Borsig stoßen an.*
(B. 2, S. 342)

Der radikale Egoismus, den Neumann vertritt, steht eindeutig im Kontrast zur idealistischen Weltanschauung des Pfandleihers. Das deutet das Zitat an. Neumann nutzt jede Gelegenheit, die ihm zur Verfügung steht, für den Aufstieg und geht ohne

Rücksicht auf die Mitmenschen und das Umfeld los („Das hat Ellbogen - dieser Neumann"). Seine Welt wird vom Glauben an Geld- und Tauschwert regiert. Sie spiegelt die von der materialistischen Warenwelt besessene Realität der zwanziger Jahre wider.

In diesem Grundkonflikt in *Nebeneinander* zeigt sich Kaisers satirisch-ironischer Ansatz, mit dem er den gesellschaftlichen Antagonismus zwischen Menschlichem und Mechanischem vorführt.

2. 4. 3 „Neusachliche" Frauen als Modell gegen die Konsumgesellschaft?

Die Gesellschaftsentwicklung zu Beginn des 20. Jahrhunderts strebt die vollkommene Naturbeherrschung durch die Technik an. Diese äußere Veränderung der Natur durch die Warenindustrie veranlaßt auch die innere Natur des Menschen, sich in den Prozeß der Technisierung einzugliedern. Die Identifikation des Individuums mit der technisierten Natur führt immer mehr zu einem sozialen Problem in der Gesellschaft und lenkt die Gedanken der Großstadtmenschen auf das ruhige, heilsame Leben auf dem Land. Denn in der Stadt ist der Mensch ständig gehetzt, verletzt und verlassen. Er möchte seine Seele in der ländlichen Idylle heilen.

An dem Fall Luise läßt sich dies veranschaulichen, gerade auch weil der Zusammenhang zwischen Natur und Frau in Kaisers Dramen eine wichtige Rolle spielt. Zum einen ist die Natur der Bereich, aus dem Luise als Naturwesen hervorgeht und zu dem sie schließlich in Einklang mit sich und der Umwelt glücklich zurückkehrt. Zum andern gestattet die Rückkehr zum ursprünglichen Naturzustand, der sich in der Liebe und Heirat mit dem Naturfreund Krüger auf dem Land zeigt, gleichermaßen auch die Rückkehr zur Normalität. In der Großstadt erlebt Luise Schmerzen und Verletzung durch ihr unglückliches Verhältnis mit Otto Neumann. All das überwindet sie nach der Rückkehr auf das Land in der neuen Partnerschaft.

Angesichts dieser Bestimmung kann man annehmen, daß in *Nebeneinander* die Wesensverwandtschaft zwischen Frau und Natur erkennbar ist. Es handelt sich bei dem Volksstück nicht unbedingt um ein Frauendrama, das sich mit der absoluten Liebe zwischen Mann und Frau beschäftigt, aber es geht doch in gewissem Maße um Bekenntnis und Heimkehr zur Naturhaftigkeit des Menschen, wie es sich besonders an Luise zeigt.

Auf die Darstellung der Frau im Zusammenhang mit der Natursymbolik ist daher an dieser Stelle einzugehen.

Kurz nach der Ankunft an der Schleuse, wo Luises Schwester mit ihrem Mann, dem Schleuseninspektor, wohnt, lernt Luise Franz Krüger kennen, der gleichzeitig zu Besuch ist; sie verlieben sich ineinander. Als Krüger Luise darum bittet, seine Frau zu werden, spricht sie von sich aus über ihr letztes Liebesverhältnis in Berlin. Sie überläßt dem Mann die freie Wahl, gegen oder für sie zu entscheiden. Damit geht sie das Risiko ein, die Liebesbeziehung unwiederbringlich zu zerstören:

>   Luise: Ich bin nicht die - - die Sie heiraten wollen.
>   Franz Krüger: Sie sind doch Luise bei lebendigem Leibe!
>   Luise: Sie wünschen sich eine Frau - - ohne Vergangenheit.
>   [. . .]
>   Luise: In Berlin. Ein Mensch, mit dem ich verkehrte. Eines Tages schrieb er mir ab. Ich reise in die Schleuse zurück. - - *Die Motorsirene fern*. Jetzt können wir zur Libelle hinuntergehen. Mit einiger Eile kommen wir noch rechtzeitig.
>   Franz Krüger: Ich - - kann nicht spazierenfahren!! *Rasch ab*.
>   (B. 2, S. 314 -315)

Die Gestalt Luises kann man insofern als modernes Frauenbild interpretieren, da sie zwar keine Auseinandersetzung mit ihrer Vergangenheit führt, aber die Fähigkeit zeigt, damit fertig zu werden. Die Tatsache, daß sie von ihrem Geliebten im Stich gelassen wurde, akzeptiert sie und spricht offen darüber, als sie einen neuen Mann kennenlernt. Die Vergangenheit belastet so nicht das neue Leben. Durch das ehrliche Gespräch mit Krüger befreit sich Luise von Schuldgefühlen, während Krüger schockiert ist und nicht weiß, wie er sich verhalten soll. Luises Schwester teilt Krüger danach mit: „Ich hörte das schönste Geständnis aus ihrem [Luises] Munde: lieber verzichten als mit einer Lüge gewinnen."(B. 2, S. 328) Luise stellt trotz der Enttäuschung Krügers das Vertrauen wieder her und heiratet ihn.

Reinhold Grimm zufolge zählen die Handlungen von Neumann und Luise zur Welt der Sachlichkeit; Luises ländliche Hochzeit mit Krüger am Ende wird als die positive Seite der Neuen Sachlichkeit gewertet: „Das Idyll an der märkischen Schleuse, wo Luise sich so rasch und gründlich zu trösten versteht, liegt gleichsam auf der Sonnenseite der Neuen Sachlichkeit."[75] Die neue Frauenfigur ist nicht als männlich-kühne und mitleidslose Frau konzipiert, sondern als fröhliches und unschuldiges Mädchen. Auf der Hochzeit beschreibt Luises Schwager ihre Schönheit und vergleicht sie mit Pflanzen und Musik: „*nach Luise zeigend* Seht euch diese Blüte des Mädchentums an. Luise heißt sie - in meinen Ohren war dieser Name Musik. Er stimmte sich mit Geigen an und füllte ein ganzes Orchester mit seinem einzigen Thema!" (B. 2, S. 339)

Luise als Naturwesen unterscheidet sich in gewissem Sinne von den emanzipatorischen Zügen des neusachlichen Frauenbildes. Sie steht für Selbständigkeit in der beruflichen Tätigkeit und strebt zugleich nach Frieden und Liebe in der Familie, wie sich andere Frauenfiguren Kaisers in Treue an ihren Geliebten binden. Wenn Kaisers Absicht darin lag, das Frauenbild überhaupt mit der Neuen Sachlichkeit in Verbindung zu bringen, läßt sich dies am Happy-end der glücklichen Ehe Luises veranschaulichen. Das Frauenbild, das sich in der Gestalt Luises zeigt, ist zwar nicht der Prototyp des neusachlichen Frauenbildes. Kaiser stellt jedoch eine Frau dar, die durch Natürlichkeit charakterisiert ist. Sie ist gleichsam die Inkarnation der Wünsche Kaisers, in der sich die innere Natur mit der äußeren im Einklang befindet, und die er als das wünschenswerte Menschenbild in die Frauenfiguren hineinprojiziert.

---

[75] Grimm, Reinhold: Zwischen Expressionismus und Faschismus. In: Die sogenannten zwanziger Jahre. Hrsg. v. R. Grimm und J. Hermand. Bad Homburg 1970. S. 28.

2. 4. 4 Symbol-Gegenstände

Der Dramatitel *Nebeneinander* deutet epochal auf das Spannungsfeld der verschiedenartigsten Ismen und Strömungen der zwanziger Jahre hin. Expressionismus und Neue Sachlichkeit, Faschismus und Marxismus, Dadaismus und Amerikanismus stehen nebeneinander und überkreuzen sich. Diese polemische Atmosphäre ist nicht nur auf den Kulturbereich beschränkt, sondern findet sich auch in der philosophischen Auseinandersetzung, die unter den Namen Idealismus, Positivismus, Neukantianismus und Phänomenologie geführt wird.

Dramaturgisch führt der Titel darüber hinaus die drei nebeneinander verlaufenden Handlungsstränge vor: die des Pfandleihers, Luises und Neumanns. Sie sind durch einen vergessenen Brief und Kleidungsstücke wie Frack und Pelzmantel verbunden. Der Brief wird im 1. Akt in drei verschiedenen Szenen dreimal vollständig verlesen. Mit ihm beginnt die Haupthandlung. Bei der Vernehmung auf dem Revier fleht der Pfandleiher polizeiliche Hilfsbereitschaft an:

> Pfandleiher: [...] Kein Brief auf der Welt war bisher wichtig wie hier!! Er sprengt in taube Ohren erneutes Gehör!! Der Zufall wächst in riesigen Zwang - hier ist nun jeder verpflichtet!! - - Ich bin ein hilfloser Einzelner, meine Mittel leisten es nicht - spielend bewältigt den Aufwand die Polizei. Mit Verzweigung über Stadt und Dorf. Sie unterhält Stationen im letzten Winkel vom Land. Sie müssen benachrichtigt werden. Der Brief kommt zum tausendfachen Abdruck - sein Anschlag überfüllt alle Säulen und Tafeln. Lu liest - und das Leben atmet wieder für drei! Lu - und Niemann - und ich !!!
> (B. 2, S. 325)

Aus seiner Pfandkammer nimmt der Pfandleiher einen Pelzmantel ohne Erlaubnis des Besitzers, zieht ihn an und macht sich mit dem gefundenen Brief auf dem Weg, den Absender zu suchen. Aber in der Kasino-Garderobe erkennt der Besitzer seinen Pelz. Der Pfandleiher wird festgenommen und auf die Wache gebracht. Mit der Festnahme des Pfandleihers schlägt die Haupthandlung ins Gegenteil um. Das Kleidungsstück ist in diesem Dialog visuelles Zeichen der Auseinandersetzung. Dabei geht es um die Frage nach dem materiellen Wert des Gegenstandes, und wem er gehört:

Erster Herr:	Bei Nacht noch schlafe ich darin feldmarschmäßig! *Er will den Mantel nehmen*
Kommissar:	*abwehrend.* So weit sind wir noch nicht! *Zum Pfandleiher.* In Ihrer Pfandleihe wurde also dieser Mantel versetzt - damit bleibt er doch während der Versatzdauer Eigentum des in diesem Falle fraglichen Besitzers?
Pfandleiher:	Statutengemäß!
Kommisar:	Sie haben ihn also aus der Pfandkammer entnommen und sich angezogen?
Pfandleiher:	Nicht nur den Mantel. Auch der Frack - die Lackstiefel - das Hemd - der Kragen - die Krawatte: nichts auf dem Leibe gehört mir. Es stammt alles aus den Pfändern, die ich beherberge! (B. 2, S. 321f.)

Auf die Sachlichkeit des Briefes und des ‚wandernden' Kleidungsstückes weist R. Grimm mit der treffenden Bemerkung hin: „Die Dinge und der durch sie entfesselte »Zufall« sind so stark, daß sie vollkommen gleichberechtigt und unabhängig neben den Unternehmungen der Menschen - jedenfalls der expressionistischen - ihre Macht ausüben."[76]

---

[76] R. Grimm 1970, S. 27.

Die Gegenstände, Brief und Pelzmantel, auch Neumanns Frack, haben in *Nebeneinander* zweierlei Bedeutung. Zunächst symbolisieren sie den Wechsel zwischen den gesellschaftlichen Schichten: Der Pfandleiher, der seine Ausstattung aus seiner Pfandkammer nimmt und trägt, stürzt wegen des Kleidungsstückes in den existentiellen Ruin. Neumann, der unter dem falschem Namen Niemann seinen Frack verpfändet, feiert Sieg und Aufstieg. Zum andern sind Brief und Kleidungsstück Zeichen der Sachlichkeit, was aber noch nicht mit der Epochenbezeichnung ‚Neue Sachlichkeit' gleichzusetzen ist. Dies legt auch die Entstehungszeit des Dramas nahe, die in die Anfangsphase der Neuen Sachlichkeit fällt.

Tatsache ist, daß Kaiser mit seinem Volksstück die herankommende neue Epoche vorzeichnet. Nimmt man die expressionistischen Ideale und Visionen des Pfandleihers hinzu, läßt sich schließen, daß *Nebeneinander* ein ‚Übergangsstück' vom Expressionismus in die Neue Sachlichkeit ist.

2. 5 Höhe- und Wendepunkt der Neuen Sachlichkeit in *Hellseherei*

Das neusachliche Drama, in dem Kaiser das technisch-industrielle Weltbild am Beispiel moderner, junger Menschen in der Großstadt thematisiert, ist das ‚Gesellschaftsspiel' *Hellseherei* (1928/29). In dem Werk sind Merkmale der ausgehenden Sachlichkeit um 1929 deutlich erkennbar, die Bezug auf die automatisierte Realität und auf die Unsicherheit der Menschen nimmt. Der Mangel einer ganzheitlichen Menschenwelt ist für die dargestellte hohe Gesellschaft konstitutiv.

Die Wirren der Zeit werden am Beispiel eines jungen Ehepaars dargestellt, das einen Ring sucht. Er ist auf dem Weg von einem Ball nach Hause spurlos verschwunden. Veras Verhalten steht hier im Mittelpunkt. Es ist durch Ordnungs- und Orientierungslosigkeit, hoffnungslose Verzweiflung und Trostlosigkeit gekennzeichnet, wobei sich dieses Gesellschaftsspiel ausschließlich in ihrem

Wohnzimmer abspielt. Aus der Ringgeschichte entwickelt sich jedoch das eigentliche Hauptproblem: Der Seitensprung des Ehemanns Viktor mit einer auch ihr bekannten Dame.

Ohne Hinweis auf diese Vorgeschichte beginnt das Drama mit einer Erzählung Veras über einen verlorenen Ring. Je sicherer ihre Vermutung über die Untreue ihres Mannes wird, desto mehr steigert sich die dramatische Spannung.

Auf eine Annonce in der Zeitung hin sucht Vera einen Hellseher auf, um ihre Zweifel zu klären. Der Hellseher bestätigt den Hintergrund der Ringgeschichte - Viktors Verhältnis mit der Dame. Mit dem Auftritt des Hellsehers erreicht das Drama seinen Höhepunkt, indem Veras Liebesproblem in Verbindung mit der Hellseherei als ein Gesellschaftsspiel gezeigt wird. Die okkultistische Macht als ein gesellschaftliches Phänomen in den zwanziger Jahren deutet außerdem die Wende und die Veränderung der politischen Situation an. Diese Übergangsphase beschreibt Horst Denkler folgendermaßen:

> Das Objekt wird einerseits durch Mikroskopierung und Aufnahme im Detail isoliert und konserviert, so daß das Außergewöhnliche gewöhnlich, das Gewöhnliche außergewöhnlich wird; es wird andererseits als ein Selbstwertiges, Unabhängiges in den Lebensfluß hineinversetzt, so daß es nun die Umwelt bzw. sein Verhältnis zur Umwelt und damit auch sich selbst in Frage zu stellen beginnt. Auf diese Weise nähert sich die Neue Sachlichkeit allerdings zunehemend einem (von Franz Roh schon 1925 gesichteten) "magischen Realismus", der im Extrem um der künstlich beschworenen Magie willen den Anlaß, nämlich die Sache, vergessen läßt.[77]

Es soll zunächst geklärt werden, weshalb die okkultistische Tendenz als gesellschaftliches Phänomen zunimmt und was sie mit der Krisenzeit der Menschen zu tun hat. Die Abkehr von der Neuen Sachlichkeit und die Flucht vor der Realität können eine Antwort darauf geben. Viele Autoren um 1930, unter ihnen auch Georg

---

[77] Denkler, Horst: Die Literaturtheorie der zwanziger Jahre: zum Selbstverständnis des literarischen Nachexpressionismus in Deutschland - Ein Vortrag. In: Monatshefte 59 (1967) S. 313f.

Kaiser, werden sich dessen bewußt. Verdinglichte Sachlichkeit, die menschliche Interessen und Grundbedürfnisse nicht berücksichtigt, und die Zuwendung zum Objekt lassen subjektive Wunschwelten oder die Hingabe an den Okkultismus als Ausweg erscheinen.

Zu Beginn des 20. Jahrhunderts ist der Okkultismus weit verbreitet. Er bezieht sich auf übersinnliche Kräfte der Welt und des Menschen. Traugott K. Oesterreichs *Der Okkultismus im modernen Weltbild* (1921) und O. Bärwalds *Okkultismus und Spiritismus* (1926) beweisen die intensive Beschäftigung mit dem Seelenleben. Im Rahmen des Okkultismus werden alle Phänomene übersinnlicher Wahrnehmung auf Telepathie zurückgeführt, und der Okkultismus etabliert sich allmählich als Pseudo-Wissenschaft. Solche Hinwendung hängt mit dem Verhältnis zur Technik zusammen. Die wachsende Angst vor den Gefahren der technischen Zivilisation führt zu einem Bedürfnis der Menschen nach einer Erweiterung des Bewußtseins. Auch die katastrophale, wirtschaftliche Lage gegen Ende der Weimarer Republik begünstigt das Aufkommen des Okkultismus. In dieser Phase verschlechtert die Wirtschaftskatastrophe die existentielle Situation der Großstadtbürger. Millionen von Menschen werden arbeitslos und leiden Hunger. Bereits seit 1928 steigen die Arbeitslosenzahlen kontinuierlich an und verschärfen die politischen Spannungen zwischen der Regierungspartei SPD und der KPD. Sie unternehme wenig oder nichts, um die Verelendung der Bevölkerung zu bremsen oder zu beenden, trotzdem geht der Um- und Ausbau der Stadt Berlin weiter:

> Repräsentative Projekte wie der Umbau des Alexanderplatzes wurden zuende geführt. Es wurden zahlreiche Hochhausbauten geplant und einige, wie das *Shell-Haus* am Potsdamer Platz, auch ausgeführt. Anfang 1931 wurde Poelzigs repräsentatives Rundfunkhaus an der Masurenallee eingeweiht, wenig später die *Deutsche Bauausstellung* auf dem benachbarten neuen Messegelände eröffnet.[78]

Es erscheint paradox, daß die Abteilung für Städtebau und Wohnungswesen die Konzepte zur Behebung der Wohnungsnot in der wirtschaftlichen Krisenzeit plant

---

[78] Bienert, Michael: Die eingebildete Metropole. Berlin im Feuilleton der Weimarer Republik. Stuttgart 1992. S. 164.

und den systematischen Aufbau organisiert, während in Wirklichkeit aber viele Wohnungen leer stehen, weil viele nicht in der Lage sind, die hohen Mieten zu zahlen.

Als Folge der politischen und wirtschaftlichen Unruhen herrschen um 1929 Chaos und Unordnung. Einige Intellektuellen versuchen in metaphysischen, magischen Realismus-Dichtungen Lösungen zu verkünden, die den mechanischen und instrumentalen Rationalismus ablösen sollen zugunsten übernatürlicher, aber irrationaler Gedanken. Der Hellseher wird zum Symbol der Überlegenheit über die herrschenden Zeitideen wie Technik, Massenerlebnis und Konsumgesellschaft. Seine scheinbaren Fähigkeiten sollen den Menschen über die von Weltwirtschaftskrise und Inflation ausgelösten wirtschaftlichen und gesellschaftlichen Probleme hinweghelfen.

Im folgenden wird kurz darauf eingegangen, mit welchen Überlegungen sich Kaiser in *Hellseherei* befaßt und welche Rolle die Hellseherei in dieser Krisenzeit spielt.

Das scheinbare übermächtige Wissen des Hellsehers und sein Einfluß auf die manipulierbare Masse sind vergleichbar mit den Massenmedien wie Bildern, Filmen, Zeitungen und Werbung, die die Wahrnehmungsmuster der Menschen bestimmen und vorgeben, was sehenswert ist. Die Menschen lernen ihre Um- und Mitwelt nicht mehr durch eigene Erfahrung oder durch den Austausch mit Mitmenschen kennen, sondern durch die Medien. Auf diesen Einfluß sowohl der Medien als auch des Hellsehers geht Kaiser in *Hellseherei* ein, wobei seine kritischen Ansätze in der Darstellung des manipulierenden Mißbrauches der Erkenntnis durch die Hellseherei liegen. Er befürchtet, daß sich die Gesellschaft, den eigenen gesunden Verstand mißachtend, der Beschwörung der Zauberkunst bedient, um ihre existentiellen Probleme zu lösen. Anderseits setzt Kaiser auf das absolute Vertrauen der sich hingebenden Liebe als Abwehr und Widerstand gegen die bedrohliche Situation der Zeit. Über den Zusammenhang zwischen der geistigen Situation und der Rolle des Dichters als gesegnetem Führer sagt er 1928 im Gespräch mit Hermann Kasack:

Der Dichter erzählt von der Endstation und treibt zu schnellerem Transport an. In dieser Form ist er der eifrigste Techniker, und alle anderen technischen Künste versinken zu nichts vor seinem Unternehmen. Ich weiß, daß in dieser Zeit die Bedürfnisfragen überhand genommen haben -, aber wo zu viel auf die Verbesserung der eigenen Existenz gesetzt wird, verliert sich das einzig wichtige: Der geistige Mensch, der anspruchsvoller lebt, als alle erfüllten Bedürfnisse ihm schenken können. Der Dichter erinnert nur an diesen Anspruch, der an seine Mitmenschen neben ihm gestellt wird, sonst tut er nicht viel. Tut er aber nicht einmal das, so ist seine Leistung so verächtlich, daß sie mit Recht am Abend vergeht, um den nächsten Morgen nicht zu beschmutzen. Der Mensch ist ein geistiges Wesen - er wird es auch nie ganz vergessen können. (B. 4, S. 599f.)

2. 5. 1 Die Dreierbeziehung in der Ringgeschichte

Das Gesellschaftsspiel *Hellseherei* hat mit dem im vorherigen Teil behandelten *Nebeneinander* gemeinsam, daß Lebensbilder der Großstadtmenschen der zwanziger Jahre illustrierend und exemplifizierend dargestellt werden. Die Liebe des modernen jungen Ehepaars wird auf die Probe gestellt und das menschliche Vertrauen, das in der vom Geld beherrschten Gesellschaft bedroht ist, die glaubt, alles als Ware kaufen und verkaufen zu können, wird in Frage gestellt. In den Szenen dieses Gesellschaftsspiels begegnen dem Zuschauer entfremdete und isolierte Individuen. Drei Figuren repräsentieren drei verschiedene Lebensstile, die gemeinsame Interessen am Konsumieren und Konsumiertwerden haben. Das Verhalten der Menschen in der Konsumgesellschaft, die als Hintergrund der meisten neusachlichen Werke in den zwanziger Jahren dient, steht auch hier im Zentrum des Dramas.

Hellseherei hat eine Vorgeschichte, die in der ersten Szene im 1. Akt verbalisiert wird: Die Ringgeschichte. Viktors Hochzeitsring mit dem blauen Saphir ist nach einem Ballabend verlorengegangen. Das Problem ist aber nicht der materielle Verlust: Für Vera symbolisiert der Ring darüber hinaus ihre Liebe und ihr Vertrauen zu Viktor. Durch die Ringgeschichte keimt Zweifel an der Absolutheit der Liebesbeziehung auf. Veras wachsender Verdacht wird durch das Zwiegespräch mit ihrer besten Freundin, der Dame, ausgeführt:

> Vera: Ein Gast nahm die Abwesenheit Viktors zum Anlaß alberner Sticheleien, die Viktor verdächtigten: moderne Ehen - jeder geht seinen Weg - Madame allein auf dem Ball - Monsieur nicht allein im Hotel - das Leben ist zu kurz für Spezialisierungen - man muß es intuitiv erfassen. Ich habe mir jeden Satz gemerkt, so pulste er in meinem Blut. (B. 3, S. 64)

Die Ringgeschichte eskaliert zu einer konfliktbeladenen Ehegeschichte. Ihre Replik rückt mit Vokabeln wie „Sticheleien" und „verdächtigen" die zur Debatte stehende Auffassung eindeutig in ein negatives Licht. Heftige Emotionen wühlen ihr Blut auf. Sie distanziert sich von dem, was ein Gast am Ballabend über das gegenwärtige Sexualverhalten junger Paare gesagt hat. Sie interessiert sich nicht dafür, was sich bei anderen Paaren abspielt und wie sie sich untereinander betrügen. Dennoch kann Vera ihre Emotion nicht verbergen: „[. . .] - denn ich weiß es, weil ich ihn [den Ring] einen Augenblick betrachtete - mit einem Gefühl, das aufquoll - gemischt aus Angst - aus Zorn - aus Schreck - aus allem, was schrecklich ist, wenn sich Enttäuschung in einem festsetzen will - -!" (B. 3, S. 64) Veras emotionales Engagement bleibt aber einseitig, weil die Dame darauf kaum reagiert. Vera muß lange auf eine Antwort der Dame warten, bis sie ihre Meinung über den sexuellen Inhalt der modernen Ehe äußert. Veras heftige Gefühlsäußerung drängt schließlich die Dame zur Stellungnahme. Sie ist der Auffassung, daß ein Mann (Viktor) seine Frau (Vera) betrügen darf; jeder soll seine eigenen Wege gehen. Für sie hat die sexuelle Beziehung zwischen Mann und Frau nichts mit Liebe zu tun, sondern eher mit dem Austausch eines gegenseitigen Interesses und eines momentanen Vergnügens:

Dame:	*wieder nach einer Pause* . Willst du nichts wissen?
Vera:	Von Viktor?!
Dame:	Ich meine es ganz unpersönlich. Als Prinzipienfrage. Nimm einmal an: ein Mann betrügt seine Frau. Die Frau erfährt es nicht.
Vera:	Soll sie es denn erfahren, um sich zu töten?!
Dame:	Man kann sich scheiden lassen.
Vera:	Die Frau mit der brennenden Liebe zu ihrem Mann im Herzen?!
Dame:	Ihre Leidenschaft würde sich abkühlen.
Vera:	Bei unpersönlichen Menschen, von denen du redest. Aber es sind keine Menschen. Mensch bin ich. [...]

(B. 3, S. 68)

Die höchst konträren Repliken zwischen der Dame und Vera zeigen den zentralen dramatischen Konflikt, in dem es um völlig verschiedene Einstellungen zum Liebesleben geht. Die beiden Extrempositionen der Frauenfiguren stehen sich unversöhnlich gegenüber, wie das Aneinandervorbeireden und der ständige Wechsel von Behauptung und Verneinung beweisen. Die Dame bringt den Konflikt auf ein Entweder-Oder und zwingt Vera dadurch zu einer Entscheidung. Ungeachtet der großen Liebe Veras zu Viktor spricht die Dame von Scheidung und der Abkühlung der Liebe. Gefühle und Treue sind ihr fremd. Sie schätzt eher technische Fähigkeiten. In ihrer durchgehend inhumanen Einstellung wird die Gefühllosigkeit und Entfremdung der Großstadtmenschen ausgedrückt.

Im Lauf der Handlung wird die Ringgeschichte mehr und mehr zum psychologischen Schlüssel für die Beteiligten. Die Tatsache, daß Vera den Ring verloren hat, bleibt Viktor zunächst verborgen. Im Ablauf der Repliken zwischen Vera und der Dame rückt die Ringgeschichte in den Mittelpunkt der Dialoge der drei Figuren; in den Auseinandersetzungen zeigen sich die wahren Verhältnisse zwischen ihnen. Veras Kampf um Liebe und Glück stößt an seine Grenzen, als ihr klar wird, daß sich Viktor nur für ästhetische Fragen interessiert und Gefühle und Liebe für ihn zweitrangig sind. Nun zeigt Vera ihre wahren Gefühle gegenüber Viktor und beklagt dessen lieblose Stumpfheit:

Dame:	Was wirfst du ihm vor?
Vera:	Taubheit für mich - Blindheit für mich - Interesselosigkeit für mich. Er läßt mich bitten und tut nicht, um was ich ihn bitte. Da ist die Geschichte mit dem Ring. Sie verdient keine Wichtigkeit mehr - mag er ihn finden oder nicht - es entscheidet, daß ihn meine Erschütterung kalt läßt. Er liebt mich nicht. [...] Wenn ich heute von ihm weggehe, wird morgen die Lücke ausfüllen - eine andere, die ihn gewähren läßt, wie er es vorhat. Aber ich würde ihr raten, ihm Widerstand zu leisten und sich nicht wie Wachs in seinen Händen formen zu lassen - nach seinem Bilde, das ihm vorschwebt. Dann wird sie glücklich an seiner Seite. - Lachst du?
Dame:	Du sprichst eine Wahrheit aus, die ich -
Vera:	Die du?
Dame:	*abbrechend - sich zu ihr setzend.* Vera - wie willst du denn ohne ihn leben?
Vera:	*versinkend.* Kann ich denn ohne ihn leben??
Dame:	Du wirst es überwinden.
Vera:	Daß er mit einer Dame - die aus einem Vorhang tritt - in einem Papageienmantel - - - -

(B. 3, S. 76)

Das Problem der leblosen, modernen Ehe soll mit der Ringgeschichte verdeutlicht werden. Vera wirft Viktor mangelndes Interesse an ihr vor und mißt deshalb dem Verlust des Ringes noch keinen großen Wert bei. Sie spricht, als ob sie wüßte, wer die Geliebte ihres untreuen Mannes ist. Die Rivalin soll damit direkt konfrontiert und zu einer Reaktion provoziert werden. Vera drängt die Dame offen zu sprechen. Wenn dies gelingt, bleibt der Dame nur, die Wahrheit zu bekennen. Um die ganze Geschichte zu konkretisieren und die Dame zu beunruhigen, zieht Vera als Beweismittel einen Papageienmantel der angeblichen Geliebten heran. Denn die Dame besitzt auch einen Papageienmantel. Von da an versucht die Dame der Fragestellung Veras auszuweichen und jede direkte Antwort zu verweigern. Aus Verlegenheit rutscht ihr doch das Wort „Wahrheit" heraus, das sie aber sofort zurücknimmt. Die Gegensätzlichkeit der beiden, die Zurückhaltung der Dame und Veras offenes und aktives Agieren, wird vor allem durch die dialektische Dialogführung hervorgehoben. Vera möchte die Dame zu einer Äußerung zu Viktors Untreue und Desinteresse an ihr selbst zwingen. Die Dame dagegen geht darauf nicht ein. Sie sieht Veras Eheproblem nicht mit der Ringgeschichte verknüpft.

Das Hauptmotiv für das Zwiegespräch verdeutlicht die Dreierbeziehung zwischen den Kontrahenten (Vera und der Dame) und Viktor. Keine der beiden Frauen ist so weit, offen über den Zusammenhang zwischen der Dreierbeziehung und der Ringgeschichte zu reden; dieses offene Geheimnis wird aber beim Leser bzw. den Zuschauern mit den Relationen von Frage und Antwort der Frauenfiguren vermittelt. Während Vera die Wohnung verläßt, wird das heimliche Verhältnis zwischen der Dame und Viktor als Tatsache bestätigt:

Viktor:	Es ist mein Traum - Sie hier ansässig zu machen.
Dame:	Sie dürfen mit seiner Erfüllung rechnen, nachdem Sie die Bedingung kennen.
Viktor:	Veras Frieden.
Dame:	Ohne ihn verfliegt der Traum.
Viktor:	*küßt ihre Hand. Auffahrend.* Kommt Vera?
Dame:	*nickt.* Sie werden essen und eintreten - sehr heiter und etwas demütig.
Viktor:	In ihren Händen bin ich Wachs.

Dame: So kann ich noch formen, bis Sie mir
gefallen.
(B. 3, S. 81f.)

Solange Vera keinen konkreten Beweis für das Verhältnis zwischen der Dame und Viktor hat, spielt sich hier ein Spiel im Spiel ab. Die Ring-Fabel ist nicht nur das Hauptmotiv des Dramas, sie bestimmt auch die Beziehung zwischen Vera, Viktor und der Dame, die - wie der Ring - kreisförmig ist; Vera ist Wachs in Viktors Händen, der wiederum Wachs in den Händen der Dame ist. Nach Veras Meinung hält Viktor Vera für eine Puppe, die von seinem subjektiven Geschmack gesteuert und geformt ist: „Es würde ihm seine Puppe fehlen, an der er seine neuen Einfälle probiert. Er braucht ein Spielzeug, das sich drehen und biegen läßt - widerspruchslos. Das bin ich."(B. 3, S. 75) Aber Viktor ist der Dame hörig. Sie beauftragt ihn, ihr eine Villa zu bauen. Aus Geschäftsgründen hat Viktor eigentlich keine andere Wahl, als der Dame diesen Gefallen zu tun. Er gerät damit in ein Dilemma: Auf der einen Seite steht der Verlust von Liebe und Treue seiner Frau und auf der anderen Seite der Gewinn seines Geschäftes. Um ein Gleichgewicht zwischen beiden Polen zu halten, bemüht sich Viktor um eine versöhnliche, harmonische Geste. Aber der Rolle als Vermittler kann er nicht genügen, weil ihm die dazu erforderliche Überlegenheit fehlt. Zunächst trägt seine sachliche, aber undurchschaubare Haltung gegenüber Vera und der Dame eher dazu bei, das Problem der komplizierten Ringgeschichte mehr zu verwirren als es zu lösen.

2. 5. 2 Hellseherei und die Flucht in die Illusion

Im folgenden soll aufgezeigt werden, welche Bedeutung die okkultistische Tendenz in *Hellseherei* hat und wie sich Veras Verhältnis zum Okkultismus entwickelt.

Die Aussage des Hellsehers zum Verbleib des Ringes beunruhigt, verwirrt Vera und kündigt ihr und dem Leser bzw. den Zuschauern Unheil an. Sie erklärt, auf das weitere Suchen des Ringes zu verzichten und kein Interesse an einer nochmaligen

Begegnung mit dem Hellseher zu haben. Um so mehr überrascht sein neuer Auftritt. Die Ringgeschichte bekommt eine veränderte Dimension. Sie wird zu einer öffentlichen Angelegenheit, indem das Treiben des Hellsehers als Schwindel erkannt und er dafür angeklagt wird. Die Hellseherei ist somit zentrales Thema dieses Gesellschaftsspiels.

Der Hellseher Sneederhan präsentiert sich als vortrefflicher Menschenkenner, indem er das zufällig gewonnene, aber zweifelhafte Wissen als Wahrheit darstellt. Er bringt die Menschen dazu, seine Prophezeiungen zu glauben. Er wirkt als unhistorischer Mensch, der ausschließlich in der Gegenwart lebt und durch die Vergangenheit nicht bestimmt ist. Gerade diese Einstellung wird in der Öffentlichkeit kritisiert. Darin steckt jedoch auch eine gewisse Angst der Menschen vor der Enthüllung von Geheimnissen und vor dem Eingriff der okkulten Macht in persönliche Angelegenheiten. Der Auftritt des Hellsehers Sneederhan wird besonders von der Dame gefürchtet:

> Dame: [...] Was ist ein Hellseher? Zuweilen ein sehr peinlicher Herr. Man sollte ihm die Zauberei verbieten. Als Störung der privaten Ruhe. Man sollte nicht alles sichtbar machen - erst einen Ring und dann -
> Viktor: Erfuhr es Vera??
> Dame: Nachdem ihr die Auffindung des Rings und seine Niederlegung beim Juwelier geschildert war -
> Viktor: Durch Hellseherei???
> (B. 3, S. 80f.)

Der Hellseher weitet seinen Einfluß über den realen Begriff hinaus in eine metaphysische Dimension aus. Viktor verweist noch einmal darauf: „ - - - - Ist denn Vera fest überzeugt von der Fähigkeit dieses Mannes - Dinge zu sehen, die zeitlich und örtlich weit weg sind?" (B. 3, S. 81)

Die Bedeutung der Hellseherei hängt insofern mit der Liebesthematik zusammen, als Vera ihre innere Unentschlossenheit zwischen Hingabe an Viktor und Zweifel an seiner Treue durch die Weissagung des Hellsehers erkennt. Sie weiß nicht genau, wann sie den Ehering verloren hat. Beunruhigt wendet sie sich hilfesuchend an den Hellseher, über dessen Magie sie aus der Zeitung erfahren hat: „Von Experimenten, die geglückt sind, liest man in den Zeitungen. Vielleicht habe ich Glück - und der Ort, wo der Ring in der Wohnung verborgen ist, wird offenbar."(B. 3, S. 67) In ihrer Vorstellungswelt ist der Hellseher derjenige, der den Blick ins unabwendbar Kommende werfen kann. Sie geht einfach zu ihm, weil sie „an nichts glaubt"(B. 3, S. 67), redet von dem Verlust des Ringes und erfährt zum einen, daß sich der Ring bei einem Juwelier befindet, und zum andern von Viktors Untreue. Ab diesem Zeitpunkt zweifelt sie an der Liebe Viktors und entschließt sich, herauszufinden, mit wem er ein Verhältnis haben könnte und was die beiden beabsichtigen.

Der Gerichtsprozeß beschäftigt Vera, in dem der Hellseher beschuldigt wird, Menschen mit spekulativen und manipulativen Aussagen irritiert und manipuliert zu haben. Sie weigert sich aber zunächst, als Zeuge für den Hellseher auszusagen:

> Sneederhan: Wer nicht erscheint, den holt die Polizei.
> Vera: *mit versagender Stimme.* Die - Polizei - -?
> Sneederhan: Deshalb kommen Sie pünktlich und erfüllen Sie eine Pflicht, die Ihnen der Zufall zugeschoben hat. Oder eine Fügung des Schicksals, die ich mit weise bezeichnen muß. Denn fünf Minuten nach Ihrem Aufbruch von mir erhielt ich die Anklage zugestellt. Es roch noch Ihr Parfüm - wir hatten eben die Sitzung vollendet, die keine Antwort auf die Anwürfe des Staatsanwalts schuldig bleibt. Mit diesem einen über alle Begriffe herrlich gelungenen Experiment entkräfte ich jede Beschuldigung. Es stocke der Menge Atem im weiten Gerichtssaal - wenn Sie die Hand erheben und von dem durch meine

	Geistesmacht wiedergefundenen Ring ein Schein
	von überirdischem Erkenntnislicht in aller Augen
	bricht!
Vera:	- - - - Ich - - muß Sie enttäuschen. Ich - - habe
	den Ring nicht.
	(B. 3, S. 87)

Der Hellseher Sneederhan präsentiert sich als ‚Allmächtiger', der Vera ankündigt, polizeiliche Maßnahmen ergreifen zu lassen, falls sie im Gerichtssaal nicht für ihn aussagt. Die Begegnung mit Vera ist für ihn schicksalhaft geworden und schlägt jetzt in fatale Verbundenheit um. Vera bleibt damit keine Ausweg. Sie soll mit dem wiedergefundenen Ring die Fähigkeit des Hellsehers bestätigen.

Die Kritik der Öffentlichkeit gilt dem Widerspruch der Hellseherei zu den Gesetzen der Naturordnung. Der Hellseher beschäftigt sich mit Problemen der Menschen (Veras Eheproblem), die ihm grundsätzlich nur als Experimente dienen. Er behauptet, er erkläre nur aufgrund exakter Erkenntnis von Phänomenen gewisse Rätsel. In Wirklichkeit treibt er mit Hilfe seiner pseudo-wissenschaftlichen Theorie ein Spiel mit der Natur der Menschen. Diese merkwürdigen, künstlichen und dämonisch-trüben Elemente der okkulten Macht werden ihm als Scharlatanerie und Betrügerei vorgeworfen.

Die Gefahr der Hellseherei liegt in der Nähe zu totalitären Lebenseinstellungen. Sie prognostiziert das Unheil der Menschen und der Gesellschaft allein durch Täuschung. Die Herrschaft des Hellsehers über die Natur des Menschen zeigt sich in der ersten Begegnung mit Viktor, der ein Feind der okkulten Wissenschaft zu sein scheint:

Sneederhan:	*nach einer Pause mit rauher Stimme.* Sind Sie
	mein Feind?
Viktor:	Ich kenne Sie so wenig.
Sneederhan:	Nicht der Person - der okkulten Wissenschaft?

Viktor: Das ist mir ein zu fremdes Gebiet, um mir ein ablehnendes Urteil zu bilden.

Sneederhan: Doch bohrt in Ihnen der Vernichtungswille - und schießt heraus und schlägt mir an die Stirn? [. . .] *fanatisch.* Die dunklen Mächte leben nicht?! Sie sind das Leben - und ihr trüber Spiegel ist das, was wir das Leben nennen. Ihr sollt sie kennen lernen - wie's euch aus eurem Trott des Alltags reißt, wenn ich die Echtheit der Magie enthülle. Es ist ein Ring nur - aber mit seinem Stein wird er zum Stern, der alle Finsternis auslöscht. Beschafft den Ring - es stehen Welten auf dem Spiel!!!!
(B. 3, S. 91f.)

Viktor distanziert sich zunächst von Sneederhan, während dieser auf die dunklen Übermächte der Hellseherei setzt und versucht, Viktor vom Okkultismus zu überzeugen. Sneederhan beschreibt das Weltbild des Okkultismus, dessen übersinnliche Kräfte die trübe Erscheinung des monotonen Alltages zu enthüllen und der komplexen Realität die klare Sachlichkeit zu verschaffen versprechen. Darauf reagiert Viktor. Er fühlt sich als Prototyp des modernen Materialismus und verteidigt seine baukünstlerische Leistung standhaft. Er verhält sich immer noch halb ablehnend halb skeptisch. Sneederhan soll mit Geld abgefunden werden, so daß Vera von ihm in Zukunft nicht mehr belästigt wird: „[. . .]Es ist nämlich Teufels Kunst, die Sie da betreiben. Die Menschheit ist schon geplagt genug, sie will gar keinen weiteren Einblick in menschliche Schwächen. Weichen Sie der Lawine aus. Wann reisen Sie? *Die Brieftasche ziehend.* Wieviel?" (B. 3, S. 92) In den skeptischen Augen Viktors irritiert die trübe Täuschungswelt des Hellsehers den gesunden Menschenverstand und fügt ihm nur Schaden zu. Außerdem stehen für Viktor Geschäft und Leistung an erster Stelle, Gefühle und Spiritualität an zweiter. Ihm fällt es schwer, dem Hellseher Glauben zu schenken, der etwas Verborgenes zu offenbaren und ans Licht zu bringen behauptet. Sneederhan hat das Geldangebot

Viktors nicht nötig. Durch seinen Glauben an verborgene Mächte ist er nicht auf materielle Werte angewiesen. Es geht ihm vielmehr um die Bestätigung des Okkultismus als Erkenntniswissenschaft und um Verbreitung der Hellseherei.

In dem Wortwechsel zwischen beiden Männern prallen die unterschiedlichen Welteinstellungen aufeinander. Viktor nimmt den Gegner nicht ernst und lehnt den Okkultismus ab. Der Hellseher erkennt die ablehnende Haltung Viktors, aber sieht in der okkulten Macht das die dunkle Situation der Zeit erhellende Licht. Damit wird der Hellseher zum Symbolträger für Klarheit und Überschaubarkeit in dem öden, modernen Stadtleben. Er präsentiert sich als Lichtgestalt, die die Finsternis der Menschheit aufbrechen und einen Beitrag zur Erhellung und zur Aufklärung leisten kann. Er zeigt sich als der strahlende Sieger über die Gesamtheit des menschlichen Lebens, als ob irdische und menschliche Probleme allein unter seinem Zauber ablaufen würden. Nachdem er eine unwiderstehliche Macht auf Vera ausgeübt hat, bleibt jetzt nur noch, Viktor und die Dame zum Okkultismus zu bekehren:

Sneederhan: Mit mildem Ausdruck. Triumph der okkulten Mächte sollte ich es titulieren. Großes Lachen entzünden. Der Weise lächelt nur. [. . .] *Er rückt sich einen Sessel in die Nähe von Viktor und der Dame.* Es grenzt ans Wunderbare, so wirklich ist es. Versteht ihr das? Die Welt von innen schauend? Den Kosmos spiegelnd? Termini technici einer Wissenschaft, die kommt. Vorstrahlend Anfänge - Morgenrot. [. . .] - und da besann ich mich, daß ich nie ohne Durchschlag schreiben lasse. Es wird mein Material, aus dem ich jenes bedeutungsvolle Buch füge, das das eroberte Gebiet sichert. Die Pflicht gebietet Sorgfalt, ich übte sie.

Viktor: Den Durchschlag nahmen Sie?

Sneederhan: Als Führer und er [der Durchschlag] bestand die Probe. Ich hatte zu klar gesehen - und wenn es

Ihre Frau auch bestritt, doch rechts von der
Bedürfnisanstalt. Links öffnet sich gar keine
Straße. Rechts - immer rechts - (B. 3, S. 98)

Hier wird angedeutet, daß die zunehmende Neigung der Menschen zum Okkultismus im Zusammenhang mit der Bedeutung der Hellseherei zu verstehen ist. Das Aufkommen des Okkultismus bringt mittelbar das Krisenbewußtsein der europäischen und rationalen Zivilisation in der Zwischenkriegszeit zum Ausdruck. Es wird eine Verbindung geknüpft zwischen dem Siege feiernden Hellseher und politischen Richtungen der zwanziger Jahre, wenn der Weg zum Juwelier „immer rechts" angegeben wird. Die andere Richtung „links" ist völlig ausgeschlossen; die Botschaft des Hellsehers, im Namen der Wahrheit und der Ordnung der Dinge, hat nur eine Richtung. Des Hellsehers Zauberkraft liegt darin, den Menschen die Fragwürdigkeit eines Sachverhalts durch die Vorwegnahme aufzulösen und eine scheinbar sachliche Lösung aufzuzeigen.

Sein Zauber reicht schließlich bis zur Beschwörung der Dame und Viktors sowie zur Suchaktion des Ringes. Nachdem sich seine Voraussage bestätigt und der Ring wiedergefunden ist, muß Vera vor Gericht für den Hellseher aussagen. Sie ist aber über den gefundenen Ring gar nicht erfreut. Dagegen schwärmt Viktor nun für die wunderbare Zaubermacht des Hellsehers und bekennt sich schließlich zum Okkultismus:

>Viktor: Die Welt ist voller Wunder: Handschuh samt Ring dem Chaos abgerungen. Gelobt sei Sneederhan! *Er schwenkt die Gegenstände.* Es ist dein Ring, Vera! *Er präsentiert ihn auf den Händen.*
>Vera: *sieht ihn an.* Es ist der Ring. *Sie berührt ihn nicht.*
>Viktor: Dein Gang zu Sneederhan war der genialste Einfall. Der Mann hat Zauberkräfte. Ich habe bis zum letzten Moment gezweifelt - aber ich wurde

bekehrt, als alles sich so verhielt, wie er
geweissagt hatte. Phantastisch. Jetzt ist der arme
Kerl in einem Prozeß verwickelt, bei dem du
ihm helfen sollst. Er läßt dich als Zeugen laden.
Und wirklich: du kannst bekräftigen, daß er
nicht irrt.
(B. 3, S. 105)

Wider Veras Willen holt Viktor den verlorenen Ring vom Juwelier ab und lobt den Hellseher. Als Bekenner zum Okkultismus macht sich Viktor frei von jedem Zweifel und lobt Veras Gang zu Sneederhan, während Vera von der totalen Umkehr Viktors beklemmt ist und verunsichert dasteht. Jetzt soll sie von Viktor gedrängt vor Gericht aussagen, daß Sneederhan kein Schwindler sei und mit wissenschaftlicher Methode Voraussagen mache. Außerdem hat sie noch einen Grund, für die Hellseherei zu sprechen. Denn sie entfernt die Dame aus ihrer Nähe und muß nicht um Viktors Untreue bangen. Sie folgt der Vorladung des Gerichts und schließt als Zeugin das Drama mit den letzten Worten: „Mit Inbrunst, Viktor, jeden Eid für Sneederhan!"(B. 3, S. 109) Auch wenn die letzten Worte ironisch oder zynisch klingen mögen, bedeutet ihr Schwur für Sneederhan auch ein Sieg für sie, weil sie mit dem wiedergefundenen Ring Viktors Zuneigung und Liebe zurückbekommt und die Dame aus ihrer Nähe verbannt.

Aus der Bekehrung der Hauptfiguren zum Okkultismus geht hervor, in welchem Zusammenhang die Ringfabel mit der Hellseherei steht und was Kaiser mit diesem Gesellschaftsspiel beabsichtigt. Ihm liegt daran, zum Nachdenken darüber anzuregen, daß die Menschen in den Großstädten Identität vermissen und sich nicht als souveräne Individuen empfinden können.

Der Geist des Okkultismus drückt sich im Studium von Erscheinungen aus und gipfelt in sonderbaren Phantasievorstellungen, ohne etwas Greifbares gesehen zu haben. Veras Fall ist bezeichnend dafür. Aus eigener Kraft kann sie den verlorenen Ring nicht finden und bittet den Hellseher um Hilfe. Veras Leid und Schmerz über das Geschehene und ihr Wunsch nach Aufklärung begründen ihre Akzeptanz der

Hellseherei. Dennoch geht es Sneederhan um die sonderbare Begegnung mit Vera, durch die seine okkultistische Fähigkeit bestätigt und gefördert wird: „Es war ein wunderbares Arbeiten mit Ihrer Frau. Ein Medium von ungeahnter Intensität. Ich fühlte Kräfte in mir freiwerden, von deren Bestand ich vorher nichts geahnt hatte. Ich entdeckte mich selbst - überzeugend!"(B. 3, S. 91) Er stellt die gelungene Zusammenarbeit mit ihr ohne Zweifel dar. Das bedeutet im negativen Sinne, daß Veras Liebesproblem als sein Experiment wunderbare Erkenntnisse bestätigt. Die angeborene Natur des Menschen, wie Gefühle und Emotionen, verliert ihren souveränen Wert und wird zum Spielball des Okkultismus herabgesetzt.

Daraus folgt, daß die Vorspiegelung von Erscheinungen durch die Hellseherei wenig mit der rationalen Zugänglichkeit des Problems zu tun hat. Menschenleben und -geist werden leichtsinnig als ein Problem der Materialisation und als experimentelle Gegenstände betrachtet. Der Okkultismus beschäftigt sich nicht mit dem gesunden Menschenverstand, sondern mit einem Medium, das eine Botschaft zwischen Phantasievorstellung und Wirklichkeit vermittelt. Das Verhältnis zwischen dem scheinbar übersinnlichen Hellseher und der Schwäche der Menschen erklärt den gegenseitigen Bedarf und zeigt damit, daß die Hinwendung zum Okkultismus als Abkehr von der materialistischen und technischen Gesellschaft in eine wunderbare, heile Welt verstanden werden kann. Die Kritik an der Hellseherei liegt in der Uneinigkeit und der Diskrepanz zwischen dem subjektiven Seelenleben und der objektiven Realität. Gegen die Neigung der Gesellschaft zum Okkultismus formuliert Theodor W. Adorno seine Thesen:

> Die mystischen Strahlen sind bescheidene Vorwegnahmen der technischen. Der Aberglaube ist Erkenntnis, weil er die Chiffren der Destruktion zusammen sieht, welche auf der gesellschaftlichen Oberfläche zerstreut sind; er ist töricht, weil er in all seinem Todestrieb noch an Illusionen festhält: von der transfigurierten, in den Himmel versetzten Gestalt der Gesellschaft die Antwort sich verspricht, die nur gegen die reale erteilt werden könnte.[79]

---

[79] Adorno, Theodor W.: Thesen gegen den Okkultismus. In: Gesammelte Schriften 4. Minima Moralia. Frankfurt a. M. 1980. S. 274.

Der Glaube an die Lösung des Rätsels durch Hellseherei spiegelt die Unfähigkeit des gesunden Menschen wider, ein souveränes Eigenleben zu führen und die Naturbeherrschung der materialistisch-mechanischen Gesellschaft realistisch zu bewerten. Adorno übt Kritik an der Scheinheiligkeit der okkulten Welt, die eigentlich auf Illusionen beruht und die Menschen verblendet. Das Vorgehen des Okkultismus scheint jeden unbestimmten und unbestimmbaren Fragen eine schlagartige Antwort zu erteilen. Es besteht aber allein auf den Kräften des Zufalls in der träumerischen Phantasie.

2. 5. 3 Farbensymbolik und -kontrast

Die Frauen bei Kaiser verbinden Liebe und Glück auf einer sinnlichen oder übersinnlichen Ebene miteinander. Eine dieser Frauentypen in seinen Dramen ist Vera. Sie zeigt ihre Stärke und Standhaftigkeit besonders im dramatischen Konflikt, während die Dame, Veras Gegenpol, von materialistischen Werten befangen ist und sich als Prototyp der Neuen Sachlichkeit präsentiert. Das Gefühlsleben der Dame läßt sich als kalt und oberflächlich charakterisieren; ihre Bedürfnisse sind in ihrem Konsum ausgedrückt. Dagegen handelt Vera aus innerer Überzeugung und erwartet menschliches Vertrauen. Sie ist zu erstaunlichen Taten fähig, die sie mit einer spielerischen Sinnlichkeit und Sorgsamkeit ausführt. Die Gegensätze der beiden Frauen haben von Anfang an eine höchst interessante dramatische Spannung.

Im Mittelpunkt dieses Teils sollen die sprachliche Analyse der Dialoge und die Untersuchung der konträren Figurenkonstellation stehen, wobei auch die besondere Bedeutung der Farbkontraste bei beiden Frauenfiguren zu beachten sein wird.

Veras Interesse am Okkultismus geht von der Suche nach einem wahren, unverfälschten Leben und Glück aus. Sie kann in der realen Welt weder sehen noch finden, was sie sucht. Die reale Welt, in der sie lebt, ist für sie keine Wirklichkeit. Die echte Wirklichkeit existiert allein in Veras illusionärer Geisteswelt, in der ihre absolute, sogar metaphysische Liebe zu Viktor verwurzelt ist. Ihr scheint die

Außenwelt so verheerend und brutal, daß ihr heimlicher und in sich geschlossener Bezirk zu zerbrechen droht. Der Gegensatz zwischen Liebe und Leben wird mit der räumlichen Opposition verknüpft („Tempel", „Kuppel"/ „Draußen") und verbindet die semantische Entgegenstellung („Urzeit", „beschützen"/ „Unrat", „schriller Ton" und „rumoren"):

> Vera: [. . .] Mensch bin ich. Ich liebe Viktor, wie nur ich Viktor liebe. Das ist ein Tempel, in dem ich bete. Draußen rumort die Gasse. Sie darf ihren Unrat nicht über die Schwelle wälzen. In dem Tempel nicht. Das wird von Urzeiten an verwehrt. Ein schriller Ton zerbricht die Kuppel, die uns beschützt - Viktor und mich. Ich stemme mich mit aller Wucht gegen Angriff und Niederlage. Es existiert kein Draußen - für mich und Viktor nicht!
> Dame: Ich bewundere deine Kraft, die Wirklichkeit abzulehnen - wie nicht vorhanden.
> Vera: Was ist denn wirklich. Hier die Tapeten sind wirklich, dahinter ist roher Stein. Wohnt man zwischen kahlen Mauern? Man schmückt sich seine Wohnstätte - seine Liebe, um leben zu können - inmitten dieser Wirklichkeit, die grausamer ist zehnmal als der Tod, wenn man sie zuläßt!!
> (B. 3, S. 68)

Vera definiert ihre Liebe zu Viktor als absolute Wahrheit ihres Lebens. Ihre Sehnsucht nach Geborgenheit und absoluter Liebe scheint in diesem Moment kaum verwirklicht werden zu können. Schmerzen verbinden sich mit der Angst vor dem Verlust ihres geliebten Viktor, ohne daß es ihr richtig bewußt wird. Denn seine Liebe bedeutet für sie die alltäglich nötige Nahrung zum Weiterleben in der grausamen Wirklichkeit, in der allein Kälte, Vereinsamung und materielle Werte vorherrschen.

Veras zielbewußtes Handeln führt in *Rosamunde Floris* zu Hingabe und metaphysicher Liebe zu William, was im dritten Teil dieser Arbeit untersucht werden sollen.

Veras reine heilige Liebe bildet eine enorme Abwehrkraft gegen allen Unmut von draußen und kann deshalb nicht leicht gebrochen werden. Sie schützt den „Tempel" ihrer Liebe zu Viktor vor „Angriff und Niederlage". Mit entschlossenem Willen zum Bewahren der heiligen Liebe setzen sich Vera und Rosamunde durch. Es ist jedoch rätselhaft und unheimlich, aus welcher Quelle sie solche Kraft schöpfen. Beiden ist die Flucht vor der Wirklichkeit in die Illusion und der Wunsch nach einer von äußerlichen Kräften freien sakralen Sphäre gemeinsam. Die Außenwelt ist von Lärm, Schmutz und Brutalität bestimmt und droht den Kreis des ursprünglichen, unschuldig-reinen Liebestempels zu zerbrechen. Gegen Unheil von außen wehrt sich Vera mit allem Kampfgeist, um sich den heilen Liebesraum zu bewahren. Vera zeigt eine vitale Tatkraft im Kampf für ihre absolute, heilige Liebe zu Viktor, die selbst die kalte Dame überrascht.

Die unterschiedlichen Lebensauffassungen und Weltanschauungen dieser beiden Frauen werden vor allem durch eine gegensätzliche Farbensymbolik hervorgehoben. Das rote Auto der Dame steht in gravierendem Kontrast zu den grauen Straßenbildern und symbolisiert ihr Selbstbewußtsein gegenüber ihrem Umfeld. Sie will auf sich aufmerksam machen. Im Gegensatz zu dem „rot"-Signal des Autos der Dame bekommt Vera von Viktor einen schneeweißen Stoff für das Kostümfest des Architektenklubs. Angesichts des knallrot glänzenden Autos der Dame weist der eintretende Viktor auf die Wirkung des Farbenkontrastes zum umgebenden Raum hin:

> Viktor: [...] Beim Einbiegen in die Straße versetzte es mir einen Ruck: alles sieht anders aus. Was ist geschehen? Ein roter Fleck - weithin leuchtend - kontrastiert fabelhaft mit der Umgebung. Lackglänzender - sattester Ton. Vor schiefergrauen Häuserwänden. Die Straße war

Dame: mit einem Schlage schön. Dank für die Offenbarung.
Weil mein Auto vor der Tür hält?

Viktor: [. . .] Die ganze Straße hatte ihren Akzent erhalten. Prächtig sitzend. Wißt ihr nicht das Geheimnis großer Kunstwerke? Sie haben einen Punkt, der allem übrigen widerspricht. Ins Gelb eines Gemäldes prallt ein Schwarz. Das sammelt die Bildenergien - und gießt sie aus. Erst durch das Schwarz wird das Gelb gelb. Unwiderstehlich. [. . .]
(B. 3, S. 70)

Rot ist die Farbe des Lebens, der Leidenschaft und der Liebe, worauf Viktor nicht direkt eingeht. Seine bunte Farbensprache betont bildliche Vorstellungen über die kontrastierende Auffälligkeit des roten Autos. Die Signalbedeutung des roten Fahrzeugs rücken nicht nur die Gegenständlichkeit in das Blickfeld, sondern deuten darüber hinaus auf die dem roten Auto angemessene Eigenschaft der Dame hin. Unabhängig von seinen positiven und negativen Empfinden für die Dame faßt Viktor seine Einschätzungen mit Hilfe von schlagwortartigen, verblosen Sätzen: „Ein roter Fleck - weithin leuchtend", „Lackglänzender - sattester Ton", und „Vor schiefergrauen Häuserwänden". Diese bunten Bilder assoziieren die blühende Exotik der Dame noch stärker. In seiner Beurteilung legt Viktor den Wert auf Äußerlichkeit und die künstliche Form, ohne die Individualität der Person in seine Betrachtung einzubeziehen. Damit verzichtet er auf eine individuelle Differenzierung der Dame und läßt stattdessen den Farbkontrast (grau gegen schwarz - rot) im Vordergrund stehen.

Der Hinweis Viktors auf den Kontrast der Farben wie schwarz gegen gelb wird durch den Eintritt des grau gekleideten Hellsehers Sneederhan versinnbildlicht („*er trägt langen grauen vernutzten Rock, schwarze Stiefel, Zwirnhandschuhe - Vollbart, Brille.*" B. 3, S. 85). Die Konstellation der gegensätzlichen Farben zwischen dem

Hellseher und der Dame wird durch die Annäherung zum Okkultismus am Ende des Dramas verändert:

Dame: [. . .] Denn ich bin fähig, mich belehren zu lassen. Wie eine Schülerin zu Füßen ihres Meisters saß ich stumm. Entging Ihnen meine Ergriffenheit?
Sneederhan: Ich streifte kaum den Kern der Dinge.
Dame: Genug um mich zu überwältigen. Sie haben sich in Ihrer Wissenschaft ein hohes Ziel gesteckt. Nichts wird Sie aufhalten - nichts soll Sie aufhalten.
Sneederhan: Bricht sich die Einsicht Bahn?
Dame: Sie tötet Widerspruch. Es wäre Sünde, sich länger zu sträuben. Ich unterstütze Ihren Anspruch auf den Ring, der abgeholt wird. Heute. Jetzt.
(B. 3, S. 99f.)

Die schlagartige Gesinnungsänderung der Dame ist im Zusammenhang mit der Situation zu sehen, in der sie sich befindet. Bisher hat sie den verlorengegangen Ring als Zeichen für das harmonische Zusammenleben von Vera und Viktor verstanden und sogar Vera versprochen, sie in aller Freundschaft zu unterstützen. Aber mit ihrer Meinungsveränderung geht sie jetzt in Opposition. Die spontane Zustimmung der Dame für den Hellseher und die Abwendung von ihrer bisherigen Meinung deutet den Abbruch des inneren Vertrauens zu Vera an. Sie ergibt sich der Hellseherei willenlos.

Die Gegensätzlichkeit der beiden Frauenfiguren ist an der unterschiedlichen Vorliebe für Farben deutlich erkennbar. Mit dem seidenen Kostüm für Vera „nach Art der berühmten Prinzessin Velázquez" will Viktor ausschließlich sein Konzept präsentieren, das durch den blauen Ring ergänzt werden soll. Ihm geht es eher darum, die Aufmerksamkeit der Öffentlichkeit auf seinen ästhetischen Geschmack zu lenken, als um die Hervorhebung von Veras Schönheit:

Vera: So weiß - -
Viktor: Nichts als weiß. Schlohweiß. Schneeflockenweiß. Farbe in Farbe. Nur oben stumpf - unten schillernd. Das ist meine Komposition eines Kostüms zu deiner Zierde und mir zur Freude. Kannst du dir keine Wirkung vorstellen?
Vera: Sehr eintönig - -
Viktor: Protestiere nur - um so größer wird meine Genugtuung, wenn ich dich überzeugt habe. Den Erfolg soll uns unsere Freundin bestätigen - es paßt sich gut, daß wir nicht allein sind. Von einer Überrumpelung deines persönlichen Geschmacks kann also nicht die Rede sein. [...] Nun denkt daran, was ich vom Auto in der Straße sagte, das ihr den Akzent gibt. Was da grau ist, das ist hier weiß. Wesenlos ohne Kontrast. Hier muß er von den Händen kommen - vom Schmuck - von einem Ring. Blau muß das Weiß beleben, dann lebt es auf. Du mußt den alten Ring mit dem blauen Saphir zum weißen Kleide tragen!
(B. 3, S. 70-71)

Viktor bringt die Symbolik des Farbenkontrasts eindeutig zum Ausdruck, in der sich das Weiß, die Farbe des Lichtes und der Reinheit bei Vera, und das Rot, die Farbe der Sonne und des Kampfes bei der Dame, antithetisch gegenüberstehen. Das Weiß wurde zwar nicht von Vera selbst ausgewählt, aber es soll nach dem künstlerischen Konzept Viktors ihrer strahlenden, göttlichen Schönheit Ausdruck verleihen. Dazu darf der blaue Saphir nicht fehlen, weil eigentlich die Wirkung des Kostüms erst durch den Stein im Ring akzentuiert wird. Viktor begnügt sich jedoch mit seinem Farbempfinden, in dem Weiß und Blau Veras unendliche Reinheit lebendig werden lassen soll. Er interessiert sich nicht dafür, ob sich Vera in dem Kostüm wohl fühlt, sondern allein für das Gelingen seines künstlerischen Konzeptes. Dabei geht es ihm nicht um Originalität, sondern um die gegenwärtige Mode „nach Art der Velàzquez". Die Gegensätzlichkeit der Dinge in Farben und Formen soll hier den effektvollen Kontrast der beiden Frauenfiguren zum Ausdruck bringen.

Vera mag nicht auffallen durch modischen Geschmack. Sie lehnt trotzdem das weiße Kostüm nicht ab, um Viktor einen Gefallen zu tun. Sie ist zur Anprobe bereit. In dieser Szene führen die beiden Frauen einen Dialog, in dem das Liebesverhältnis zwischen der Dame und Viktor enthüllt wird:

Vera: *beginnt, sich das Kostüm überzustreifen.* Wenn du mir jetzt behilflich sein willst - - Es ist noch nichts genäht, du mußt die Stecknadeln verwenden. Verletze dich nicht.
Dame: *schon hantierend.* Ich gebe acht, um auch dich nicht mit Nadelstichen zu verletzen.
Vera: Ich habe die geringeren Verletzungen zu befürchten.
Dame: Hast du mehr Angst um mich?
Vera: Es würde dich besudeln.
[. . .] Für die Vergangenheit übernimmst du die Bürgschaft - aber die Zukunft kann keiner vorausbestimmen.
Dame: Was soll denn da geschehen?
Vera: Da könnte es geschehen - da muß es sogar geschehen.
Dame: Daß Viktor - -??
Vera: Daß du dich mit Viktor triffst - heimlich - - und ich habe Schuld an eurem Verhältnis.
Dame: Jetzt habe ich mich wirklich gestochen!

Vera:	Tut es weh? Das andere schmerzt noch mehr, wie ich dich immer mit meinem Argwohn beleidigen werde, solange ich dich neben Viktor sehe.
Dame:	Mein Gefühl für Viktor kennst du.
Vera:	Kameradschaft heute - morgen Leidenschaft.

(B. 3, S. 106-107)

Die Anprobe-Szene meistert Vera durch geschicktes Verhalten. Zunächst bittet sie die Dame darum, ihr behilflich zu sein und warnt davor, sich zu stechen. Dann kommt sie allmählich zum eigentlichen Thema des Zwiegespräches. Mit ihren verbalen Andeutungen wie „befürchten", „besudeln", und „die unsauberen Gedanken" wird eine rätselhafte und dunkle Stimmung erzeugt. Anschließend verrät Vera, daß sie von dem heimlichen Treffen der Dame mit Viktor weiß. Paradoxerweise wirft sie zunächst nicht der Dame sondern sich selbst vor, daran schuld zu sein. Diese Taktik überrascht die Dame und verlangt Konsequenz. Aber Veras psychologische Strategie zielt nicht einfach auf die Trennung der Dame von Viktor, sondern sie übt Druck aus, so daß sich die Dame von selbst für die vernünftigere Lösung entscheidet. Veras zweideutige Worte bringen die Dame so in Verlegenheit, daß sie sich unvorsichtigerweise sticht. Als Konsequenz löst sie die Bekanntschaft mit Viktor und Vera, indem sie auf den Bau der Villa verzichtet. Damit gewinnt Vera ihr Glück und die Liebe zu Viktor wieder.

Das Drama endet mit der Akzeptierung des Okkultismus durch das junge Ehepaar. Es bleibt jedoch ungewiß, wie die Zukunft mit oder ohne Hellseherei aussieht. Vera und Viktor würden sich mit der Entscheidung für die Hellseherei von der bisherigen Lebenseinstellung abkehren. Mit der okkulten Macht kann vieles zurückgeholt werden, was geschehen ist und noch geschehen wird. So gesehen wird die Souveränität des gesunden Menschenverstandes und ein eigenes, individuelles und freies Leben unter dem Einfluß des Hellsehers abgewertet; die individuelle Freiheit des Bürgers mündet in die Abkehr in eine illusionäre Welt.

Die kritischen Ansätze im Drama sollen die Aufmerksamkeit des Großstadtbürgers auf die ursprünglichen individuellen Werte lenken.

3. Rosamunde Floris: Liebe als Einheit eines dialektischen Prozesses

In den meisten Arbeiten der Kaiser-Forschungen werden die späten Hauptfiguren allein im Zusammenhang mit dem privaten Schicksal des Autors und der tragischen Kriegssituation interpretiert. Der Abscheu vor der grausamen Realität kann Folge der Flucht in die einsame Welt sein:

> Sie [Alain in *Alain und Elise* und Rosamunde in *Rosamunde Floris*] sind auf der Flucht vor der Realität und möchten sich weitab vom Strom des Lebens auf einer Insel niederlassen. Der Wunsch dieser Figuren, aller Wirklichkeit den Eingang zu ihrem Reich zu versperren und fern der Welt zu leben, läßt sich schlecht vereinbaren mit ihrer Behauptung, die Welt verändern zu wollen.[80]

Die vorliegende Studie versteht die Spätdramen nicht als Flucht vor der Realität, sondern als die Idee eines Gegenentwurfs hin zu einer fortgeschrittenen und menschenwürdigeren Gesellschaft.

Im Mittelpunkt der späten Dramen steht die Liebe als die größte und schönste Kraft. Denn die Liebe führt die Einzelperson aus ihrer Vereinsamung zum Wir. Die höchste Form der sinnlichen Liebe ist in der Einheit der beiden Geschlechter zu finden. Diese Liebe spielt sich auf der Gefühlsebene ab, ist mit erotischer Liebe nicht unbedingt gleichzusetzen, weil sie nicht nur zwei Personen enger verbindet, sondern auch die menschliche Gesellschaft zusammenhält. Aus der philosophischen Sicht der Antike ist die Liebe als Triebkraft eine Ursubstanz der gesamten Schöpfung, denn „im Menschen entfaltet sich der Reichtum ihrer Natur" und erweitert sich zum Bereich des pflanzlichen und tierischen Lebens.[81] Damit zielt die Liebe auf die Überwindung

---

[80] Schürer, Ernst: Georg Kaiser und Bertolt Brecht. Über Leben und Werk. Frankfurt a. M. 1971. S. 96.
[81] Historisches Wörterbuch der Philosophie. Hrsg. von J. Ritter und K. Gründer. 5. Bd. 1980. S. 301.

der Zweiheit und überbrückt Klüfte zwischen den Menschen. In den Dramen wie *Alain und Elise* und *Rosamunde Floris* beschränken sich die Frauen nicht auf ein eindimensionales Figurenkonzept, sondern werden durch geheimnisvolle Züge und eine Mischung von Liebe und Lebenskampf charakterisiert. Sie drücken einen unzertrennlichen Wunsch nach Unabhängigkeit und Ernsthaftigkeit im Umgang mit der Liebe aus. Ihr Begehren verwirklicht sich über die traditionellen Moralbegriffe hinaus in den utopischen Gegenwelten jenseits von Gut und Böse.

Was die Wahl des Raumes betrifft, spielen die Szenen in idyllischen, von der realen Welt abgeschlossenen und in sich geschlossenen Gärten oder Innenräumen und enden in einem visionär versinnbildlichten Raum.

3. 1 Rosamunde Floris: Die Naturfrau

Rosamunde Floris, Schauspiel in 3 Akten, beginnt mit einer Liebesszene zwischen einem Mann und einem Mädchen im Palmenpavillon eines Botanischen Gartens. Kurz nachdem sie sich ineinander verliebt haben, müssen sie sich trennen. Vor dem Abschied nennen sie einander ihre Namen: Sie heißt Rosamunde, er William. Rosamunde lernt auf einem Karnevalsfest Erwin kennen und improvisiert ohne allen Anlaß eine Julia-Rolle. Sie verführt den ahnungslosen Erwin. Er zieht sich zurück und kommt zu Tode. Auf der Beerdigung lernt sie Erwins Familienangehörige kennen und erzählt, daß sie ein Kind von ihm erwarte. Gleich danach heiratet sie seinen Bruder Bruno, der sich ihr verpflichtet fühlt. Ihre Liebe zu William bleibt davon unbeeinflußt und wird immer dann intensiv, wenn der Vollmond scheint. Wanda, die frühere Verlobte Brunos, jetzt Krankenschwester, und Bruno haben ihre Liebe zu William entdeckt und werden daher getötet. Auch das Kind ertränkt sie, als die Schwiegereltern erkennen, daß die Physiognomie des Kindes eine verwandtschaftliche Verbindung zu ihrer Familie ausschließt. Wegen eines lückenlosen Alibis wird Rosamunde nach der Vernehmung durch die Polizei zunächst freigelassen. Schließlich bekennt sie sich zu dem dreifachen Mord und geht ins Gefängnis.

3. 1. 1 Das Wesen der Liebe als Inbegriff des Lebens

Der höchste Zustand der Vollkommenheit des Menschen liegt nach Klaus Petersen in der Zweieinheit eines liebenden Paares. Er hat die dramatische Entwicklung Kaisers Werke in vier Stufen eingeteilt, nämlich „von einem ursprünglichen Zustand der Ganzheit her über den Vorgang der Verkümmerung und den Aufbruch in die rückwärts gewandte Erneuerung zur wiedergewonnenen Vollkommenheit."[82] Der Autor selbst hat an manchen Stellen in den Briefen *Rosamunde Floris* (1936/37) sein „schönstes Stück" genannt und es als Gipfel des autonomen Kunstwerks verherrlicht:

> Steht nicht *Rosamunde Floris* als Dichtung auf einer höheren Stufe, die vom *Soldat Tanaka* nicht erreicht wird? Wenn ich zu wählen hätte, würde ich *Rosamunde Floris* wählen. Der *Soldat Tanaka* ist ein Protest - also eine relative Dichtung. *Rosamunde Floris* ist die reine Seele der Kunst, die in Unabhängigkeit schwebt.[83]

In *Rosamunde Floris* wird die Ewigkeit und die Reinheit der mythischen Einheit zwischen Mann und Frau thematisiert. Gleich am Anfang des 1. Aktes wird Rosamundes Liebe als Pendant zum Leben dargestellt, was sich in der Verwendung gegensätzlicher Farben und Naturmetaphern äußert:

> Das Mädchen: Liebster - ich habe die Liebe erlebt. Ich war aus dem Leben entstiegen - das ist: wie ein weißer Rauch aus einem engen und dunklen Schacht quillt und verbreitet sich oben - frei und rein. Diese Feenwolke über mir. Niemand darf versuchen, sie wieder in das Leben

---

[82] Petersen, Klaus: Mythos in Gehalt und Form der Dramen G. Kaisers. In: Neophilologus 60. (1976) S. 268.
[83] G. Kaiser, Briefe. S. 549.

hinunterzuziehen - in den engen, schwarzen Schacht.[84] (B. 3, S. 367)

In diesem Dialog sind Liebe und Leben einander gegenübergestellt, und zwar im Hinblick auf einen Gegensatz von oben und unten, hell und dunkel und Enge und Weite. Die Liebe erscheint wie „ein weißer Rauch" und „eine Feenwolke" und ist dazu dem Bereich „oben", „frei" und „rein" zugeordnet, während das Leben als dunkler, enger und schwarzer Schacht auf der Erde bezeichnet ist. Diese Gegensätze fallen besonders durch das Nebeneinander der oppositionellen Beschreibung von Liebe und Leben auf und stellen zugleich gegensätzliche Kategorien her, die in einer dialektischen Verbindungslinie stehen. Die beiden Pole stehen in einer Wechselbeziehung, die über die Zweiheit hinaus zur synthetischen Vollendung dringt. Rosamunde führt einen Kampf für die „Reinheit gegen die Besudlung" und nimmt alle „unsauberen Wunden"(B. 3, S. 367) in Kauf. Sie kümmert sich nicht um Leben und Tod, sondern um die Bewahrung der heiligen Liebe aus dem „Schlammeer". (B. 3, S. 367) Mit diesen expressiven Ausdrücken überzeugt sie nicht nur den Mann, sondern auch sich selbst vom Heiligtum der Liebe. Sie redet mit ihm, spricht aber zu sich selbst, um sich Klarheit über ihre Liebe zu William zu verschaffen und um zu einem Entschluß zu kommen. Der Liebesbegriff ist im Bewußtsein Rosamundes vorbestimmt und die Trennung von William ist Bedingung dafür, daß die Liebe zwischen den beiden auf Ewigkeit bewahrt wird und sich als dialektische Pendelbewegung vollzieht. Hier kann man Gröll zustimmen, wenn er die Liebe als einen dialektischen Prozeß sieht:

Die Liebe als vergeistigte dialektische Bezugsbewegung, die ständiges Umschlagen zwischen den Polen ist und so die Synthese, statt im harmonischen Ausgleich zu realisieren, sie vielmehr in der ewigen Sehnsuchtsbewegung postuliert, wird im Drama durch das vermittelnde Pendeln des Mondes symbolisch sichtbar gemacht, und auch im Text mit dieser Bedeutung beschwert.[85]

---

[84] Hervorhebungen von mir.
[85] Gröll, Hans Dieter: Untersuchungen zur Dialektik in der Dichtung G. Kaisers. Diss. Köln 1965. S. 376.

Die Liebe wird seiner Auffassung nach als ein Spannungsbezug zweier Pole betrachtet. Durch die notwendige Trennung wird sie in ihrer Intensität gesteigert.

3. 1. 2 Rosamunde - Natursymbolik

Ihr vollständiger Name „Rosamunde Floris" weist bereits auf das Wesen des Naturmenschen hin. „Rose" symbolisiert Liebe, Paradies und Tod; „Flora" bezeichnet eine altrömische Göttin des Knospens, des Blühens, der Blumen und des Frühlings. Die duftende Blume, die in der Erde verwurzelt ist, versinnbildlicht das irdische Leben. Einmal taucht die Benennung „Flor" in einer Rede Brunos auf, welcher „einen blühenden Zweig" vom Grab seines Bruders Erwin nach Hause bringt, wobei der Flor eine Vermittlerrolle zwischen Menschenwelt und Todeswelt spielt:

> Bruno: [. . .] Alles grünt und blüht, als gäbe es kein Vergehen. *Er öffnet die Mappe und entnimmt einen blühenden Zweig.* Ich pflückte die Ranke, um hier sein Bild zu schmücken. Die Verbindung mit ihm, der draußen schläft, scheint mir lebendiger, wenn hier der gleiche Flor sich schlingt. (B. 3, S. 376)

Der Name „Rosamunde Floris" weist Rosamunde als Inbegriff der Schöpfung, Erde und Natur aus und vergleicht ihr Dasein auf Erden mit dem Wesen einer Pflanze.

Die Assoziation und die Identität der Rosamunde mit der Natur findet man auch in der asiatischen Philosophie, die das Seinsprizip als den Dualismus zwischen Yin und Yang sieht. Yang stellt alles dar, was oben, heiß, hell, hart, aktiv und männlich ist. Yin steht für alles, was unten, kalt, weich und weiblich. Es gilt auch für gerade Zahlen, Täler sowie Bäche. Yin verkörpert also alles aus der Erde und steht in engem Zusammenhang mit der Natur (自然), die wiederum mit dem Menschen die Zweiheit der Welt bildet. Anders als im europäisch-christlichen Glauben bedeutet

Yin die schwarze Kreishälfte - im Koreanischen die blaue - , das weibliche, dunkle Prinzip, während die andere, weiße Hälfte die männliche, lichte Kraft symbolisiert. Angesichts des weiblichen und dunklen Teils der asiatischen Welt folgt Kaisers mit Licht verbundene neue Frauenfigur der europäischen Tradition, sie hat aber Gemeinsamkeit mit Laotses Menschenbild, in dem die Gedanken der Erhaltung der ursprünglichen unverdorbenen Menschennatur dargestellt sind. In *Tao-te-ching* bekräftigt Laotse das Ewig-Weibliche:

> Der Geist des Tals stirbt nicht,
> das heißt das dunkle Weib.
> Das Tor des dunklen Weibs,
> das heißt die Wurzel von Himmel und Erde.
> Ununterbrochen wie beharrend
> wirkt es ohne Mühe.[86]

Die Tiefe des Tals deutet den Ursprung bzw. die Entstehung des Lebens an und steht für das Weiblich-Empfangende. Der Geist des Tals findet sich aber nicht in ständiger Ruhe, sondern erzeugt eine untrennbare Polarität, die in Himmel und Erde, Licht und Finsternis, Mann und Frau vereinigt wird. Dabei liegt die Stärke des Weiblichen in der Stille, durch die es den Sieg über das Männliche erringt, aber sein Leben nicht gefährdet. Bei Laotse fungieren die Frauen zwar nicht als Lichtgestalten, aber stellen symbolisch das Weiterleben dar, ebenso wie Kaisers mit Licht verbundene Frauenfiguren, die Sehnsüchte nach Liebe und Wärme haben.

Der Begegnungsort Rosamundes mit William verdeutlicht die Einheit des Naturmenschen mit der Natur und dient als Quelle der Liebeskraft. Die erste Begegnung zwischen den beiden findet im Palmenpavillon des Botanischen Gartens statt. Über ihre Exotik hinaus deuten die Palmen langes, fast unendliches Leben an, und ihre Zweige symbolisieren seit der Antike Sieg und Frieden. Sie sind vor allem immergrün, was Hoffnung und Auf-dem-Weg-Sein ausdrückt. Diese Pflanzensymbolik deutet auf eine unschuldige und reine Liebe hin, - genau so auch die komplexen Zusammenhänge des Ablaufes der Handlung. Von der

---

[86] Laotse: Tao-te-king. Das Buch vom Sinn und Leben. Texte und Kommentar von Richard Wilhelm. Sonderausgabe. München 1998. S. 46.

Wechselbeziehung zwischen Gewächshaus und Stadt sagt der Wächter des Botanischen Gartens:

> Wächter: Alles hat seine Berechtigung. Dann muß man <u>ein Glashaus</u> errichten, obwohl es ganz unnatürlich ist, in einer <u>kalten Stadt</u> empfindliche Palmen zu halten. Dabei dreht sich alles um sie. Ohne den Palmenpavillon wäre die Stadt gar nicht vorhanden. Er steht durchaus im Mittelpunkt - nicht nur örtlich auf dem Stadtplan. Es hat viel weitreichendere Beziehungen. Es gibt viel Notwendiges in der Welt, das ist eben <u>das Kalte</u> - aber die wirkliche <u>Lebenswärme</u> - die Palmen - _[87]
>
> (B. 3, S. 369)

Es fällt auf, daß Liebe und Leben mit der räumlichen Opposition von Natur (Palmenpavillon) und Zivilisation (Stadt) verknüpft sind. Der räumliche Gegensatz verbindet semantisch „Lebenswärme" und „Kälte". Der Palmenpavillon steht für die Liebe und stellt einen von der engen, kalten und schwarzen Stadt isolierten Ort dar. Er dient dem Liebesuchenden als Sicherheitszone, die jedoch durch die äußere Gewalt von der Zerstörung bedroht ist. Demgegenüber gilt die Stadt als kalter und liebe-loser Außenraum. Diese räumliche Antithetik erschöpft sich nicht einfach in ihrem Nebeneinander, sondern führt zur synthetischen Einheit. Auch im Text wird die Notwendigkeit einer Verbindung zwischen Liebe und Leben betont, die zwar eine oppositionelle ist, als solche aber eine notwendige Bedingung der menschlichen Natur ist. Das heißt, das eine schließt das andere nicht aus. Beide gehören zusammen.

Es geht Kaiser nicht bloß um die dialektische Wechselwirkung von Liebe und Leben, sondern um seine Lebensphilosophie: Die Rückkehr aller Dinge zum

---

[87] Hervorhebungen von mir.

ursprünglichen Einen. Alles kehrt in einem ewigen Kreislauf zu einem ursprünglichen Zustand zurück. Schon in *Vision und Figur* sagt Kaiser:

Zu Einseitigkeit beruft die Vision. (Nur so bezeugt sie ihre Bedeutung.) Es gibt kein Nebenher - die Kugel rollt um sich und verbindet Anfang und Ende ohne Anfang und Ende. Alles ist die Vision - weil sie Eins ist. Das Eine, das an sich Himmel und Erde und den himmlisch-irdischen Menschen schließt.[88]

Anfang und Ende folgen einander in einem ständigen und endlosen Kreislauf. In diesem Zusammenhang kann man den chinesischen Philosophen Laotse sehen mit dem Taoismus als Lebenslehre:

Da das Leben ein ständiges Fließen, ein ständiger Wechsel ist, lösen sich Aufstieg und Niedergang wie Tag und Nacht ab, so daß die Erreichung des Gipfelpunkts der Stärke bereits den Beginn des Abstiegs bedeutet.[89]

Im Grunde genommen ist Laotse und Kaiser gemeinsam, daß sie das Leben als einen dialektischen Prozeß zwischen Gegensätzen verstehen und die Weltordnung aller Dinge zu ihrem Ursprung zurückkehrt. Damit ist das Laotsewort, „Vollendete Reinheit ist Einfalt", das in *Rosamunde Floris* als Motto vorangestellt ist, weder mit Eric Albert Fivian als „ein Hohn"[90] noch mit H. D. Gröll als „die Regression des Bewußtseins a priori"[91] zu verstehen.

Rosamunde als ein mit der Natur verbundener Mensch wird in ihrer äußeren Erscheinung noch präzisiert. Im 1. Akt werden die beiden Liebenden mit einer kurzen, abstrakten Szenenanweisung eingeführt: „Aus einem Fächerpalmendickicht die Stimmen."(B. 3, S. 365) Der Verlauf der im Gebüsch geführten intimen Dialoge läßt jedoch ahnen, daß sie dort unbekleidet beieinander liegen. Das Zwiegespräch wird allein mit der kurzen Bemerkung „nach einer Stille" fortgeführt, wobei der Leser und Zuschauer darüber im Ungewissen gelassen werden, was während dieser

---
[88] G. Kaiser, Werke. 4. Bd. S. 548.
[89] Laotse: Die Weisheit des Laotse. Hrsg. von Lin Yutang. Frankfurt a. M. 1985. S. 20.
[90] Fivian, E. A.: Georg Kaiser und seine Stellung im Expressionismus. München 1947. S. 134.
[91] H. D. Gröll 1965, S. 207.

Stille geschieht. Man kann nur den räumlichen und zeitlichen Hinweisen entnehmen, daß es allmählich dämmert.

Die nächste Szene ist auf einen völlig anders eingerichteten Raum und eine andere Zeit verlagert, ohne daß der Ablauf der Handlung beschrieben ist. Rosamunde trifft Erwin auf einem Karnevalsfest, verkleidet in „einem silbernen Stoffkostüm und helmartiger Haube". In dieser Verkleidung verhält sich Rosamunde nicht nur völlig anders, sondern sie verheimlicht auch Erwin ihr Vorhaben. Sie heißt jetzt nicht mehr Rosamunde, sondern Penthesilea, die Amazone. Sie führt Erwin nach oben in den Dachraum und will ihn verführen.

Bedeutsam sind in diesem Zusammenhang die Anspielungen auf das Schlangen-Motiv und Rosamundes Sprachspiel. In dieser Szene kommt der unterschiedliche innere Zustand der beiden Figuren klar zum Ausdruck. Erwin will unten auf dem Boden und Rosamunde oben in der Dachkammer bleiben. Der Gegensatz der Figuren zeigt sich sowohl in der ungleichen Vorliebe für bestimmte Räumlichkeiten als auch in ihrem inneren Dialog:

> Rosamunde: Dann bleiben wir oben. Unten herrscht auch das schreckliche Gedränge. Diese Hitze und der unaufhörliche Musiklärm. Ist es nicht viel frischer und stiller hier?
>
> Erwin: Wenn wir einen andern Ausgang entdecken, müssen wir ihn benutzen. Ich scheue keinen Umweg, um diese Leiter in den Hades zu vermeiden.
>
> Rosamunde: Später werden wir suchen. Wir sind doch kaum eingedrungen - in unsern Dschungel von Dachsparren und Wäscheleinen. Ho ho - hier verschlinge ich mich schon in eine Liane - oder züngelt eine Schlange nach mir, die mich mit ihrem Schlangenleib umschnüren will, um mich zu liebkosen? Schlangen sollen so verliebte

Tiere sein. *Aus dem Dunkel rufend.* Befreien
               Sie mich aus der Umschlingen, Herr Erwin - ich
               bin doch kein Schlangenliebchen !
Erwin: *noch bei der Luke.* Das sind doch nur
               Wäscheleinen.[92]
               (B. 3, S. 371)

Das Verb „verschlingen" bezieht sich hier auf die finale Bewegung des „Ineinander-Verschlingens". Die Bewegung des Verschlingens wird durch semantisch homogene Komponenten wie „Liane", „umschnüren" und „Umschlingung" verdeutlicht. Da geschieht plötzlich ein Wechsel in der Subjekt-Objekt Relation: Rosamunde zeigt sich als ein schlangenhaftes, verführerisches Wesen und will Erwin provozieren. Es geht ihr nicht um die möglichst lebendige und genaue Inszenierung, sondern darum, Erwins Aufmerksamkeit zu erwecken. Sie verwendet die Schlangensymbolik, um die räumliche Distanz zwischen sich und Erwin zu verringern (der Hinweis der räumlichen Gegensätzlichkeit von Leiter und Hades). Die Schlange (Hydra) vereint seit der Antike eine Vielzahl widersprüchlicher Symboldeutungen in sich. Sie gehört der Erde an und ist Gegenspieler des himmlischen Vogels (Phönix). Zum andern gilt sie als Sexualsymbol auf der Seite des Lebens. Rosamundes weiteren Bemühungen verfangen jedoch nicht. Er ist nicht bereit, mitzuspielen und sich in eine ungewisse Situation einzulassen. Stattdessen bleibt er in seiner reservierten Haltung und distanziert sich von Rosamunde. Sein unbeteiligtes Verhalten gegenüber ihrem Spiel verhindert scheinbar eine mögliche Übereinstimmung der beiden. Er veranlaßt aber sie dazu, einen weiteren Schritt zu seiner Verführung zu unternehmen. Rosamunde geht vom Sie zum Du über und verteilt die Rollen, in der sie Julia und er Romeo ist: „Vergessen Sie doch die Luke und die Treppe und den Abgrund. Es ist Karneval - und Sie sind nicht Herr Erwin - Romeo bist du."(B. 3, S. 371)

Das Spiel im Spiel von Rosamunde hat zwar das Ziel, Erwin zu verlocken, aber darin spiegelt sich ein Hauptzug ihres Charakters wider. Ihre Innen- und Außenwelt entwickeln im direkten Kontakt mit der Bezugsperson eine große Dynamik und stellen zugleich die Widersprüchlichkeit zwischen sinnlicher Gefühlskraft und

---

[92] Hervorhebungen von mir.

rücksichtsloser Zielstrebigkeit dar. Die dramatische Spannung und die starke Wechselrede vergrößern sich im weiteren Verlauf des Dialogs trotz Erwins Desinteresses und seines Nicht-Eingehens auf ihre eindeutigen Aufforderungen: „Nimm deine Julia !", „Fühl` meine Hände, wie sie kalt sind. Du mußt mir meine kalten Hände wärmen.", „Dann küsse mich."(B. 3, S. 371) Erwins Antworten auf diese Aufforderungen gehen unbeirrt in eine völlig andere Richtung, dadurch entstehen Verständnislosigkeit und eine Reihe einander ablösender, beziehungsloser Repliken: „Sie hätten Schauspielerin werden sollen", „Ich bin so lächerlich tatenlos.", „Sie improvisieren tausendmal besser als ich."(B. 3, S. 371) Mit anderen Worten, die beiden Figuren reden aneinander vorbei und erreichen keine Gemeinsamkeit. Ihre mangelnde Übereinstimmung zeichnet sich bereits in dem knappen Dialog ab: *„Sie steht auf der Matratze und breitet die Arme aus*. Nimm deine Julia! Erwin: *interessiert*. Sie hätten Schauspielerin werden sollen, Fräulein Rosamunde." (B. 3, S. 371) Die Diskrepanz zwischen Rosamunde und Erwin schlägt sich nicht nur in den sprachlichen Bildern nieder, die durch die „Luke" und die „Treppe" eine räumliche Opposition von Oben und Unten aufbauen, sondern auch in gestisch-szenischen Bemerkungen: „[. . .]*Sie kniet sich und streckt ihre Hand durch die Luke*. Fass` diese Mädchenhand - fest von Speerwurf und Schwerterschlag! *Erwin - von Rosamunde unterstützt - zwängt sich durch die Luke: er trägt ein venezianisches Edelmannskostüm*." (B. 3, S. 370) Sie steht zuerst oben und übernimmt damit die Führung, bekleidet mit „einem silbernen Stoffkostüm und helmartiger Haube" wie eine „Heldin", die in einer Schlacht den Gegner besiegt hat.

Wenn das Kostüm die Funktion hat, die Identität der Figur aufzuzeigen, weisen das silberne Kostüm und die helmartige Haube Rosamunde als „kämpferische Siegerin" aus, die wiederum als männlicher Gegenpol gesehen werden soll. Erwin kleidet sich als „prächtig ausgestattete[r]" Edelmann und bewahrt bei der ersten Begegnung mit Rosamunde höchste Distanz und offenbart eine ausgeprägt-bürgerliche Höflichkeit. Für ihn ist die unerwartete Situation nicht nur unangenehm, sondern auch unüberwindlich. Er ist nicht dazu bereit, sich dem neuen Umfeld anzupassen. Als Gegenpol zu Rosamunde wird er durch seine Steifheit und seine fehlende dynamische Beweglichkeit charakterisiert, was ihm den Tod bringt.

Hier kann man eine Grundachse zwischen Rosamunde als Protagonistin, die dem Bereich des Naturhaften zugeordnet ist, und Erwin als Antagonist, der dem kulturellen Bereich angehört, feststellen. So spiegeln Rosamunde und Erwin zwei einander entgegengesetze Wertbereiche wider, die man als Kontrast zwischen Natur und Kultur bezeichnen kann. Dies bildet die Ausgangsoppositon des Dramas, und die Thematik ergibt sich durch die dialektische Auseinandersetzung mit den Gegenpositionen.

Die Charakterisierung von Rosamunde als Naturmensch genügt aber nicht zur Erhellung der komplexen Problematik. Die Liebesthematik sollte im Zusammenhang mit Erneuerungsthematik und Vitalismus gesehen werden. Die Frauenfiguren und ihre Hingabe an die absolute Liebe sollen mit Hilfe der Analyse der Lichtmetaphorik als das unterscheidende Merkmal des neuen Menschentums hervorgehoben werden. Auf die Bedeutung der Licht-Metapher wird in der Kaiser-Forschung kaum aufmerksam gemacht. Anders als die meisten Kaiser-Forscher hat Dieter Kafitz mit seinem Beitrag in *Drama und Theater der europäischen Avantgarde* dazu angeregt, „die Licht-Metaphorik Kaisers eng mit dem dualistischen Pendant, der Dunkelheit, verknüpft" zu sehen.[93]

3. 2 Mondsymbolik und Liebe

In diesem Teil wird die Licht-Metaphorik in Korrelation mit der Mondsymbolik am Beispiel der Titelträgerin analysiert.

---

[93] Kafitz, Dieter: Zwischen Avantgarde und kollektivem Diskurs. Zur Massendarstellung und Lichtmetaphorik in den Dramen Georg Kaisers. In: Drama und Theater der europäischen Avantgarde. Hrsg. von F. N. Mennemeier und E. Fischer-Lichte. Mainz 1994. S. 78.

3. 2. 1 Licht und Dunkel in der Seinsfrage

Das Menschenbild der Antike ist ein Sinnbild des Urstreites zwischen den dunklen Erdgewalten und den hellen Lichtmächten, zwischen den Titanen und den Olympiern, eines Kampfes des männlich-hellen Geistprinzips gegen das weiblich-nächtige Naturprinzip. Die Seinsmächte wie Geist und Natur, Licht und Dunkel, Himmel und Erde, befinden sich in einem immerwährenden Streit, der die Urdimension der menschlichen Lebenswelt charakterisiert. In der dunklen Tiefe des Lebensgrunds liegen die Ursprünge und die Wurzeln der sittlichen Welt. Der Mensch, der zum einen tierisches Sinneswesen und zum andern als Gottes Nachkomme eine göttliche Erscheinung ist, strebt als Zwischenwesen von der sinnlichen Natur ins Übersinnliche auf. Eine derartige Auslegung bestimmt das Menschenbild der abendländischen Metaphysik, die mit der Grundunterscheidung von Sinnenwelt und Geisteswelt operiert und den Einzelnen auf die Grenze zwischen den beiden Welten festlegt. Platon unterscheidet strikt die beiden Gegenbereiche der Sinnendinge und der Ideen und faßt sie als zwei verschiedene Dimensionen der Welt auf. Bedeutsam ist jedoch, daß die platonische Weltkonzeption die eigentümlichen Spannungsverhältnisse zwischen der dunklen, triebhaften und der hellen, vernünftigen Welt nicht außer acht läßt, obwohl seine Ideenlehre der Ratio den Vorrang vor der sinnlichen und ungeordneten Welt gibt und mit heller Vernunft zu denken beginnt. Dementsprechend erkennt er die triebhafte Sinnenwelt als eine Uroffenbarung nicht an und wertet die Triebe und Begierden als tierisch ab. Das macht das Wesen der abendländischen Philosophie, der Metaphysik, aus.

Erst Nietzsches Lebensphilosophie im 20. Jahrhundert wertet anders und kritisiert massiv. Der „Platonismus" bedeutet für ihn die Trennung von sinnlicher und übersinnlicher Welt, von Zeitlichem und Ewigem, von Natur und Geist, Leib und Seele. Gegen die Erweiterung der dualistischen Ontologie Platons zum heilsgeschichtlichen Christentum legt Nietzsche großen Wert auf die Sphäre der sinnlichen Erscheinung und auf eine Lebenshaltung jenseits von Gut und Böse. So gesehen stehen das Werdende gegen das Dauerhafte, das Scheinhafte gegen das wahrhaft Seiende und die Vielfalt gegen das Eine im Mittelpunkt der Auseinandersetzung um die traditionelle Metaphysik.

3. 2. 2 Rosamunde Floris die Lichtgestalt

Davon ausgehend, daß zumindest seit Nietzsche die Lichtmetaphysik im Widerspruch zum tragischen Mythos und im Streit mit dem Dunkel steht, soll die textbezogene Analyse im Hinblick auf die Licht- bzw. Mondsymbolik fortgesetzt werden.

Eine grundlegende Funktion des Lichts besteht im Sichtbarmachen und Beleuchten des Raumes, wobei das Licht im Kontrast zur Dunkelheit steht. Wenn Licht in Verbindung mit anderen theatralischen Effekten verwendet wird, sollte über die praktische Funktion hinaus auch eine symbolische Funktion des Lichts in Betracht gezogen werden. Im vorliegenden Drama wird das Mondlicht direkt verbunden mit der Hauptfigur Rosamunde Floris. Ihre Faszination in Mondnächten begleitet ihre Krankheit:

Bruno:	Sie zog sich in den Nächten eine Erkältung zu, die sich zu einer Halsentzündung mit wildem Fieber steigerte.
Wanda:	In welchen Nächten?
Bruno:	Die sie zur Zeit der Mondzunahme außerhalb des Hauses verbringt.
Wanda:	Ist sie mondsüchtig?
Bruno:	Anfangs dachten auch wir es, doch ist sie davon frei. Ihr ist nur eigentümlich sich von der ersten Sichel bis zum Vollmond im Freien aufzuhalten. Dann steht sie hinten auf der Gartenmauer und starrt nach oben und bewegt die Lippen, wie wir es beobachteten. (B. 3, S. 386)

Die Bedeutung des Mondscheins, der ohne Vorwissen der beiden Figuren im Mittelpunkt des Zwiegesprächs steht und das zentrale Motiv dieses Stückes darstellt, läßt die Gegensätze zwischen der Lichtfülle im Innenraum und der Dunkelheit draußen im Garten stark hervortreten. Den Mond versteht Petersen in seiner „mythischen Bedeutung als das Symbol der vorzeitlichen Vollkommenheit."[94] Deswegen interpretiert er das Nennen der Mondsichel als die räumliche und zeitliche Erweiterung in die Unendlichkeit, räumlich, „indem Rosamunde aus dem Dickichtschatten des Pavillons in den Sternenhimmel weist und den Mond zum Boten ihrer Liebe macht, zeitlich, indem ihr Liebesverhältnis trotz der Trennung nie enden wird."[95] Das Geheimnis um sie hängt eng mit dem Mondschein zusammen, der hier eine seltsame Atmosphäre schafft. Ihre Mondempfindlichkeit geht über das gewöhnliche Verhalten hinaus und grenzt ans Absurde. Denn sie verfolgt trotz ihres schlechten Zustandes den Wechsel der Monderscheinungen („von der ersten Sichel bis zum Vollmond") draußen im Garten. Hinsichtlich der quantitativen und qualitativen Veränderung im Sinne der Vergrößerung des Mondes und der Liebe kann man der Interpretation von Petersen zustimmen. Darüber hinaus verweist Petersen auf die symbolische Raumstruktur des Stückes im Zusammenhang mit der Liebesthematik. Für Bruno und seine Familie ist Rosamundes krankhafte Reaktion auf das Mondlicht rätselhaft und bedarf einer Erklärung. Für sie aber ist der Mondschein die Verinnerlichung und die Bestätigung des Versprechens, sich im Mondlicht an die raum- und zeitverlassene ewige Liebe zu erinnern. Sie muß aus dem Haus in den Garten, wo sie die Mondsichel sehend mit ihren Liebesgrüßen an William beladen kann, wie beim Abschied „aus dem Dickichtschatten" des Pavillons geschworen. Bruno und seine Familie kennen die Vorgeschichte nicht. Sie nehmen Rosamundes scheinbar krankhaften Zustand ziemlich ernst und lassen ihn als „ihr Mondgeheimnis" gelten, während Wanda insgeheim versucht, Rosamundes Problem auf den Grund zu gehen. Als Bruno Wanda ans Bett der kranken, offenbar bewußtlosen Rosamunde führt, werden deren gegensätzliche Absichten deutlich:

Bruno: Wieder ist dein Ton schroff. Immer scheinen mir
                      deine Worte belastet mit einem andern Sinn, der

---

[94] Petersen, Klaus: Georg Kaisers Rosamunde Floris: Der Engel mit dem Flammenschwert. In: Seminar 13 (1977). S.19.
[95] K. Petersen 1977, S. 19.

121

	dem Klang anhaftet, den du ihnen gibst.
	Täusche ich mich?
Wanda:	Es ist nichts doppeldeutig, was ich sage. Das wird sich offenbaren, wenn alles am Tag ist.
Bruno:	Hinter diesen Worten steckt nichts?
Wanda:	Nur meine eiserne Entschlossenheit - meine Mission hier zu Ende zu führen, die dem Wohl aller unter diesem Dache geweiht ist.
	(B. 3, S. 387)

Man muß sich hier mit der Figur Wanda beschäftigen, um die Unterschiede zu Rosamunde festzustellen und Wandas Licht- bzw. Wahrheitsbegriff in Kontrast zu Rosamundes Mondsucht zu verstehen. Für Wanda ist Rosamunde der Grund ihres ganzen Unglücks und ein Hindernis ihres Glücks. Nach Erwins Tod muß die Verlobung zwischen Wanda und Bruno gelöst werden, weil Bruno entschlossen die Verantwortung für Rosamunde und ihr Kind übernimmt und mit ihnen eine Familie gründet. Damit hat Wandas langjähriges Warten auf Bruno seinen Sinn verloren. Sie muß ihr eigenes Glück Rosamunde opfern. Sie beabsichtigt Rosamunde an den Pranger zu stellen, indem sie Verborgenes ans Licht bringen und Rosamunde als Lügnerin entlarven will. Unaufgefordert und unberechtigt übernimmt sie die Rolle der Richterin, die das Gute und Böse beurteilt und die Schuldige zu bestrafen vermeint. Sie stellt sich Rosamunde als Pflegerin vor und schreibt alles auf, was sie von der laut träumenden Kranken über deren absolute Liebe zu William hört. Wanda will Rache:

| Wanda: | O leugnen Sie doch. Daß ich lauter schreien kann. Daß es mich reizt Sie hier schon zu vernichten. Mit einem Würgegriff. Ich finde keine Richter, die mich strafen. Ich vollzog nur ein Urteil der Gerechtigkeit. Sie ist das Licht auf Erden. Und im Licht erhebt sich unser Trieb zur Menschlichkeit. (B. 3, S. 395) |

Wandas kühner Versuch, die Wahrheit zu offenbaren, kann im Zusammenhang mit dem weiteren Ablauf der Handlung als der erste Schritt zur Situationsveränderung bewertet werden, obwohl ihr dies nicht gelingt und sie letztendlich zum Opfer von Rosamundes Willen zur Geheimhaltung wird. Angesichts der unterschiedlichen Interessen und Zielsetzungen steht Wanda im Gegensatz zu Rosamunde, aber die beiden Frauenfiguren haben doch gemeinsam, daß sie sich mit „eiserner Entschlossenheit" ihrem jeweiligen Ziel nähern und sich unbeirrt darum bemühen, ihre Wünsche und Absichten zu realisieren.

Im Hinblick auf die unterschiedlichen Liebeseinstellungen können die beiden Frauenfiguren nochmals unterschieden werden. Für Wanda ist Liebe nur in einer Ehe vorstellbar und sie lehnt dementsprechend Liebesabenteuer und Liebesbegehren völlig ab, weil sie nicht mit bürgerlichen Moralvorstellungen vereinbar sind. Liebe wird zum Synonym für Ehe und Familie. Darauf weist ihr Leben in sexueller Askese und ihre fortdauernde, treue Liebe zu Bruno hin. Anders als Wanda glaubt Rosamunde an flammende Liebe auf den ersten Blick und kämpft für dieses reine, ursprüngliche menschliche Gefühl. Daraus ergibt sich, daß durch Rosamunde der konservativen Sexualmoral eine liberalere Liebeskonzeption entgegentritt. Sie wird zum Sinnbild der emanzipierten Frau.

Die Intensität und die Bedeutung des Mondlichts legt Rosamunde in einem epischen Monolog ausführlich dar, in dem die äußere Gegenwart die Vergangenheit aufruft und Gegenwart und Erinnerung ineinander fließen. In ihrem Monolog schwört sie William ewige Liebe, die jedoch geheim bleiben soll. Der Mondschein ist für sie wie eine Lebensquelle, die es ihr ermöglicht, weiter zu leben und in der der Sinn ihres weiteren Lebens liegt. Das Mondlicht fungiert nicht einfach als nächtliches Naturphänomen, sondern als Verkörperung des geliebten William. Sie äußert beim Betrachten des Mondlichts freimütig ihr Sehnsuchtsgefühl und steht dabei mit dem Mond in einem Subjekt-Objekt-Verhältnis. Mit Hilfe ihres starken Willens kann sie sogar Wunder vollbringt. Ihr ist nichts unmöglich. Sie schafft in ihrem irrealen Zustand („die Augen immer geschlossen haltend") einen Raum, in dem das Mondlicht die Dunkelheit besiegend eindringen kann. Das Licht bricht das Dunkel auf. Sie gewinnt aus der Strahlung des Mondes neue Energie:

Rosamunde: *Sie stützt sich auf die Ellbogen und hebt das Gesicht - die Augen immer geschlossen haltend - ins Mondlicht.* Ich bin noch schwach - aber es gelingt mir doch die dichten Vorhänge vom Fenster zu schieben. Weil ich es will, vollbringe ich es. Der Wille tut Wunder - und müssen nicht Wände weichen vor dem Wunder? Dies sind nur Gardinen, die ich auslöschte - wie die Dunkelheit, damit das Licht entbrennen kann. Dein Mondlicht, das mich sprechen macht - zu dir, Liebster. - - - - Ich habe nichts vergessen. Es ist im Hauch des Fiebers, an dem ich litt, nichts verbrannt. Es ist im Herzen, das rasend klopfte, nichts zerschlagen. Du sollst es glauben - ich will dir alles wieder erzählen.

(B. 3, S. 389)

Fenster, Vorhänge, und Wände hindern sie nicht daran, das Mondlicht zu sehen. Ihr starker Wille beseitigt alle Hindernisse, wie sie es in der von ihr imaginierten Welt zu sich selbst und William sagt. Nach ihren Worten gibt das Mondlicht ihr die Kraft, daß ihr das Unmögliche möglich scheint und sich die Botschaft der ewigen Liebe offenbart. Hinzufügend kann man Kaisers anthropologisches Modell des Menschen in *Der kommende Mensch oder Dichtung und Energie* zitieren:

> Die kräftigste Form der Darstellung von Energie ist der Mensch. Daß der Mensch in so außerordentliche Machtstellung über den Erdball sich aufhob, weist mit jedem Nachdruck auf seine Bestimmung hin: sich durchsetzen gegen alle Widerstände, die auf seinem Weg vorfallen.[96]

Im weiter oben zitierten Monolog kommen Fenster, Vorhänge und Wände als die Hindernisse vor, die Rosamundes Willen zur Offenbarung der Wahrheit und die Auswirkungen des Lichts blockieren. Nach ihrem absoluten Liebesprinzip muß aber

---

[96] G. Kaiser, Werke. 4. Bd., S. 567.

derjenige dafür mit dem Leben bezahlen, der ihrer Liebe im Weg steht und der den Versuch unternimmt, sie zu schwächen. Deswegen hängt die Entscheidung über Leben und Tod für sie davon ab, ob ihr Geheimnis gelüftet wird oder verborgen bleibt. Dafür bestehen Vorhänge und Fenster als Übergangsstufen zwischen der Innen- und Außenwelt und müssen durch behutsamen Umgang geschützt werden. Schwellen und Türen als Sinnbilder des Hausfriedens haben gleiche Bedeutung. Wanda sowie Bruno müssen sterben, weil sie die Büchse der Pandora aufzumachen versuchen. Später offenbart Rosamunde dem Arzt und der Familie Benler Brunos Tod und weist auf die doppeldeutige Funktion des Fensters hin: „Und zwischen offenem und geschlossenem Fenster liegt die Tragödie."(B. 3, S. 406)

Die Schlüsselfunktion von Fenster und Gardine wird vorher im Dialog zwischen Bruno und Wanda aufgezeigt. Bruno weist auf dicht mit Vorhängen verhangene Fenster als das effektivste Mittel zur Verhinderung von Rosamundes Mondsüchtigkeit hin. Denn die Vorhänge verhindern, daß der Mondschein ins Zimmer eindringen kann, so daß im Krankenzimmer Dunkelheit herrscht. Brunos Äußerung zur Gardine findet im Zusammenhang mit der Reaktion bzw. Gegenreaktion der kranken Rosamunde statt, aber das Verraten seiner Beobachtung läßt eine Spannung entstehen und regt Wanda dazu an, nach einer Erklärung für das Mondgeheimnis zu suchen:

> Bruno: [. . .] So war es wichtig das Fenster dicht zu verhängen, als sich Neumond zeigte. Denn noch im Fieber - sonst besinnungslos - fragte sie nach dem Mond - daß sie ihn nicht versäume. Keine Macht der Erde hätte sie zurückgehalten, wenn das Gestirn, dem sie so seltsame Verehrung zollt, sichtbar geworden wäre. Doch es verdeckte die Gardine, die nicht geöffnet werden darf, bis Vollmond ist. Der Vollmond reizt sie nicht. Wann ist Vollmond ?
>
> Wanda: Morgen.

Bruno: Dann hüten wir bis morgen die strenge Dunkelheit. Vorher kein Strahl vom Mond, der sie berühren könnte. Es könnte sie erschüttern. Soll sie bald nicht gesund sein?

(B. 3, S. 388)

Wie Brunos Beobachtung zeigt, fungieren Fenster und Gardine als Übergang zum Licht, während draußen der Mondschein die Dunkelheit der Nacht besiegt. Bemerkenswert ist, daß die mythischen Geheimnisse Rosamundes und deren Enthüllung mit Fenstern und Vorhängen verbunden sind. Bezieht man die gegenseitigen Positionen der beiden Kontrahenten in die Analyse der Fenster-Szenen mit ein, spiegelt sich das Gegenspiel von Licht und Finsternis, Sein und Nichtsein, Wahrheit und Schein wider, was wiederum zu den elementaren Urprinzipien führt.

Das Motiv des Fensterblicks hängt im erweiterten Sinne mit dem Seh-Akt der subjektiven Intention in einer bestimmten Räumlichkeit zusammen. Das Medium Fenster verändert die Blickrichtung auf die Natur. Das Sehen gilt offensichtlich vor allem individuellen Interessen und der psychisch bedingten Grundbefindlichkeit der Betrachtenden in der jeweiligen Situation, wie dies im Symbolismus des späten 19. Jahrhunderts bei Baudelaires, Rilke und Hofmannsthal mit dem Motiv des Fensterblicks intendiert war. In den Prosatexten oder Gedichten dieser Autoren steht der Kontakt der Hauptfigur mit der Innenwelt durch das Fenster im Vordergrund. Der Betrachtende schaut von draußen nach drinnen und der Blick ist nicht durch transparente Fenster getrübt. Werner Kraft weist in dem Aufsatz *Fenster* zum symbolischen Charakter des Fensterblicks auf den Epochenwandel und die strukturelle Veränderung im Verhältnis von Subjektivität und Welt bei den Symbolisten hin: „Die Ablösung der Epochen wird im ästhetischen Symbol des Fensters und in dem wechselnden Standort des Menschen innerhalb dieser Symbolsphäre deutlich."[97]

Die Deutung des Fensters als Übergang zum Licht bzw. Mondlicht kann die räumliche sowie die seelische Dimension jenseits der Realität erweitern: Von Innen

---

[97] Kraft, Werner: Das Fenster. In: Wort und Gedanke. Kritische Betrachtung zur Poesie. Bern 1959. S. 106.

nach Außen, von der Dunkelheit zum Licht, vom Körper zur Seele, wie es sich in der monologischen Szene Rosamundes (oben zitiert, S. 389) zeigt. In diesem Sinnhorizont erhält das Fenster als ästhetisches Zeichen Symbolcharakter und betont auch ihre naturmenschliche, mythische Erscheinung, indem sie im Raum zwischen Dunkel und Licht wie ein NACHTENGEL erscheint. Außerdem spielt das Fenster in Verbindung mit der äußeren Natur eine große Rolle, wobei das Fenster im Nebentext als Hinweis zur Raumdarstellung erscheint und zum anderen als Schlüsselaussage in einer Situation thematisiert ist:

Ein furchtbarer Donnerschlag kracht. Zugleich zerrt ein fauchender Windstoß an der Gardine und klirrt mit dem Fensterflügel..

Bruno: Das Fenster schließen!! Sonst versteh' ich nicht, wer William - William ist!! *Er läuft hin und müht sich mit dem Fenster.* (B. 3, S. 403)

Es fällt aber auf, daß es Bruno und Rosamunde im Sinne ihrer gegensätzlichen Interessen um die Geheimhaltung bzw. die Enthüllung der wahren Geschichte geht und in dieser stark angespannten Situation durch und mit Bezug auf das Fenster die Entscheidung zwischen Leben und Tod getroffen wird: „Rosamunde: So kann man's Punkt für Punkt bestätigen. Und zwischen offenem und geschlossenem Fenster liegt die Tragödie."(B. 3, S. 406) Für diejenigen jedoch, die um Rosamunde herumstehen, sind Fenster, Gardine und Vorhänge Mittel, mit denen man ihre Mondsucht abschwächen und zugleich ihr geheimnisvolles Dasein enthüllen will, wie Wandas List gegenüber Rosamunde zeigt:

Wanda lauscht an der Tür ihm nach - dann dreht sie vorsichtig den Schlüssel im Schloß um. Nun begibt sie sich ans Fenster - mit raschen Griffen zieht sie an den Schnüren die mehrfachen Vorhänge zurück, so daß das scharfe Licht des Mondes einfällt und Rosamunde trifft. - Wanda tritt hinter das Kopfende des Bettes - zieht Schreibblock und Bleistift aus der Schürzentasche und wartet gespannt. (B. 3, S. 389)

Wanda zieht die Vorhänge des Krankenzimmers zurück. Sie hört gierig und schreibbereit. Das frei eindringende Mondlicht veranlaßt Rosamunde in Gedanken an William zu einem unbewußten dialogischen Monolog mit ihm. Ihre Erzählszene ist besonders von innerer Spannung und unheimlicher Mystik geprägt. Sie bekennt sich zu ihrer Liebe „im Flüsterton" und mit zum Mondlicht angehobenem Gesicht und erinnert sich an das gemeinsame intime Erlebnis im Palmenpavillon. Rätselhaft stellt es sich dar, wie sie in ihrem traumähnlichen Zustand schwört, sich mit entschlossenem Willen gegen jegliche Hindernisse zu wehren, als ob sie Wandas listiges Vorhaben durchschaut hätte.

3. 3 Natur, Imagination und Mystik

Parallel zum Technikkult am Anfang des 20. Jahrhunderts zeigt sich eine andere und konträre literarische Strömung: Flucht aus der Zivilisation, Hinwendung zu und Begegnung mit dem fremden und deshalb abenteuerlich empfundenen Fernen Osten, exotischer Natur und dessen Kultur. Der Hang zum Exotischen schließt ein selbstkritisches Verhältnis zur Technik sowie Träume und Sehnsüchte nach einer intakten Gemeinschaft ein, die letztlich ihre Verwurzelung im Einklang von Mensch und Natur hat. Viele Autoren wollen ein neues Lebensgefühl und eine andere Lebensphilosophie verkünden und greifen deshalb auf Exotik und Mythisches zurück, um eine Harmonie in überindividuellen Lebensformen zu schaffen.

In dem Leid und der Unruhe vor und nach dem 1. Weltkrieg wollten die Autoren wie Hermann Hesse und Stefan Zweig in dem fernöstlichen Spiritualismus einen Lebensgeist für das wahre Europa suchen und haben in der Tat u. a. Indienreisen unternommen. In *Zarathustras Wiederkehr* (1919) verkündet Hesse neben Alfred Döblins 1915 erschienenem China-Roman *Die drei Sprünge des Wang-lun* das Programm einer geistigen Erneuerung Europas aus dem Geist des Fernen Ostens. Er schildert einen Weg aus dem von Fortschritt und Betriebsamkeit besessenen Europa in eine nach Innen gerichtete Gesinnung sowie die Unvergänglichkeit zeitloser

Werte.[98] Ausgangspunkt der Autoren ist die Frage nach dem rechten Weg zur Erkenntnis des Universums und die Forderung, in den Werken der Menschheit die gesamte Lebenswelt als von geistiger Harmonie durchdrungene Natur zu erfassen.

In *Rosamunde Floris* ist eine starke Frauenfigur dargestellt, die mit männlichen Zügen ausgestattet ist und aktiv ihr Schicksal gestaltet. Kaiser wollte wahrscheinlich durch sie dazu beitragen, die Tendenz zur Vereinzelung und zur Vereinsamung der vom Krieg verwüsteten Menschenseele durch eine verbindende Liebe zu überwinden. Die Liebe steigert sich von der gegenseitigen Geschlechtsliebe bis hin zur kosmischen, universalen und harmonischen Lebenswelt. Je schneller und schriller sich die Menschenwelt zu einer beziehungslosen und einsamen Lebensform umwandelt, desto stärker wird die Forderung an die Frauen, durch ihr In-sich-Geschlossensein die verstreuten Wesensteile wieder zu vereinen. Ihre Liebe führt mit ihrer unmittelbaren Wärme die Einzelmenschen aus ihrer Vereinsamung zum gemeinsamen Miteinander.

Im folgenden wird Laotses Taoismus behandelt, um den Einfluß seines Natur-Begriffs auf unzählige Werke am Anfang des 20. Jahrhunderts einschließlich Kaisers Drama *Rosamunde Floris* zu veranschaulichen.

3. 3. 1 Laotses Spuren in *Rosamunde Floris*

Der chinesische Philosoph Laotse (570 - 470 v. Chr.) verfaßt sein Meisterwerk *Tao-te-ching* im Alter von 70 Jahren. Sein *Tao-te-ching* - eigentlich *Laotse* betitelt - ist in zwei Kapitel unterteilt und beinhaltet eine Sammlung von Aphorismen und gereimten Sentenzen mit ca. 5000 chinesischen Schriftzeichen. Der Kernpunkt dieses Buches bzw. der laotseschen Philosophie befaßt sich mit dem Begriff „Tao" (道), der schwer zu definieren ist. Er hat grundsätzlich drei Bedeutungen:

---

[98] Reif, Wolfgang: Exotismus und Okkultismus. In: Weimarer Republik - Drittes Reich: Avantgardismus, Parteilichkeit, Exil. 1918-1945. 9. Bd. Hrsg. von A. von Bormann und H. A. Glaser. Hamburg 1983. S. 165.

1. Ursprung aller Dinge und über Raum und Zeit hinausgehende, unvergängliche Leere.
2. Reiner Geist, der sich nicht in sprachlicher Form ausdrücken läßt.
3. Nichthandeln, d. h. Dinge verändern durch Nichthandeln.[99]

Aus diesem Resümee kann man ablesen, daß der Begriff „Tao" einer tiefgreifenden Einsicht verborgen bleibt. Tao soll nichts anderes sein als ein Nichts (im Sinne von Leere), das als schöpferischer Ursprung aller Dinge aufgefaßt wird. Denn das Dasein aller Dinge läßt sich auf das Nichts zurückführen, das die Gebärmutter aller Dinge sei. Um den tiefen Sinn des Tao zu begreifen, ist davon auszugehen, daß man sich nicht in einem aktiven Prozeß außerhalb des Inneren ausdrückt, sondern sich in eine tiefe Sinneswelt versenkt.

Das Tao, das wörtlich übersetzt „ein Weg" bedeutet, wird in zwei Linien aufgeteilt: der Weg des Himmels und der des Menschen. Beide Wege lassen sich von Anfang an nicht zusammenführen. Während der Weg des Himmels bei der Menschheit für das Preisen und das Loben gehalten wird, setzt sich der Weg des Menschen gegen den Willen der eigenen Natur zur Zerstörung und Disharmonie fort. Die Menschen bilden eine Gesellschaft und entwerfen einen Kulturstaat, der sie wiederum mit Gesetzen und Maßstäben fesselt und sie in Gegensatz zu ihrer Natur bringt. Laotses Ablehnung von Kult und Technik, die der Natur der Menschen widersprechen und deren Freiheit einengen, erinnert an den großen europäischen Naturphilosophen und Pädagogen Jean-Jacques Rousseau. Rousseaus Naturmensch ist jedoch ohne Gesellschaft nicht vorstellbar. Laotses Forderung zur Rückkehr zur Natur ist strenger gefaßt. Er erwähnt u. a. Fakten, die zum Verfall einer etablierten Gesellschaft beitragen: Ungezügelte Begierde nach Ruhm, Geld und Verführung. Dazu gehören auch Gesetze, Moral und ethische Werte eines Staates in dem Sinne, daß sie der angeborenen Naturanlage des Menschen entgegenstehen.

---

[99] Kim, C. J.: Studie zur Philosophie von Laotse und Changtse. Seoul 1995. S. 87-88. Das Resümee wird von der Verfasserin vom Koreanischen ins Deutsche übersetzt, wobei sie sich auf Kims Studie zur Philosophie von Laotse und Changtse und S. T. Ohs Erklärung über Gamsans Laotse-Untersuchung(Seoul 1990) beruft.

Laotses Abscheu vor einem Kulturstaat stammt aus seiner Selbsterfahrung am Ende der Chou- Dynastie und richtet sich gegen die undemokratische und verbrecherische Verwaltung der damaligen Hofbeamten. Während er im Alter von 50 Jahren als Archivar arbeitet, muß er erleben, wie das Volk verhungert und die Obrigkeit Vermögen verpraßt. Deshalb zieht er sich zurück. Er nimmt an, daß, solange der Mensch seiner naturgegebenen Anlage nicht gehorcht, die Macht der gewaltsam regierenden Staatsform anhält und dem Menschen das Glück verwehrt bleibt.

Seine Aufforderung zur Rückkehr zu Ursprüngen und zur Einfachheit hängt mit der Ablehnung einer manierierten Literatenkultur zusammen. Diese hat nach Laotse hinter dem Naturleben der Menschheit zurückzutreten. Anders als Konfuzius(孔子), der an den wohlgesitteten Normen einer Gesellschaft festhält und die moralischen Werte für wichtige Bestandteile des menschlichen Wesens hält, lehnt Laotse diese vollkommen ab. In der Auseinandersetzung mit dem Ursache-Wirkung-Prinzip stellt sich für Konfuzius heraus, daß das Problem im politischen System und der Hierarchie liegt und deshalb die Um- und Neuordnung des Gesellschaftssystems durch ethisch-harmonische Führung gefördert werden soll. Im Gegensatz dazu sagt Laotse, daß die Menschen selbst Schuld an allen Problemen haben und den Weg zur Erlösung selber finden müssen, indem sie zur Reinheit und Naivität zurückkehren.

Heute ist eine Wechselbeziehung zwischen Menschen und Natur unter dem Einfluß des raschen Fortschritts der Wissenschaft wohl nicht mehr zu realisieren.

Laotse fordert seine Zeitgenossen und Nachkommen auf, sich von Politik und Literatenkultur abzuwenden und zu einem naturnahen **gesunden** Leben zurückzukehren. Dagegen strebt Konfuzius in seiner Weltanschauung eine Festlegung des Moralkultus durch die hierachische Ordnung in der Gesellschaft an. Als Realist und moralische Kultfigur stellt sich Konfuzius dem Naturbegriff von Laotse entgegen, der eine wichtige Rolle in dem religiösen Taoismus spielt. Laotses ideales Menschenbild ist vergleichbar mit tabula rasa oder einem Kleinkind, und er glaubt fest daran, daß ein reiner, naiver Mensch seine angeborene Natur wiedergewinnen kann.

Laotses Aufforderung zu einem Zurück zur Natur ist nur im Rahmen des abstrakten, gestaltlosen Naturbegriffs zu verstehen. Die Natur oder das Naturhafte umfaßt ruhiges, friedliches Leben ermöglichende Landschaft und Leere im metaphysichen Sinne. Sein Naturbegriff unterscheidet streng zwischen der angeborenen Natur des Menschen und später anerzogenen Begierden nach Vermögen und Macht. Die Begierden entstehen nach ihm aus der verwirrenden Einwirkung der Außenwelt auf das rein psychische Innere des Menschen. Sie kennen keine Grenze, wenn sie außer Kontrolle geraten und zum Selbstzweck werden. Deshalb übt Laotse zum einen heftige Kritik an den Hofbeamten, die längst ihre Autorität und Vorbildlichkeit verloren haben und sich allein für Macht und Reichtum interessieren. Um einen derartigen Machtmißbrauch zu vermeiden, ruft er dazu auf, daß die Obrigkeit mit Gerechtigkeit und Vernunft regieren soll. Wie man sieht, setzt sich sein Naturbegriff mit den politischen Fragen und der Führungsrolle der Hofbeamten seiner Zeit auseinander. Zum andern kann jeder Einzelmensch das Zurück zur Natur durch Nichtstun erreichen, d. h. Handeln durch Nichthandeln (Wu-wei 無爲). Man kann wohl sagen, auch wenn es widersprüchlich klingen mag, daß der Kerngedanke von Laotses politischer Philosophie im Nichthandeln liegt. Dies ist zwar ein rätselhafter Terminus, aber er läßt ahnen, daß Nichthandeln nicht Nichtstun bedeutet. Nichthandeln ist eine wohltätige Betriebsamkeit für den allgemeinen Nutzen. Sein fester Glaube an Naturmenschen geht so weit, daß die Menschen wie andere Lebewesen auf der Erde die Fähigkeit besitzen, sich an ihr eigenes Umfeld anpassen und mit Hilfe ihrer Naturkraft ein souveränes Leben führen können. Seine Menschenbilder sind also aufgeklärt über sich selbst und stehen durch Nichthandeln in Einklang mit ihrer natürlichen Veranlagung.

Nach Laotse wird die Menschenwelt durch selbst entworfene unnötige Gesetze und Maßnahmen geschädigt. Es bleibt daher nur e i n Weg für die Rettung der Menschen, nämlich die Rückkehr zur Natur. Das bedeutet wiederum die Wiederkehr oder das Wiederfinden der Selbstidentität. Der Weg zur Rückkehr zum eigenen ICH führt in die tiefe Seele des inneren Menschen. Diese innere Menschenwelt sei von Kultur und Zivilisation unberührt. In dem Sinne kann Laotses Wunsch nach einem kleinen Staat verstanden werden, in dem die Menschen der angeborenen Naturanlage gemäß ihre Naivität und Reinheit bewahren und pflegen können.

Die Verbreitung von Laotses Gedanken und seinem *Tao-te-ching* in Deutschland erfolgte zu Beginn des 20. Jahrhunderts, vor allem durch die Arbeiten von Sinologen wie Richard Wilhelm, A. Forke und C. Reiter mit seiner kritischen Version *Lao-tzu. Zur Einführung*. In Abwendung von westlich-europäischen Werten wurden die konfuzianische Staats- und Gesellschaftsmoral sowie das *Tao-te-ching* als eine überlegene Lebensweise angesehen. Einige Autoren wie Brecht, Döblin, Klabund und Hesse haben sich mit den deutschen Übersetzungen von Werken über die chinesische Kunst und Literatur beschäftigt und sich die mystische Weltanschauung teilweise angeeignet. Trotz aller Bemühungen gibt es Schwierigkeiten beim Verstehen des Fernöstlichen. Zwischen chinesischer Kultur und westlichem Kulturbereich bestehen schwer überbrückbare Differenzen. Klabund schreibt in seiner *Literatur-Geschichte* (1930) über „Das Reich der Mitte":

> Das östliche Denken, wie Laotse es denkt, ist ein mythisches, ein magisches Denken, ein Denken an sich. Das westliche Denken ist ein rationalistisches, empirisches Denken, ein Denken um sich, ein Denken zum Zweck. Der östliche Mensch beruht in sich und hat seinen Sinn nur in sich. Seine Welt ist eine Innenwelt. Der westliche Mensch ist ›außer sich‹ [. . .] der westliche ist der Wissenschaftler, der östliche ist der Weise, der Helle, der Heilige [. . .] .[100]

Klabund unterscheidet zwar zwischen den westlichen und östlichen Denkweisen beschränkt sich aber auf klischeehafte Aufzählungen und Abgrenzungen. Überraschenderweise hebt er Laotse als Prototyp des östlichen Menschen hervor. Laotse sei eben ein Philosoph, der „in seinen Sprüchen einer der großen Dichterphilosophen ist wie Platon und Nietzsche."[101] Dieser Vergleich scheint jeder Begründung zu entbehren.

Laotses Werk *Tao-te-ching* wird im deutschsprachigen Raum vielfach übersetzt und interpretiert. 1921 schreibt A. Ular *Die Bahn und der rechte Weg des Lao-Tse. Der chinesischen Urschrift nachgedacht*. Der Autor beschäftigt sich mit Laotses Biographie und *Tao-te-ching* im Rahmen des Zeitgeistes und bezieht sich in seiner

---
[100] Klabund, A. H.: Literatur-Geschichte. Wien 1930. S. 32.
[101] Klabund 1930, S. 33.

Interpretation auf indische und deutsche Philosophie[Nietzsche]. Mit seiner Publikation hat er dazu beigetragen, einen Blick auf das intellektuelle Klima seiner Zeit zu werfen und Laotse und *Tao-te-ching* eine einzigartige Position einzuräumen. Das in den 50er Jahren erschienene *Laotse - Unvergängliche Weisheit* von A. Eckardt eröffnet schon einen Zugang zum Urtext in der Originalsprache. Da wird auch darauf hingewiesen, daß in der Kunst der Han Dynastie „in Reliefs öfters die Begegnung Lao-tzus mit Konfuzius" dargestellt ist.[102]

Eckardt führt die Auseinandersetzung mit dem Schlüsselbegriff „Tao" in Laotses Philosophie nicht weiter und läßt Unklarheiten mit dem Hinweis auf einige frühere Interpreten bestehen.[103] Außerdem ist seine Einführung des westlichen Gottesbegriffs problematisch: „Tao bei Laotse das ewige, ursprüngliche, absolute Sein, die Existenz schlechthin, entspricht also unserem Gottesbegriff. Und Te wird übersetzt mit: >Weg, Tugend, Leben< usf. Sinngemäß ist Te die >Segnung, das Wirken Taos<. Unter King versteht der Chinese ein klassisches Buch".[104] Sein Vermittlungsversuch zwischen West- und Ostkultur scheint zu sehr von dem Ziel bestimmt zu sein, den europäischen Gottesbegriff einzuführen. Aber die Tatsache ist, daß Laotse im *Tao-te-ching* keineswegs eine dem westlichen Gottbild entsprechende Weltanschauung entwerfen wollte.

Einige Sinologen sehen im *Tao-te-ching* die fundamentale Ausdrucksform des frühen chinesischen Mystizismus, der im Zusammenhang mit der Kosmologie und der Rolle des Herrschers steht. Im *Tao-te-ching* fehlt allerdings jede buchstäbliche Ausführung einer mystischen Methode. Deutlich ist dagegen, daß es eine Schrift ist, die sich mit der idealen Regierung und dem moralischen und kulturellen Verfall der Menschheit zu Zeiten Laotses beschäftigt. Neben dem Politischen spricht das Werk von religiösen Konzepten einer Allgegenwart des Göttlichen im Alltag. Diese religiösen Konzepte wirken bis heute auf das alltägliche Leben des Menschen in Asien ein. Daraus kann auf den mystischen Charakter des *Tao-te-ching* geschlossen werden. Allein der Sinn des Tao gilt, wie Reiter es zu Recht sieht, als „>organisches,

---

[102] Reiter, F. C.: Lao-tzu. Zur Einführung. Hamburg 1994. S. 25.
[103] Eckardt, André: Laotse. Unvergängliche Weisheit. München/Basel 1957. (Reihe: Glauben und Wissen. Nr. 18) S. 9.
[104] A. Eckardt 1957, S. 10.

zugrundeliegendes und strukturierendes‹ Element in dieser Welt. Es entzieht sich jeder Namensgebung und wissenschaftlicher Festlegung. Sprache unterscheidet und verfehlt damit immer in einer Weise Tao in seiner Ganzheit. Tao ist demnach ›transzendent und immanent‹."[105] Reiter führt den Kernpunkt des Tao als eine Form der „laotseschen Religionsphilosophie" weiter: „Diese schöpferischen und Ordnung schaffenden Eigenschaften sind übrigens auch in der Gottheit Lao-Chün personifiziert und erschließen sich im Rahmen der Taoistischen Religion dem Menschen."[106] Die Mystik des religiösen Taoismus ist im Alltag des Menschen tief verwurzelt und wird mit dem Appell zum Naturleben in Verbindung gebracht. Laotse fordert seine Mit- und Nachwelt auf, den Willen zu überwinden und im pflanzlich-unbewußten Sein zu verharren. In seiner Naturphilosophie soll der Mensch als empirisches Wesen ausgeschaltet werden, um das Tao rein in sich zu erleben. Mit anderen Worten, die allgemeinen Begierden nach materiellen und äußerlichen Vorteilen, nach Ruhm und Rang sind vollkommen aufzugeben.

Laotses Naturphilosophie geht davon aus, daß die Einheit und die Reinheit der kosmischen Energie seit der Schöpfung der Welt und der Menschen auf Erde angelegt sind. Die reine und einheitliche Kraft in unserer Welt geht aber durch die Teilnahme der Menschen am aktiven und profanen Leben verloren. Der Mensch soll alles tun, um die harmonische und einfache Gesellschaft der Urzeit wiederaufzubauen und durch das Regieren eines weisen Herrschers einen solchen Zustand wiederzufinden. Ob Mann oder Frau, arm oder reich, alle können jene Reinheit und Einfachheit erstreben, wo die Einheit mit Tao wieder besteht. Diese Rückkehr zur Reinheit und zum Einfachen wird durch die geistige Verfassung, die durch Freiheit von Wissen und Wollen bestimmt ist, ermöglicht und erreicht, wobei der Wert auf den Körper des Menschen auch nicht außer acht gelassen wird. Zum Konzept der menschlichen Lebensbedingungen gehört die Vorstellung, daß die spirituelle Seele und die vitalen Energien mit anderen Organen des Körpers verknüpft sind. Die spirituelle Seele (hun) ist mit der Leber verbunden und die fleischliche Seele (p'o) mit der Lunge.[107] Die Einheit von Seele und Körper trägt zur Bewahrung der vitalen Energien bei. Daher ist eine überlegte Körperpflege -

---

[105] F. C. Reiter 1994, S. 33.
[106] F. C. Reiter 1994, S. 33.
[107] F. C. Reiter 1994, S. 107.

nicht im Sinne von Hygiene - notwendig. Die innere Haltung des herausragenden Menschen, der dem Tao entspricht, wird von Zurückhaltung, Einfachheit und Reinheit wie der Geschlossenheit eines Kleinkindes geprägt. Er hat Emotionen und Begierden aufzugeben und seine inneren Sphären vollkommen zu beruhigen. Dies bedeutet die Rückkehr zur Wurzel und zum Naturleben. Das Tao ist im eigenen Leib zu suchen, nirgends sonst. Wer dieses Tao dem beruhigten Innenleben zugrunde legt, der kann Einheit bewahren und die Emotionen aufhalten.

Die die Rückkehr zum Naturmenschen verkörpernde Idealfigur kann man in der Natürlichkeit und der Reinheit Rosamundes finden. Eine Verwandtschaft ist also zu sehen zwischen Laotses Naturbegriff und Kaisers Rosamunde, die mit dem Motto „Vollendete Reinheit ist Einfalt" verbunden ist.

Woher hat Kaiser das Zitat aus dem *Tao-te-ching* für *Rosamunde Floris*? Auch im Kaiser-Archiv in Berlin ist kein konkreter Hinweis zu finden. Es läßt aber erahnen, daß Übersetzungen Laotses Kaiser bekannt waren. Der Einfluß von Laotses Philosophie auf Kaisers Dramen, in denen ein realisierbares Ideal eines einheitlichen und naturhaften weiblichen Wesens verwirklicht wird, liegt also mehr als nahe.

3. 3. 2 Rezeption des Taoismus im Expressionismus

Das engagierte Interesse an fernöstlicher Denk- und Lebensweise wird in Deutschland vor und nach dem 1. Weltkrieg geweckt und soll verzweifelten Menschen Anregungen geben, sich asiatischer Lehre zuzuwenden. Nihilismus, Christentum und Judentum sowie Islam sind vielen teilweise suspekt. Da wird Laotses Philosophie wiederentdeckt, sein Taoismus erweist sich als besonders ansprechend. Denn die wichtigste Forderung der taoistischen Lehre besteht in „Wu-wei", Nichthandeln. Das Nichthandeln, das der Kernpunkt von Laotses Ethos ist, bedeutet aber nicht Passivität und Stumpfheit der Seele. Es ist das eigentliche und ursprüngliche Tun des Menschen, aber so daß es der Natur nicht widerspricht. Es hat auch starke Wirkungskraft in dem Sinne, daß man darauf verzichtet, Gewicht auf bestimmte Werke zu legen.

Wie im letzten Teil kurz erwähnt, ist nicht festzustellen, welche Werke Laotses Kaiser gekannt hat. Er weist jedoch auf diese asiatische Weisheitslehre des Nichthandeln hin und identifiziert sich mit Laotse. 1930 ermahnt er in einem Interview, jedes unnatürliche Verhalten zu unterlassen, in dem das reinste Gefühl des natürlichen Menschen nicht bewahrt ist:

> Im allgemeinen bin ich dafür, möglichst unabhängig von allem zu sein, was *Tun* im geistigen Sinne ist. Und ich halte mich hiebei an den großen Chinesen Laotse, der schon vor Hunderten [Tausenden] von Jahren zu dieser Erkenntnis gelangte. Wir tragen ja alle viel zu viel Bildungsballast mit uns herum, den wir erst los werden müssen, um zu uns selbst, zu reinem Gefühl, zur Erdenliebe zu kommen.[108]

Die Lehre des Taoismus über den rechten Weg kommt deshalb der Sehnsucht nach Verinnerlichung entgegen. Über den Einfluß Laotses auf die deutsche Jugend nach dem Kriegserlebnis redet Hermann Hesse 1926: „Auf die vom Krieg aufgewühlte studierende Jugend Deutschlands hat, nächst Dostojewski, in den letzten zehn Jahren gewiß kein anderer Geist so stark gewirkt wie Laotse."[109] Neben dem Kriegserlebnis spielt auch die Grundstimmung des Kulturpessimismus bei den Intellektuellen eine Rolle. Oswald Spengler ist einer von vielen Kulturphilosophen, die sich über den Krisenzustand der gesamten europäischen Kultur am Anfang des 20. Jahrhunderts nachdenklich äußerten. In *Untergang des Abendlandes* zeichnet er die Zukunft der europäischen Zivilisation in pessimistischen Bildern, obwohl die Hinwendung zum fernen Osten für ihn keine klare Alternative ist. Viele Dichter und Schriftsteller blickten jedoch nach Osten in der Sehnsucht nach einer Erneuerung des abendländischen Geistes und hofften eine Lösung in der chinesischen Philosophie zu finden. Es kann wohl sein, daß europäische Intellektuelle das Interesse an der ostasiatischen Kultur als einen exotischen Ausweg aus der europäischen

---

[108] G. Kaiser Werke 4, S. 608.
[109] Hesse, Hermann: Schriften zur Literatur. 2. Bd. Eine Literaturgeschichte in Rezensionen und Aufsätzen. Hrsg. v. Volker Michels. Frankfurt a. M. 1970. S. 27.

Weltanschauungskrise sehen wollten. Unzählige Nachdichtungen und Übernahmen der ostasiatischen Kultur in das Deutsche belegen, daß Dichter und Intellektuelle aus der Rezeption der ostasiatischen Philosophie die Weisheitslehre für die Wiederherstellung des europäischen Kulturgeistes darzustellen versuchten.

Die Rezeption der chinesischen Kultur bei vielen Dichtern und Schriftstellern erfolgt zwischen 1910 und 1925 in den literarischen Formen von Übersetzung, Nachdichtung und Übertragung. Gerade die Dichter und Philosophen, die sich mit Laotses Philosophie beschäftigen, sind keine Expressionisten. Trotzdem gibt es gewisse Gemeinsamkeit. Von unterschiedlichen Ausgangspunkten und Aspekten thematisieren dies zwei Arbeiten in der Forschung: Ingrid Schuster: *China und Japan in der deutschen Literatur 1890-1925* (1977) und Ruixin Han: *Die China-Rezeption bei expressionistischen Autoren* (1993).[110] Die Themen „chinesische Literatur und Philosophie" bei Döblin, Klabund und Brecht beziehen sich auf zwei Schwerpunkte: Die taoistische Philosophie, die die Dichtungen jener Autoren vertieft behandeln und mit den charakteristischen Merkmalen europäischer Kultur vergleichen. Zum andern werden die Sehnsucht nach Verinnerlichung des Lebens und die Wertschätzung des Naturrechts des Menschen thematisiert.

Die folgenden Ausführungen befassen sich mit drei Autoren und Werken ausschließlich in bezug auf die taoistische Lehre.

Der erste, der sich in seinen Werken mit der taoistischen Lehre beschäftigt hat, ist Alfred Döblin. Sein erster „chinesischer Roman" *Die drei Sprünge des Wang-lun* (1915), der großen Anklang bei den Lesern seiner Zeit findet und dem Autor den Fontane-Preis einbringt, verkündet taoistische Lehre mit dem Ausspruch Liä Dsis im Kapitel „Zueignung":

«Wir gehen und wissen nicht wohin. Wir bleiben und wissen nicht wo.
Wir essen und wissen nicht warum. Das alles ist die starke Lebenskraft

---

[110] Ingrid Schuster weist im Vorwort ihres Buches auf «eine starke chinesische Komponente» im Expressionismus, auf eine «japanische Komponente» im Impressionismus und Jugendstil hin. Ruixin Han zählt zwei Faktoren zur Erklärung für die China-Rezeption auf: „Der seit dem späten neunzehnten Jahrhundert zunehmende Einfluß japanischer Kunst in Europa, und die chinesische bürgerliche Revolution von 1911/12." (S. 39)

von Himmel und Erde: wer kann da sprechen von Gewinnen, Besitzen?»[111]

Der Protagonist Wang-lun ist religiöser Führer und politischer Revolutionär. Er versucht religiöse Vision und politische Idee miteinander zu verbinden, um die korrupte politische Welt und das Elend des Volkes zu verändern. Er muß jedoch zur Kenntnis nehmen, daß seine hohen Ziele nur durch das Nichthandeln, das Wu-wei, erreicht werden: „Nicht handeln; wie das weiße Wasser schwach und folgsam sein."[112] Die Menschenbilder, die Döblin in dem Roman zeichnet, spiegeln das soziale Elend der Menschen in Europa wider. Durch die Bearbeitung eines chinesischen Stoffes aus dem 18. Jahrhundert stellt er den Sinn des Fortschritts, der Technik und des Elitedenkens in Frage. Mit *Die drei Sprünge des Wang-lun* hat Döblin europäische Intellektuelle auf die Lehre vom Tao aufmerksam gemacht. Brecht schreibt zu Döblins Roman am 15. 9. 1920 in seinem Tagebuch:

Ich habe zwei Sachen von Döblin gelesen: erst *Wadzeks Kampf* und jetzt *Wang-lun*. Es ist eine große Kraft drinnen, alle Dinge sind in Bewegung gebracht, die Verhältnisse der Menschen zueinander in unerhörter Schärfe herausgebracht, die gesamte Gestik und Mimik virtuos in die Psychologie hineingezogen und alles Wissenschaftliche daraus entfernt. Technisch ergriff mich unerhört stark die Kultur des Zeitworts. Das Zeitwort war meine schwächste Seite, ich doktere daran geraume Zeit herum. [. . .] Davon profitiere ich jetzt enorm. Gefahr: der Barock Döblins![113]

Brecht erkennt, daß Döblins *Wang-lun*-Roman „als frühes Dokument den Einfluß des taoistischen Geistes in der deutschen Literatur belegt"[114] und Döblin zusammen mit Klabund in deutschen Literatenkreisen als „China-Experte" gilt. Außer *Die drei Sprünge des Wang-lun* schreibt Döblin viele Erzählungen mit chinesischen Motiven:

---

[111] Döblin, Alfred: Die drei Sprünge des Wang-lun. Chinesischer Roman. Hrsg. v. Walter Muschg. Olten und Freiburg i. B. 1960.
[112] A. Döblin 1960, S. 80.
[113] Brecht, Bertolt: Tagebücher 1920-1922. Autobiographische Aufzeichnungen 1920-1954. Hrsg. v. Herta Ramthun. Frankfurt a. M. 1975. S. 65f.
[114] Kim, Tschong Dae: Bertolt Brecht und die Geisteswelt des Fernen Ostens. Diss. Heidelberg 1969. S. 14.

Der Überfall auf Chao-lao-sü (1921), *Gespräch im Palast Khien-lungs* (1922), *Der Kaiser und die Dsungaren* und *Die Fürstentochter* (1925).

In Berlin 1921/22 ist Brecht mit Klabund, dem zweiten Autor, so gut befreundet, daß man annehmen darf, er kennt Klabunds Roman *Spuk* (1922). Im Kapitel „Vom Sinn" (die Übertragung von Richard Wilhelms Übersetzung des Tao) legt Klabund Laotses Lehre dar, um die Erlösung des Menschen in der Verinnerlichung zu exemplizieren. Berühmt wurde Klabund vor allem durch seine Nachdichtungen chinesischer Literatur. Zu nennen sind der Eulenspiegelroman *Bracke* (1918) und die 1919 erschienene Lyriksammlung *Dreiklang*. Diese Gedichtsammlung basiert hauptsächlich auf *Tao-te-ching* von Laotse und preist das taoistische Prinzip des Nichthandelns. Im selben Jahr veröffentlicht Klabund eine Ballade unter dem Titel *Laotse*, in der er die Geburt des chinesischen Weisen schildert. Seine engagierte Beschäftigung mit Laotses Taoismus und die umfangreichen Nachdichtungen chinesischer Werke prägen die deutsche Literaturgeschichte in den zwanziger Jahren.

Auch Brecht beschäftigt sich mit Laotses Taoismus. Sein Interesse an chinesischer und japanischer Kultur und deren Einfluß auf Prosa, Dramen und „episches Theater" sind in der Forschung von unzähligen asiatischen Germanisten erforscht und verschieden interpretiert worden.[115] Angesichts der Verbindung zwischen dem Expressionismus und Laotses Philosophie soll das Drama *Im Dickicht der Städte* (1922/23) erwähnt werden. Erste Anregungen dazu erhielt Brecht schon 1919 durch eine Aufführung des englischen Stückes *Mister Wu oder die Rache des Chinesen*, 1921 beginnt er mit der Ausarbeitung dieses Stückes.[116] Nach mehrfacher Bearbeitung ist dann das Drama unter dem Titel *Im Dickicht der Städte* 1927 erschienen. Döblins Roman *Die drei Sprünge des Wang-lun* scheint Brecht beeinflußt zu haben. Seinem Tagebuch kann man das entnehmen. In seinem Drama schildert Brecht das moderne technische Zeitalter in Chicago. Dabei stellt er den dramatischen Konflikt zwischen östlich-taoistischer und westlicher

---

[115] Außer Kims *Bertolt Brecht und die chinesische Philosophie*(1969) sind zwei Dissertationen über das Verhältnis zwischen Ostasien und Bertolt Brecht in den letzten Jahrzehnten in Deutschland erschienen. Zu nennen sind: Yun-Yeop Songs *Bertolt Brecht und die chinesische Philosophie* (1978), Han-Soon Yims *Bertolt Brecht und sein Verhältnis zur chinesischen Philosophie*(1984).
[116] Vgl. Jan Knopf: Brecht-Handbuch. Theater. Eine Ästhetik der Widersprüche. Stuttgart 1980. S. 33.

Lebensauffassung im Kampf zwischen den Figuren Shlink und Garga dar. In deren Ringen bedient sich der eine (Garga) westlicher, der andere (ursprünglich als Chinese konzipierter Shlink) östlicher Methoden. Die taoistische Lehre des Nichthandelns ist hier daran erkennbar, daß der erfolgreiche Geschäftsmann Shlink mit ihrer Hilfe die Isolierung und Vereinsamung zu überwinden versucht. Im Widerspruch zur taoistischen Lehre des Nichthandelns fordert er Garga zum Kampf. Am Ende geht es zwischen den beiden um Leben und Tod. Der Schauplatz Chicago gilt als Symbol für den Ort industriellen Aufschwungs und menschlicher Verwilderung. Im Dschungel der Großstadt wird der Kampf als gewöhnliche Form der Begegnung geschildert.

Brechts Interesse an Laotse und dessen Taoismus ist auch an den kurzen Prosastücken *Die höflichen Chinesen* (1925) und *Ballade von der Entstehung des Buches Tao-te-king auf dem Weg des Laotse in die Emigration* (1938) erkennbar.

3. 3. 3 Naturhaftes Selbstbewußtsein der weiblichen Welt

Kaisers späte Frauenfiguren treten in mancher Hinsicht als Kämpferinnen für ihr eigenartiges Liebesleben auf und entsprechen damit nicht den Normen und Werten der bürgerlichen Gesellschaft. Sie agieren und bewältigen alle Hindernisse in Opposition zu den Männern und der Umwelt. Männer fallen Frauen zum Opfer, weil sie den Weg der Frauen behindern und das Ziel nicht frei machen wollen. Die mystischen und rätselhaften Charaktere der Frauengestalten werden durch die metaphorische Verbindung mit den Bereichen des Wassers, der Tiere, Blumen und Pflanzen gesteigert und durch die erotische Stilisierung zu unterschiedlichen Naturwesen bestimmt. Als seltenes Naturwesen zeigt Rosamunde eine solche originäre Weiblichkeit. Sie gestaltet als Liebende eine Beziehung zu einem begehrten Mann und nutzt alle ihr zur Verfügung stehenden Mittel für ihr visionäres Ideal. Drei Männer und sogar ihr eigenes Kind müssen dafür mit dem Leben bezahlen.

Man gelangt zu der Einsicht, daß es nicht um Schuld und Sühne geht, sondern um das Selbstbewußtsein eines neuen weiblichen Wesens. Insoweit als die Rätselhaftigkeit Rosamundes frei von moralischen Schuldzuweisungen gestaltet ist, zieht sich die polare Spannung zwischen Rosamunde und ihrer Umwelt durch das gesamte Werk. Diese Spannung führt schließlich über den Antagonismus von Geist und Leben hinaus zu universaler Synthese: Zum Ursprung der menschlichen Natur.

Auf eine einheitliche Synthese kann man aus der Kreisform der Dramenstruktur schließen. *Rosamunde Floris. Schauspiel in drei Akten* spielt an fünf Orten. Jeder Ort wird durch mehr oder weniger neu eingeführte Figuren besetzt. Die Anzahl der Beteiligten bleibt relativ gering, ebenso die Teilnahme der Figuren an der jeweiligen Situation. Rosamundes Dauerauftritt bestätigt ihre Dominanz als Protagonistin. Der 1. Akt ist in drei Szenen gegliedert, einen Palmenpavillon des Botanischen Gartens, ein Dachzimmer zur Karnevalszeit und schließlich das Wohnzimmer der Familie Benler. Mit dem Szenenwechsel wird der Raum der Handlung immer enger. Gleichzeitig spitzt sich die dramatische Spannung immer mehr zu; die Aufmerksamkeit des Lesers oder der Zuschauer konzentriert sich auf die Entwicklung der geheimnisvollen Rosamunde. Der 2. Akt findet allein im Haus der Familie Benler statt. Abwechslung wird erreicht durch die Verlagerung des Schauplatzes innerhalb des Hauses, einmal in ein Zimmer, einmal in den Garten. Hier gipfelt die Handlung durch zwei Morde in einer Katastrophe. Der letzte Akt beinhaltet zahlreiche Ortswechsel: Wohnzimmer der Familie Benler, Seeufer, Polizeidienstzimmer, Wohnzimmer, Zelle und schließlich Urwald in der Mondnacht. Die letzte Szene des 3. Aktes im freien Urwald verweist auf die erste des 1. Akts. Diese kreisförmige Raumstruktur weist auf die Einheit von Anfang und Ende hin, die die erste Begegnung zwischen Rosamunde und William beim Mondschein im Palmenpavillon wiederaufnimmt und ein Wiedersehen über den eingeschränkten Zeit- und Raumbegriff hinaus erhoffen läßt. Damit gewinnt der ringförmige Aufbau der Raumstruktur eine symbolische Funktion, die Anfang und Ende von Rosamundes Liebe zu dem Geliebten vereinheitlicht und sogar die Rückkehr in die anfängliche Vollkommenheit verstärkt. Diese Kreisform gilt als eine der wichtigsten Strukturmerkmale in Kaisers Dramen - für *Rosamunde Floris* ebenso wie für *Die jüdische Witwe*. An mehreren Stellen artikuliert Rosamunde selbst das Wort „Kreis" bezüglich der Vollkommenheit ihrer Liebe, die ihren Höhepunkt erreicht in der Zelle des letzten Aktes mit einem „*kreisrunden vergitterten Fenster*" in der „*runden und in der Mitte der kuppelförmigen Decke*":

Das Mädchen: [. . .] Nach Süden du - ich nach Norden. Da tilgt sich die letzte Spur unserer Begegnung aus, wenn wir aus diesem Pavillon gehen, in den ich dich heute wieder zurückgeführt habe, um den Kreis zu runden, der nun mit Anfang und Ende alles einschließt und nichts mehr von außen hinzuläßt: zu dieser gnadenheiligen Liebe, der wir selbst nicht mehr mit Berührung nahen dürfen -
(B. 3, S. 368)

Rosamunde: [. . .] Es ist keine letzte Botschaft - es ist eine ewige Botschaft.- - Dann kann meine Stimme versagen.- - Doch wie der Mond immer sich rundet, hörst du sie unvergänglich an. - - - - Glaube mir, William - denn sieh': ich habe den Mond nicht zerbrochen. Unversehrt ist der Kreis seines Lichts, das sich wieder vollendete.
(B. 3, S. 427)

Der erste Textauszug stammt aus dem 1. Akt, kurz vor dem Abschied im Palmenpavillon. Rosamunde beschwört William und verlangt danach, mit ihm einen symbolischen Akt durchzuführen, indem sie gemeinsam einen Kreis ziehen und sich verbinden, um ihre Liebe vor jeglicher Außenkraft abzuschirmen. Das gleiche Ritual wiederholt sie im letzten Akt allein am letzten Abend vor der Hinrichtung in der Zelle, wie der zweite Textauszug zeigt. Sie flüstert beim Betrachten des Vollmonds zu ihrem Geliebten und kehrt in ihrer Vorstellungswelt zu der Zeit und dem Raum im Palmenpavillon zurück. Ihre Wirklichkeit ist nicht mehr der Raum, in dem sie sich befindet, das Gefängnis, sondern die Welt, in der die paradiesische Vollkommenheit der Liebe begonnen hat und jetzt enden soll.

Zu den unterschiedlich wahrnehmbaren zwei Welten von Rosamunde hat eine Studie von Myrina Williams, die sich mit den Frauenfiguren in Kaisers Dramen unter dem Titel *The role of the woman in the works of Georg Kaiser* beschäftigt, einen interessanten Aspekt eingebracht. Sie teilt grundsätzlich Rosamundes Welt in zwei Welten. Die eine ist die eigentliche, „which is the world of her love", die zweite ist die „external reality or `das Schlammeer´."[117] Ausgehend von der Annahme zweier Welten argumentiert Williams, daß sie sich von Anfang an dieser Grundverschiedenheiten der beiden Realitäten tief bewußt war und daher ihr tragisches Schicksal ohne Vorbehalt anzunehmen bereit ist:

> for Rosamunde is aware of the separate realities; it is this unconscious realization which enables her to keep them at oddes with one another. She foresees instinctively the clash between illusion and reality and is herself responsible for arresting it before a conflict develops. She controls the dialectic rather than adapting to it and by her own standards does achieve her goal.[118]

Die symbolische Beziehung zwischen Natur und Rosamunde wird durch den Einklang der Naturhaftigkeit ihres inneren Lebens und das daraus folgende Auf-sich-Nehmen ihres äußeren Schicksals hervorgehoben. Sie, als ein Teil der Natur, ist als ein der Landschaft zugehöriges und als ein stilles Naturwesen dargestellt. Die unmittelbare Bezugnahme auf die Blumen- und Pflanzen-Welt äußert sich unverkennbar in der Metaphorik ihres Namen. Auch ihre Liebe zu William kann als eine Äußerung ihrer wahren Natürlichkeit interpretiert werden. Dazu zählen ihre heilige, erotisch-weibliche Liebe, kindliche Naivität, Fruchtbarkeit und Mütterlichkeit.

Hier kann das Verhältnis zwischen Frau und Natur in *Rosamunde Floris* durch den Vergleich mit Hauptmanns naturalistischem Drama *Rose Bernd* verdeutlicht werden.

---

[117] Williams, Myrina: The role of the woman in the works of Georg Kaiser. Edmonton 1965. S. 75.
[118] M. Williams 1965, S. 76.

144

Rose Bernd, Schauspiel in 5 Akten, gehört zu den sozialen Dramen Gerhart Hauptmanns. Die konkrete Veranlassung zu diesem Stück war die Teilnahme des Dramatikers an einem Schwurgerichtsverfahren in Hirschberg am 15. April 1903 gegen eine Landarbeiterin wegen Meineides und Kindsmordes.[119] Hauptmann übernimmt den Kindsmord als Hauptmotiv in sein Drama. So wie der Strafprozeß mit einem Freispruch für die Angeklagte ausgegangen ist, wollte das Drama eine veränderte Einstellung zu den Gesellschaftsnormen vermitteln. Dabei besteht sein Anliegen eher darin, die Tragik der Figur und das Opfer Rose als die sozialen Mißstände und Vorurteile hervorzuheben. Rose wird als Opfer der Triebe, der sie umgebenden Männer und der Umwelt dargestellt. Sie besitzt nicht einmal die Freiheit, sich von Zwang und Druck zu befreien und eine freie Entscheidung zu treffen. Ihr Schicksal wird zum Sinnbild einer Welt, die nach dem Entweder-Oder-Schema entscheidet. Hans Joachim Schrimpf sieht die Ursache der Katastrophe in den fundamentalen Grundtrieben des Menschen:

> Sie liegen in einem unbegreiflichen Schicksal, das über sein Opfer hereinbricht, indem es sich menschlicher Elementarantriebe bedient, die sich wechselseitig ausschließen, aber doch zerstörerisch aufeinander zugeordnet sind. Die soziale Wirklichkeit, Herkunft, Milieu, äußere Verhältnisse sind dabei nur das Medium, durch das dieses dunkle Schicksal es-haft hindurch handelt („Itze is halt was ieber uns alle gekomm") und in dem sich verwirklicht.[120]

In den meisten früheren Forschungen wird das Drama *Rose Bernd* der Traditionslinie der Kindsmörderinnen-Dramen zugeordnet, zu denen die Dramen von Wagner, Goethe und Hebbel gehören.[121] Die traditionelle Hauptform des bürgerlichen Trauerspiels findet seinen Konflikt im Widerspruch zwischen erotischer

---

[119] Vgl. Peter Sprengel: Gerhart Hauptmann. Epoche-Werk-Wirkung. München 1984. S. 129-130.
[120] Schrimpf, Hans Joachim: Hauptmann. Rose Bernd. In: Das deutsche Drama vom Barock bis zur Gegenwart. Hrsg. von B. v. Wiese. Bd. 2. Düsseldorf 1958. S. 173.
[121] H. J. Schrimpf betrachtet `Rose Bernd` als Fortsetzung der literarischen Tradition des bürgerlichen Trauerspiels, das auf Lessing, Schiller und Hebbel zurückgeht. Dennoch gelingt es Schrimpf, im Vergleich zu zeigen, daß sich das naturalistische Drama `Rose Bernd` von der extremen Sozialkritik des Wagnerschen Stücks und der Determiniertheit des Milieus im Hebbelschen Werk abgrenzt: "Es wird nach allem nicht mehr verwundern, wenn wir feststellen müssen, daß Hauptmanns Kindsmord-Tragödie in einem viel eingeschränkteren Sinne soziales Drama ist als das Trauerspiel H. L. Wagners oder Hebbels >Maria Magdalena<." S. 173.

Neigung und bürgerlicher Tugend und endet mit der Ermordung oder dem Selbstmord der tragischen Hauptfigur. Aber wenn man darauf achtet, daß die naturalistischen Dramen überwiegend auf die Form des Familiendramas zurückgreifen und die Funktion der Familie als ein entscheidender Faktor des Konflikts längst verloren gegangen ist, sollte man das soziale Drama *Rose Bernd* von dem bürgerlichen Trauerspiel abgrenzen. Vor allem ist hier gar nicht von ethischen Werten der bürgerlichen Familie die Rede. Im Zusammenhang mit Kindsmörderinnen-Dramen lehnt Peter Sprengel eine Ähnlichkeit von *Rose Bernd* mit dem bürgerlichen Trauerspiel ab und bringt eine soziologische, ökonomische Perspektive in die Werkanalyse ein: „denn der übereinstimmende Befund der naturalistischen Familiendramen ist die Zerstörung der Institution Familie durch die verschiedensten Faktoren, vor allem aber durch das Prinzip allgemeiner Käuflichkeit."[122] Die Fragestellung, ob *Rose Bernd* zur Traditionslinie des bürgerlichen Trauerspiels gehört, hängt von der Bestimmung des dramatischen Konflikts ab. Die Tragik entsteht durch die Ausweglosigkeit und Unausweichlichkeit der gegebenen Situation, begrenzt sich jedoch auf Roses persönliches Unglück - wenn man dies so deutlich sagen darf. Dazu gehört auch der Verlust an Bedeutung der Familie und des Einflusses des Familienoberhauptes im Hinblick auf die Lösung des Konfliktes.

Rose Bernd thematisiert auch ihre Naturhaftigkeit in sozialkritischer Perspektive. Die Schönheit der fruchtbaren Landschaft und deren Bildlichkeit werden in den ausführlichen Szenenbildern im 1. und 3. Akt beschrieben. Diese Naturbilder bedienen sich der charakteristischen Darstellung eines idyllischen Schauplatzes und übertragen die symbolische Funktion der Natur auf die Hauptfigur Rose. Ihre äußere Erscheinung, „kräftig und gesund", paßt zu der wuchernden Blumen- und Pflanzenwelt des Schauplatzes, und ihr Name deutet direkt auf den Bezug zur Natur hin. Sicherlich dient diese minuziöse Beschreibung der freien Natur, die für das naturalistische Drama charakteristisch ist, der möglichst exakten Nachahmung der Wirklichkeit und der beschränkten Handlungsfähigkeit der Figuren. Die Schauplätze fungieren bei den naturalistischen Menschen als Determinationsfaktoren der sozialen Verhältnisse. Roses Tragik resultiert aus ihrem Verhältnis zu den Männern und der

---

[122] P. Sprengel 1984, S. 131f.

Umwelt. Dabei stellen sich die Männer und das Milieu als absolute Gegenwelt zu Roses Naturwelt dar.

Ihr Schicksal beginnt mit ihrem Verhältnis zu den Männern. Sie liebt einen Mann, der verheiratet ist. Die Beziehung mit ihm muß geheim bleiben. Gleichzeitig ist sie mit einem Mann verlobt, den sie nicht liebt. Von einem dritten Mann wird sie verfolgt und erpreßt und schließlich in die unumkehrbare Katastrophe gestürzt. Wenn sie mit der Natur gleichgesetzt ist, treten die Männer außer ihrem Verlobten als Vertreter der naturfeindlichen Welt auf. Der Geliebte Flamm, der Besitzer der Erbscholtisei, tritt im 1. Akt in Jäger-Kleidung auf. Er jagt Tiere im Wald und verkehrt auch mit Rose auf der Ebene seiner Triebsucht. Für ihn ist das Liebesverhältnis keine gleichberechtigte Partnerschaft, sondern Gewinn und Sieg des Stärkeren über den Schwächeren. Der zweite Mann heißt Streckmann und ist Maschinist. Eine Gelegenheit nutzend gelingt es ihm, das geheime Liebesverhältnis zwischen Rose und Flamm zu belauschen und Rose zur Befriedigung seines Bedürfnisses zu mißbrauchen. Die konstitutive Bedeutung des Jagd-Motivs belegt auch die 1895/96 vom Autor gemachte Notiz: „Die Magd, auf die Herr und Inspektor Jagd machen."[123] Das Jagd-Motiv spielt hier die entscheidende Rolle für Roses Schicksal. Denn das Verhältnis Roses zu den Männern wird als das von Gejagter und Jägern bestimmt und sie wird dabei zum Opfer der Jäger. Vor Streckmann gibt sie jedoch ihre Duldsamkeit auf und stößt einen erbärmlichen Schrei aus:

> Rose: Schubiack! Schuft! Was hust du jetzt noch um mich rumzuschnuppern? Wer bist du? Wer sein Sie? Was hätt ich gemacht? Du hast dich an meine Fersen gehängt! Du hast mich gehetzt. . . ei de Heechsen gebissa. Schuft! Schlimmer als wie a Fleescherhund! (B. 2, S. 227)[124]

Die Tötung des Kindes, die ohne anschauliche Beschreibung zwischen dem 4. und 5. Akt geschieht, kennzeichnet den Höhepunkt des Dramas und die Wendung der

---

[123] Vgl. Sprengel 1984, S. 129f.
[124] Zitiert wird aus der Centenar-Ausgabe. Gerhart Hauptmann: Sämtliche Werke. Hrsg. von Hans-Egon Hass. Frankfurt a. M. 1965.

dramatischen Spannung. Mit und nach dem Mord des eigenen Kindes verändert sich Rose. Sie wird nicht mehr von Druck und Zwang gequält und fürchtet weder Familie noch Umwelt. Sie gesteht die Mordtat an dem Kind dem Vater und ihrem Verlobten. Sie drückt die neu gewonnenen Erkenntnisse mit Hilfe der Metapher des Kämmerchens aus. Ihr ist jetzt klar, worunter sie so lange leiden mußte:

> Rose: Voater! - Ich lebe! - Ich sitze hier! - Das iis was! - Das heeßt was, daß ich hier sitze! Ich dächte, Voater, Sie mißten das sen! Das iis ane Welt... da sei Sie verunka... da kinn Sie mer nischt nimeh antun dahier! O Jees, ei een kleen Kämmerla lebt ihr mitnander! Ihr wißt nischt, was außern der Kammer geschieht! Ich wiß! ei Krämpfen hab' ich's gelernt! Da is... ich weeß ni... all's von mir gewichen... als wie Mauer um Mauer immerzu - und da stand ich drauß'n, im ganz'Gewitter - und nischt mehr war unter und ieber mir - da seid ihr de reenst'n kleen Kinder dagegen. (B. 2, S. 255)
>
> [...] Alle Männer warn hinter mir her! ... Ich hab' mich versteckt... Ich hab' mich gefircht! Ich hab' solche Angst vor a Männern gehabt! ... 's half nischt, 's ward immer schlimmer dahier! Hernach bin ich von Schlinge zu Schlinge getreten, daß ich gar ni bin mehr zur Besinnung gekommen. (B. 2, S. 256)

Rose, die durch das lange Schweigen bzw. Leugnen in eine ausweglose Situation getrieben worden ist, bricht aus und klagt die Umwelt und die Mitmenschen wegen ihrer Einengung und deren Intoleranz an. In ihren Aussagen sprengt sie die Enge der kleinbürgerlich-beschränkten, selbstgerechten Welt und eröffnet Einblicke in eine tiefere, offene Welt.

Ein weiteres Charakteristikum des *Rose Bernd* betrifft die sprachliche Gestaltung. In der Untersuchung der Dialogstrukturen weist Lore Lucas auf Hauptmanns Verwendung des Dialekts hin: „Hauptmann setzt die Mundart einerseits als Mittel zur Gestaltung des natürlichen Sprechens ein. Andererseits differenziert er den Dialekt durch mehr oder minder starkes Abweichen von der Hochsprache und kennzeichnet darin soziale Stufungen der Szenenpersonen."[125] In *Rose Bernd* herrscht der Dialekt in der Gestaltung der Dialoge vor. Das Spektrum des Dialekts reicht von der derbsten Mundart bis zu einer dem Hochdeutsch angenäherten Umgangssprache und spiegelt je nach Sprechart die unterschiedlichen sozialen Schichten der Figuren und individuelle und situationsbedingte Besonderheiten wider. Zur Sprechgruppe des puren Dialekts gehören Knechte, Mägde, Streckmann, der alte Bernd und Rose. Der Rest der Figuren spricht eine angenäherte Umgangssprache. Auf die individuelle Sprechart aller Figuren kann hier nicht eingegangen werden, jedoch auf Roses Sprache. Ihre Sprache ist von einem starken Ausdruck ihrer Willenskraft geprägt, indem sie mit lapidaren Sätzen das Unwiderrufliche ihres Entschlusses bekräftigt. In immer mit „Ich" beginnenden Sätzen spiegelt sich ihr Durchsetzungswille sich selbst und ihrem Gesprächpartner gegenüber wider. Aus dem Zitat oben (B. 2, S. 255f.), läßt sich der mimische und gestische Charakter ihrer Sprache ablesen. In extremen Situationen und Augenblicken, wo ihre Emotionen und Gefühle überkochen, versagt die verbale Sprache, was die Häufung der Markierungszeichen wie Pünktchen und Ausrufezeichen unterstreicht. Das Versagen ihrer Sprache in Konflikt- und Problemsituationen und die ersatzweise Verwendung pantomimischer Gesten fordern eine plausible Erklärung. Diese Art der Dialogführung zwischen den Gesprächspartnern deutet auf eine nicht argumentative Auseinandersetzung hin. Die Beteiligten setzen sich nicht einmal zusammen, um Gedanken auszutauschen und die Ursache des Konflikts herauszufinden. Es finden keine ernsthaften Überlegungen und Anstrengungen zur Problemlösung von Seiten der Beteiligten oder der Familienangehörigen statt, bevor der Schicksalsschlag am Ende allein Rose trifft und die anderen erst nach dem tragischen Ereignis zur Einsicht gelangen. Offensichtlich wollte Hauptmann mit einem solchen Ende die rigiden Normen der Gesellschaft kritisieren, worauf Sprengel hinweist: „Insofern Roses Tragik durch die

---

[125] Lucas, Lore: Dialogstrukturen und ihre szenischen Elemente im deutschsprachigen Drama des 20. Jahrhunderts. Bonn 1969. S. 68.

Diskriminierung außerehelicher Sexualität bedingt ist, muß Hauptmanns Drama als Plädoyer für eine freiere Sexualmoral und insbesondere für eine Rehabilitation der ledigen Mutter verstanden werden."[126]

Die Unterschiede zwischen Hauptmanns Rose und Kaisers Rosamunde kann man als eine Stufung zwischen Vormoderne und Moderne bezeichnen. In *Rose Bernd* spiegelt sich die frühe Phase der Industrialisierung und die daraus folgende Veränderung der Familien- und Gesellschaftsstruktur. Hier werden traditionelle Werte und Moral auf den Prüfstand gestellt, und die in einer Zwischenphase stehenden Menschen verlieren ihre Orientierungslinie und schwanken zwischen Ethik und Freiheit. Rose wird in eine Konfliktsituation hineingetrieben, ohne daß sie die Gelegenheit hat, sich dagegen zu wehren. Sie ist von Anfang an auf ihr Milieu fixiert. Demgegenüber spielen ethische und moralische Werturteile in Kaisers *Rosamunde Floris* keine Rolle; der Glaube an die Familienehre und die Sittlichkeit der Gesellschaft hinterläßt keine Spuren. Rose muß ihre Beziehung zu Flamm vor ihrem Vater und allen Vertrauten geheimhalten, weil ein Verhältnis mit einem verheirateten Mann streng tabuisiert ist. Zusätzlich muß sie bitter erfahren, wie Liebe in Verachtung und Haß umschlägt. Sie denkt aus ihrem Schuldgefühl heraus an einen Weg, den gefallene Mädchen vor ihr immer gegangen sind: „s' beste wär schon, ins Wasser mit mir!" Mit ihren Vorwürfen gegen sich selbst steht vor allem die Schuldfrage im Vordergrund. Die Gesellschaft, die den Menschen von seinem Milieu abhängig macht und die ihm keinen Raum für Selbstbestimmung läßt, kann an allem schuldig sein, und der Einzelmensch bleibt unschuldig. Rose ist zu dem Kindsmord gezwungen, um zu überleben. Die Tragik Roses liegt daher nicht in dem Kindsmord, sondern entspringt daraus, daß sie weder den Wunsch nach Veränderungen hat noch absolute Liebe zu dem Mann empfindet, für den sie sogar mit ihrem Leben bezahlen muß. Am Ende bleiben die Lebenszustände Roses, die als unveränderlich fatalistisch betrachtet werden müssen.

Nach den bisherigen Beobachtungen kann man feststellen, daß Rose mehr oder weniger dem naturalistischen Menschenbild entspricht. Sie ist weder eine radikale noch eine ihrer inneren Stimme folgende tapfere Frau. Sie ist als ein psychisch und

---

[126] P. Sprengel 1984, S. 137.

sozial bedingtes weibliches Wesen dargestellt, das auf einen minimalen Handlungsspielraum beschränkt ist.

4. Kaisers späte Schaffensperiode und sein Exil

In den frühen, expressionistischen Dramen Kaisers stehen der Appell an die Ratio und die Erneuerung der Menschen im Zentrum, auch wenn dies unter verschiedenen Perspektiven dargestellt ist. Die Dramenfiguren als Doppelgänger und Ideenträger Kaisers geben in dynamischer Rede und Gegenrede gedankliche Anstöße und versuchen, einzelne Menschen zur Umkehr zu bewegen. Kaiser greift diese Erneuerungsthematik in den frühen und späten Dramen immer wieder auf. Der späte Kaiser beschäftigt sich stärker mit den zeitgenössischen Problemen und entwickelt dabei Visionen für diese Welt.

Die späten Dramen, die in diesem Kapitel behandelt werden, entstehen in dem Zeitraum zwischen 1937/38 und 1945. Die Erneuerungs- und Liebesthematik dieser späten Phase kann im Zusammenhang mit dem Exil gesehen werden, in dem Kaiser sich intensiv mit der Realität auseinandersetzen muß. Infolge der Machtergreifung der Nationalsozialisten wird die Inszenierung seiner Dramen in manchen Städten verboten oder einer strengen Zensur unterworfen. Schon in *Die Zukunft der deutschen Bühne* (1917) äußert Kaiser großen Unmut über die Bühnenzensur und fordert eine Neudefinition des Theaters als Kampfplatz:

> Begreifen wir doch alle: die Schaubühne ist keine moralische Anstalt -
> sie ist ein Kampfplatz. Die Erniedrigung des Theaters zur Unterhaltungs-
> und Vergnügungsstätte (in jedem Sinne) hat die Bühnenzensur zu zwei
> Dritteln verschuldet. Die Unterbindung des Streites im Geiste wird immer
> weiter in die Herrschaft der Fäuste führen: der edle Kampf, der erlöst
> und erhebt, wird verboten zugunsten jeder bösen und unfruchtbaren
> Rauferei. Nur der Kampf in dieser höchsten Form ist moralisch - Den
> Durchbruch zu dieser Moral erwarte ich vom Theater, das keine Zensur
> kennt.[127]

---

[127] G. Kaiser Werke. 4, S. 545f.

Seine Ermahnungen bleiben ohne Wirkung und seine Befürchtungen werden im Nazi-Deutschland Realität. Deswegen muß er sich für das Exil in der Schweiz entschließen. Während der Exilzeit in der Schweiz lebt er in Anonymität und Abgeschiedenheit, ein Zustand, mit dem er sich bis zu seinem Tod nicht abfinden kann. Die Ehre und Anerkennung als großer Exil-Autor bleibt ihm versagt. Die Schweizer Behörden verweigern ihm nicht selten einen weiteren Aufenthalt. Sie überwachen streng die Emigranten, die in der Schweiz unter elenden Umständen leben. Kaiser empfindet dies als würdelose Menschenverachtung und erwägt, nach Amerika auszuwandern. Die US-Behörden verweigern ihm aber die Einreise, weil er die erforderlichen Dokummente [seinen Ehe- und Geburtsscheine der Kinder] mangels Geld nicht nachträglich beschaffen kann. Auch das Desinteresse der Öffentlichkeit und des Bekanntenkreises trägt zu seiner Verschlossenheit bei. Mit vollem Selbstbewußtsein schafft er sich in immer stärkerem Maße eine Gegenrealität. Die einzigen Lebensbegleiter werden für ihn die großen Figuren seiner Dramen. Er erklärt in einem Brief an Caesar von Arx vom 12. 12. 1941:

Ich hatte mein Werk. Und wo mir die Menschen fehlten, da umstanden mich die Gestalten meines Werks - und es war eine stolze Gesellschaft. Es waren die Bürger von Calais da und es war der bankräuberische Kassierer da - und es wird ungestaltet Simone Francœur dasein, die nur ein geheimnisvoller Hauch blieb und ein Trost in meinen stillen Jahren sein kann, wenn sie mir noch gewährt sind - wenn ich zu solchem Tod im Leben verflucht bin.[128]

Die ihn lebenslänglich begleitenden materiellen Nöte und die einsame Exilzeit kosten ihn Kraft, aber seine dichterische Leidenschaft verliert er darüber nicht.

In Kaisers Exilzeit zwischen 1938 und 1945 entstehen 27 dramatische Skizzen, die hauptsächlich sozialkritische und antikriegerische Probleme thematisieren. Not und Elend des Krieges muß der vereinsamte Dichter erleben. Ihm ist bewußt, welche Spuren der Krieg hinterläßt. Er will mit Hilfe seiner Dichtung den Zeitgenossen und den Nachkommen Argumente gegen den Krieg liefern. Aus

---

[128] Kaiser, Georg: Briefe. Hrsg. von Gesa M. Valk. Frankfurt a. M. 1980. S. 687.

Verantwortungsbewußtsein greift der späte Kaiser abermals auf das Grundthema seiner Dramen zurück: Die Erneuerung des Menschen. Da das Leben durch den Krieg in höchste Gefahr geraten ist und Leib und Seele der Menschen gefährdet sind, schreibt der Dramatiker im Exil viele Liebes- und Antikriegsdramen, in denen die Einzelnen die Grenzen untereinander und die Grenzen zwischen Mensch und Gott durchbrechen. Menschenliebe und Lebensphilosophie geben ihm immer wieder Antrieb zu neuen Formen des Gestaltens. Als Dramatiker bedient er sich einer romanhaften Dramenform und gestaltet von zukunftsweisenden Ideen erfüllte Figuren.

In dem letzten unvollendeten Drama *Oktobernacht* formt Kaiser die Frauenfigur Simone Francœur. In ihr will er seine veränderte Lebensphilosophie zum Ausdruck bringen, die aus unerklärten Gründen nicht in Erfüllung geht. Seine armselige Situation im Exil und „die Roheit des Lebens" soll die Figur Simone Francœur „in Glanz und Liebe auflösen". In der zarten Mädchen-Figur wird seine Vision über die Weltverbesserung konzipiert, in der aber auch eine gewisse Ermüdung gegenüber seinem Dichten und Leben nicht zu verbergen ist. Darüber äußert er sich in einem Brief vom 9. 9. 1941 mit großer Nüchternheit:

> In Nebel war heute der Morgen gehüllt, als ich aufbrach. Ich stieg den gewundenen Steg nach Sierre hinab. Auf halber Hanghöhe brach der blauste Himmel auf und schenkte die Sonne. Ich lief ohne Ermüdung den langen Weg - begleitet von Simone Francœr, die mich nun nicht mehr verlässt. Ich bin nicht mehr allein.
> Ich war furchtbar allein in den letzten Monaten. Ich fühlte mich verraten von aller Welt. Ich stiess die Welt schon halb zurück und wollte vergehen - da erschien sie: Simone Francœur."[129]

Die späten Dramen thematisieren Verzweiflung, Verseinsamung und Verarmung von Männern und Frauen in der Kriegszeit und zugleich Stärke und Tiefe der Liebesbindung. In ihnen sind die Frauen von der Vorstellung der zeitlichen und räumlichen Einengung befreit und leben in ihrer eigenen, irrealen Welt. Sie sind

---

[129] G. Kaiser Briefe, S. 650.

beschützt vor der bedrohlichen Außenwelt, die sie mit Kälte, Vereinsamung und Unsicherheit überfällt. Bestimmend für diese Frauen ist die Pflanzenwelt in der freien Natur und auch im exotischen Gewächshaus, die als szenischer Hintergrund sowie als Zeichen einer kosmischen Ordnung fungiert. Die dominante Bedeutung der Natur in den späten Frauendramen ist sicherlich auch durch Kaisers direktes Naturerleben in einer üppigen Naturumgebung inspiriert, z. B. in Grünheide bei Berlin, Engelberg, Zürich, St. Moritz und zuletzt in Ascona.

Kaisers späte Dramen behandeln vier Themen: Soziale und politische Brennpunkte, die irreale Welt der absoluten Liebe und Existenzfragen im künstlerischen Milieu. Die zeitgenössischen Themen werfen die Fragen auf, wie sich die Frauengestalten in den späten Dramen von denen der frühen Dramen unterscheiden und welche Gemeinsamkeiten zu finden sind.

Drei verschiedene Frauentypen müssen in den späten Dramen Kaisers unterschieden werden. Erstens bestimmt das Wesen seiner späten Frauenfiguren Selbstlosigkeit, opfernde Hingabe und stille Verinnerlichung. Zweitens gehören sinnliche Triebhaftigkeit und wilde Leidenschaft zu den grausamen, mörderischen Frauen. Drittens gehört die vollkommene Hingabe der Müttergestalten zum Charakteristikum der späten Frauengestalten. Ihre tiefgründige Liebe zu den Männern wird durch die Schwangerschaft erfüllt, die durch Anlehnen Schutz sucht. Mütter bleiben bei ihren Kindern bis zum Lebensende; sinnliche Frauen gehen immer dem Liebesglück nach.

In diesem Teil werden Frauenfiguren mit gemeinsamen Merkmalen und Zielen betrachtet. Daher liegt der Schwerpunkt stärker auf der Herausarbeitung von Ähnlichkeiten in den vier Dramen - *Gärtner von Toulouse*, *Alain und Elise*, *Agnete* und zuletzt *Die Spieldose* - als auf genauer Textanalyse. Diese Dramen werden ausgewählt, weil in ihnen absolute mystische Liebesentwürfe als Visionen des neuen Menschen besonders ausgedrückt werden.

4.1 Treibhaussymbol für die reine Liebeswelt

In Kaisers späten Dramen sind häufig Egoismus und extremer Subjektivismus der Hauptfiguren zu finden. Er führt einen Menschentypus vor, dessen Lebens- und Liebesbegriff nicht mit harmonischer Einheit vereinbar ist. Der Mensch verlangt zum einen absolute Liebe und Reinheit von dem Liebespartner und nimmt zum andern zugunsten seiner mit Eigenliebe verbundenen Liebesmystik das mörderische Verbrechen in Kauf. Er akzeptiert nicht die Schwäche oder die dunkle Vergangenheit seines Liebespartners bzw. Liebespartnerin mit gütiger Gelassenheit und Selbstüberwindung, sondern läßt Konsequenzen aus von diesen begangenen Verfehlungen zu. Das grauenhaft verzerrende Liebesverhältnis tritt in *Gärtner von Toulouse* (1937/38) und *Alain und Elise* (1937/38) in 'irrationale' Erscheinung. In diesen Dramen feiern extrem ich-bezogene Figuren über einen Mord hinaus bis zum irreal ausgehenden Schluß ihren Sieg, der absurd und nicht einleuchtend scheint. Darüber hinaus stellt sich dar, daß nicht nur eine Frau als Träger der absoluten Liebe fungiert, sondern auch wie in *Gärtner von Toulouse* ein Mann.

Der junge Gärtner François nimmt Janine zur Ehefrau, der er zufällig in einer Arbeitsvermittlungsstelle begegnet ist. Er heiratet sie, um die Gärtnerstelle zu bekommen, weiß aber nicht, daß sie früher in einem Bordell gearbeitet hat. Die Ehe des Gärtnerpaars ist glücklich, bis die Villenbesitzerin Frau Téophot, die frühere Arbeitgeberin von Janine, im Treibhaus erscheint und durch die Enthüllung von Janines vergangenem Leben den idyllischen Frieden des Treibhauses stört. François lernt Frau Téophot im Garten kennen, wo sie sich ihm in geschlechtlicher Triebhaftigkeit aufdrängt. Er erwürgt schließlich die Verführerin und läßt seine Frau für den Mord büßen, den er selbst begangen hat. Janine nimmt die Tat aus Liebe zu ihrem Gatten auf sich. Der zynische Ausgang des Dramas wird in einem Schlußbild beschrieben, in dem François Janine allein läßt und weiter in seinem Paradiesgarten arbeitet.

Die beiden Hauptgestalten, François und Janine, wollen einen neuen Anfang in ihrem Leben. Janine zieht einen Schlußstrich unter ihre Vergangenheit, indem sie nach der Heirat mit François als Näherin arbeitet. Der Gärtner François sucht das reine, harmonische Leben im Reich einer idealisierten Pflanzenwelt:

François: Ich wurde deshalb Gärtner. Es zog mich zu den Pflanzen. Ich fühlte mich dem Geheimnis näher, wie Pflanzen fühlen. Wir Menschen wissen zu viel. Wir sind doch zu beweglich. Ohne Wurzeln, die uns verhindern herumzuschweifen. Das ist unser Fluch. Der Fluch von Tier und Wurm, der von der Höhle wegkriecht, wo er geboren ist. Zum andern Wurm, der sich im Staube wälzt. Doch Pflanzen stehn auf ihren Wurzeln überm Staub!

Janine: Und - Menschen nicht?

François: Menschen - - - Ich folgte einmal andern Burschen in das verrufene Viertel von Toulouse. [. . .] Was ich erlebte - ich selbst erlebte nichts, ich faßte keins von diesen Mädchen an - ich brachte nur ein schallendes Gelächter fertig, so schämte ich mich für die andern, die das - - - - Wenn das noch Menschen waren - die einen wie die andern - von männlichem und weiblichem Geschlecht - und ausnahmslos bereit zu jedem Frevel mit ihrem Körper - aussätziger als ihn die Pest verderben kann - - Wo sind denn Ströme Wassers, die das abwaschen, wie sie sich beschmutzen?

Janine: *Bast abschneidend.* Vergiß das, François.

François: Vergessen - - Davon muß man sich heilen. Flüchten zu den Pflanzen. Nur bei den Pflanzen gelingt es - gelang es mir. Allmählich erst. Ich sah nur noch die Pflanzen.

(B. 3, S. 515f.)

Seine Liebesvorstellung hat in der Welt der menschlichen Beziehungen keine Gültigkeit. Es herrscht die körperliche, sinnliche Liebe zwischen Mann und Frau vor, die er aus seiner einmaligen Erfahrung in einem Bordell als heillos empfindet. In der Pflanzenwelt dagegen gilt die Naturordnung: Wachsen und Vergehen - Stille, Reinheit und Ursprünglichkeit. François ist besessen von der von ihm idealisierten Pflanzenwelt als seinem Paradies auf Erden. Er fühlt sich so stark zu den Pflanzen hingezogen, daß er allein für die paradiesische Pflanzenwelt, abgeschlossen von der Außenwelt, leben würde. Seine Liebe zu Janine hält deshalb nach Manfred Kuxdorf solange an, „wie sie seinem Reinheitsideal entspricht."[130]

Das anfängliche, friedliche Miteinander-Leben von François und Janine ist jedoch auf der Lüge aufgebaut. Es gab keinen Anlaß, nach dem vergangenen Leben zu fragen. Aber mit dem Eintritt der Villenbesitzerin in den paradiesischen Garten beginnt der dramatische Konflikt. Den Konflikt der beiden gegensätzlichen Frauenfiguren formuliert Kaiser in einem Brief:

> Es spielt sich zwischen einer Dirne, die einem südamerikanischen Bordell entronnen ist - einer Bordellbesitzerin, die hier in Toulouse jene Dirne wiedertrifft, die einen ahnungslosen jungen Gärtner geheiratet hat. [...] Da krachts es - da wird deutlich gesprochen - da wird der Mensch aufgeblättert - da wird keine Gnade geübt - da wird konsequente Dramatik vollzogen.[131]

Frau Téophot will Janine aus dem Garten vertreiben. Mit List setzt die Villenbesitzerin alles daran, den Gärtner zu verführen. Sie bietet Janine Geld an, damit sie ihren Ehemann verläßt, doch freiwillig will Janine nicht auf ihren Mann verzichten. So beginnt der Zweikampf der Frauenfiguren um den schönen jungen Mann, ein Duell um den Besitz eines Mannes, von dem Frau Téophot mit Triebhaftigkeit und sinnlicher Liebe besessen ist, während Janine mit Hingabe und Treue das Recht auf ihn aufrechterhalten will:

---

[130] Kuxdorf, Manfred: Die Suche nach dem Menschen im Drama Georg Kaisers. Frankfurt a. M. 1971. S. 69.
[131] G. Kaiser, Briefe 1980, S. 341.

Téophot:	*verzieht spöttisch die Lippen.* Ist das so schrecklich, daß ich ihm gefalle?
Janine:	Ja - schrecklich ist das.
Frau Téophot:	Ein Mensch wie du, Janine - und so empfindlich.
Janine:	Sie wollten auch nicht - -
Frau Téophot:	Was will ich nicht?
Janine:	Ich will mich nicht erinnern. Ein Mann soll mir gehören. Mir ganz allein. Dann weichen auch die andern. Die sind nicht bei mir gewesen. Bei wem sie waren, das wird nie enträtselt. Sonst könnte ich doch nicht an seiner Seite atmen. In seinem mächtigen Schutz. Da schlief ich vor Geburt schon und wurde erst geboren, als er mich an sich nahm. Ich war doch auch ein Baum, der schaukelte im Winde. Jetzt band er mich fest an. An seines Leibes Stütze. Mich stützt er ganz allein. Und wenn der Sturmwind pfeift, dann hält er mich gewaltig fest. Ich schwanke nicht - ich falle nicht - ich kann noch blühn - ich kann noch Früchte tragen!
Frau Téophot:	*sie musternd.* Wahrhaftig - du bist schön. Es wird nicht leicht sein -

(B. 3, S. 539)

Zwei alte Bekannte treffen sich wieder. Die eine hat ihre Lebenseinstellung völlig geändert, die andere nicht: Janine wendet sich von ihrem vergangenen Leben ab und schafft den Übergang in eine normale Ehe. Sie ist den traditionellen Wunschvorstellungen von weiblicher Tugend angepaßt und konzentriert sich auf den Ehemann, bei dem sie sich umsorgt und geschützt fühlt. Hinsichtlich ihrer Vorstellung repräsentiert er Autorität und Superiorität und bestimmt das Herrschaftsverhältnis zwischen Mann und Frau.

Im Gegensatz zu Janines Ansicht erhebt Frau Téophot aus Vergnügungslust und Eitelkeit Anspruch auf Janines Mann. Sie ist sich dessen nicht bewußt, daß sie in das Paradies von François eingedrungen ist und den Frieden des Gartens und des Gärtnerehepaars zerstört. Sie wird schließlich wegen des Schwatzens über Janines zweifelhaftem vergangenem Leben von François ermordet.

Aus Sicht von François kommt es zu dem Mord, weil Janine ihm nicht von ihrer Vergangenheit erzählt. Er schwört treue Liebe zu ihr in seinem 'heiligen, reinen' Garten, aber er möchte nicht auf seine idealisierte Pflanzenwelt verzichten. In ihm herrschen Selbsterhaltungstrieb und extremer Subjektivismus. Für ihn zählt allein die von der triebhaften Menschenwelt abgeschlossene Pflanzenwelt. Darauf folgt, daß er Janine für seinen Mord an der Villenbesitzerin sühnen läßt. Seine Entscheidung akzeptiert Janine und will sich opfern: „ - - - *Sich plötzlich aufrichtend.* François, ich kann auch - in den Fluß gehen!" (B. 3, S. 557) Ihm reicht aber ihre Bereitschaft zur Selbstvernichtung für die Überwindung der Konfliktsituation nicht aus. Er verlangt von ihr, daß sie bekennt, für ihren einzigen, liebsten Mann aus Eifersucht den Mord begangen zu haben:

Janine: *langsam.* Bin ich es, die - - - - ?
François: Ja. Du, Janine.
Janine: - - - - Wie soll - - ich es erklären?
François: Mit deiner Eifersucht. Die dir zuletzt den Sinn verwirrte. Frau Téophot kam in den Pavillon. Sie nannte mich einen jungen Gott - und das vernahmst du.
Janine: Nichts - - mehr?
François: Nein. Nichts mehr.
Janine: Genügt - - das?
François: Für eine Frau, die ihren Mann liebt - - und vorher nie geliebt? *Seine geballten Fäuste sich auf die Brust drückend.* Nur diesen einzigen Mann? Unvergleichlich?

Janine: *nach langer Pause.* Ich will es sagen.

(B. 3, S. 558)

Durch Janines Schuldbekenntnis ist François von seinem gewalttätigen Verbrechen an Frau Téophot entlastet und zieht sich in seine irdisch-überirdische Gärtnerei zurück. Hier stellen sich die Fragen, welche Bedeutung das Treibhaus für den Dichter bzw. François hat, weshalb die Pflanzenwelt für den Gärtner den höchsten Wert hat.

Die mit Blumentöpfen und tropischen Pflanzen überfüllte Treibhausanlage, in der sich die gesamte Handlung abspielt, versinnbildlicht zunächst den sinnlichen, ursprünglichen und naturnahen Raum. In diesem paradiesischen Garten lobt und verherrlicht François die Schöpfung und Vollendung Gottes. Er sieht in der Pflanzenwelt den glücklichen, ruhigen und erdverbundenen Ursprung des Lebens, wobei dieses Leben in einem überirdischen Paradies verwirklicht werden kann. Um seine Idealwelt zu bewahren, sind der Mord an Frau Téophot und die Übertragung seines mörderischen Verbrechens unumgänglich. Allein die Rückkehr in seine Pflanzenwelt ermöglicht seine Schuld an dem Mord zu sühnen und verhindert die zunehmende Schändung der Welt:

François: [. . .] Man soll sie dämpfen - die schweifende Begierde. Fester wurzeln und nach den Pflanzen trachten. Ich riß sie aus - das wurde meine Schuld. Die muß ich sühnen. Peinlich und stumm wie ein Gestrafter. In lohender Sonne stehn - die Pflanzen schützen, daß ihre Blüte nicht beschädigt werde - barfüßig Regenfluten dämmen, daß ihre Wurzeln nicht gelockert werden. Tag und Nacht bereit sein. Reicht ein Leben, um alles zu verrichten? Ich will beizeiten mit dem Werk beginnen! *Er ist aufgestanden.*

(B. 3, S. 559)

Die Pflanzenwelt bedeutet jetzt für ihn die Lokalität, wo er sein Lebenswerk beginnen und fortsetzen will. Sie besteht im Unterschied zur Menschenwelt als Ort der erdfest verwurzelten, absolut reinen Liebe. Janine kann das nicht reparieren. Deshalb will er bei den Pflanzen seine utopische Vorstellung über die Rettung der Welt mittels heilig-reiner Liebe bewahren und verwirklichen. Sein glückliches Leben in dem ruhigen, paradiesischen Urzustand wird über die menschlichen Gesetze gestellt.

Der ungeheuer starke Selbsterhaltungstrieb des Gärtners kann auf die damalige, seelische Lage Kaisers zurückgeführt werden. Anders als die Dramen der zwanziger Jahre zeichnen sich die der dreißiger Jahre durch das intensive Eingehen auf psychologische Konflikte aus. Die Distanzierung vom herrschenden NS-System führt zur Psychologisierung seiner Dramenfiguren. In der Zeit in Grünheide bei Berlin, kurz vor seinem Exil, sieht er sich in einer Zwickmühle. Um sich selbst und die Menschheit aus dem ausweglosen Dunkel herauszuholen, wandert er lange in seiner Seelenwelt und sucht einen Weg nach Zukunft und Hoffnung in der Liebe, dem entscheidenden Bestandteil zur Erneuerung der Menschheit:

> Doch die nichts haben als ihre Liebe ziehen mit unsichtbarem Reichtum beladen in die Wüste der Welt, die sich vor ihren mutig schreitenden Füßen in eine lachende Au verwandeln muß. Unendlicher Schöpfungstag der Welt - Welt im Werden - stets wieder hoffnungsvoller Menschenanfang.[132]

Kaiser sublimiert auch in *Alain und Elise* (1937/38) die Idee der reinen Liebe in dem geistig-erotischen Verhältnis zwischen den beiden Titelgestalten. Die Vollendung der seelisch-harmonischen Liebe im metaphysischen Sinne versinnbildlicht besonders das Schlußbild der Gefangenschaft Alains. Die Mystik in *Alain und Elise* gleicht anderen Liebesdramen wie *Rosamunde Floris* und *Der Gärtner von Toulouse*. Drei Gemeinsamkeiten lassen sich herausheben: *Alain und Elise* entstand wie die beiden anderen Dramen in dem Zeitraum, in dem Kaiser in der ruhigen Naturumgebung von Grünheide seinen leidenden Seelenzustand in verschiedene Liebesdramen

---

[132] Kaiser, Georg: Aufsätze und Aphorismen. 4. Bd. S. 609.

hineinprojiziert, was Spuren von Ich-Besessenheit und Kompromißlosigkeit in seinen Hauptfiguren hinterläßt. Außerdem geht es in allen drei Dramen um die Beschwörung der Liebe in der paradiesischen Pflanzenwelt. Der mit exotischen Gewächsen überfüllte Glaspavillon spielt eine wichtige, symbolische Rolle angesichts des Liebesbekenntnisses der Protagonisten. Tropisches Klima und Farbenpracht in dem Gewächshaus heben die von der Außenwelt abgeschiedene Verschlossenheit hervor, die durch die Gegensätze von Wärme und Kälte, Innenwelt und Außenwelt, Licht und Dunkel verstärkt wird. Als letztes begehen alle Hauptfiguren der drei Dramen einen Mord, um ihren eisernen Willen durchzusetzen.

Alain Veniot malt ein Porträt von Elise im Auftrag ihres Mannes, des Fabrikanten Dapperre. Er ist höchst begeistert von der meisterhaft gelungenen Arbeit und lehnt daher das vereinbarte Honorar ab, das ihm Herr Dapperre nach der Fertigstellung des Porträts anbietet. Er möchte seine Malarbeit nicht durch Geld entwerten lassen. Der Grund dafür ist, daß er während der Malarbeit eine kühne Eingebung für ein nächstes Bild hat. Er kehrt eilig in sein Atelier nach Paris zurück. Gleich darauf kommt Elise, die sich zu Alain hingezogen fühlt. Sie ist maßlos enttäuscht, weil sich Alain nur in seine Künstlerwelt vertieft und kaum Interesse an ihr zeigt. Wieder nach Hause zurückgekehrt belauscht sie ein Zwiegespräch zwischen ihrem Mann und Alain. Versteckt hinter der Tür erschießt sie ihren Mann und schiebt dem ahnungslosen Alain den Revolver zu, der in diesem Moment nicht begreift, was geschieht. Vor der Dienerschaft wird Alain von Elise als Mörder behandelt. Die Polizei verhaftet ihn. Obwohl er unschuldig ist, verrät er Elise während des langen Vernehmungsprozesses nicht. Er wird verurteilt.

Die Form der mystischen Liebe zwischen Alain und Elise gestaltet sich anders als die in *Rosamunde Floris*, obwohl die beiden Frauen in ihrer intensiven, absoluten Liebe zu ihren Männern Gemeinsamkeiten haben. Elise und Rosamunde versuchen ihr Ziel instinktiv und mit eisernem Willen zu erreichen. Dafür nehmen sie auch einen Mord in Kauf. In sozialer Hinsicht sind sie elternlos aufgewachsen. Deshalb suchen sie Geborgenheit in einer absoluten Liebe, in der sie Wärme empfinden, während die Außenwelt für sie Kälte bedeutet:

Elise: [...] Alain Veniot war nur der Bote. Ich fühlte!
- - Doch wußte ich zugleich, daß die Flamme,
die entbrannt war, sich nähren mußte, um nicht
zu verlöschen. Sonst dringt das Eis von neuem
an und kältet diese Erde. Sie aber braucht die
Wärme, um ihre Formen zu entfalten. Soll alles
wieder formlos werden? - - Ich mußte Alain
Veniot anrufen. (B. 3, S. 498f.)

Elises schwärmerische Liebe zu Alain beginnt eigentlich mit einem nicht von ihm verursachten Mißverständnis. Sie verwechselt Alains Eingebung für eine neue Malarbeit mit Liebe zu ihr. Alain, der für seine künstlerische Freiheit lebt wie François in *Der Gärtner von Toulouse* für den Garten, reagiert auf ihre Aufforderung nicht. Er nimmt ihre Liebeserklärung nicht zur Kenntnis; er ist noch nicht in der Lage, die Botschaft ihrer Liebe in sich aufzunehmen. Mit einem Freund spricht er über seine neue künstlerische Idee in seinem Pariser Atelier:

Alain: - - Mir war die kühnste Eingebung, die ich je hatte und die entscheidend bleiben wird für meine Kunst, verliehen - ich hätte sie entwürdigt mit diesem Scheck. - - Ich war doch nur mit diesem andern Bild beschäftigt - den Auftrag erledigte ich mit dem Handgelenk. Ich bin kein Anstreicher und nehme Stundenlohn. - - *Lächelnd.* Den großen habe ich gewonnen. Mir winkt der große Preis, wenn ich das neue Bild ausstelle. Und nach dem großen Preis stehen alle Türen offen!
Frocqenard: *hat das Kinn auf die Fäuste gestemmt und blickt zu Boden.*
Alain: Verstehst du mich nicht? Das sind keine Rätsel - das ist nur Reinlichkeit im Geist, die ich mir zu erhalten wünsche.
(B. 3, S. 447)

Alain möchte das höchste Ideal durch künstlerische Leistung erreichen und Erfolg haben. Er kennt nichts anderes als Malen und glaubt fest daran, daß geistige Reinheit nur im Künstlertum verwirklicht werden kann. Anders als Alain weiß Elise, daß reine, absolute Liebe die künstlerische Leistung beflügeln kann. Er begreift die wahren Gefühle Elises erst im Vernehmungsprozeß, der sich über den gesamten 2. Akt erstreckt. Ihm wird bewußt, welche Auswirkung die reine Liebe auf die Menschheit haben kann und daß Elises absolute Liebeskraft über seinem künstlerischen Ehrgeiz steht.

Elise stellt sich als die vom Liebesgefühl überzeugte Frau dar, die die Vollkommenheit geistiger Liebe im metaphysischen Sinne repräsentiert. Alain und Elise vereinen sich schließlich in einer inneren Idealwelt. Sie bewahrt von Anfang an die Treue zu Alain und ist sicher, seine Liebe zu gewinnen. Auch im Gerichtssaal schämt sie sich nicht, ihre Liebe zu gestehen und die Mordtat zu verteidigen. Mit der Beschwörung ihrer vollkommenen Liebe zu Alain enthüllt sie die strahlende Sonnenseite des Lebens, die unbefleckte Natur und den metaphysischen Sinn der Liebe. Alain und alle Zuhörer im Gerichtssaal werden zum Nachdenken angeregt. Von ihrem Bekenntnis beeinflußt gesteht Alain nach langem Schweigen die Mordtat an Herrn Dapperre und übernimmt die Schuld, obwohl er die Tat nicht begangen hat. Ebenso irreal und mythisch wie Rosamundes Beschwörung ihrer Liebe zu William beim Mondlicht im Gefängnis klingt Elises Liebeserklärung. Elises fixierte Vorstellungen über absolute Liebe werden durch die Gegensätze hell/dunkel, Wärme/Kälte, Natur/Kultur hervorgehoben und dienen zum Ausdruck des rein geistigen Liebessinnes:

>   Elise: - - Es war das Paradies, das uns einhüllte. Mit allem Grün vom üppigen Pflanzenwerk - mit Sonnenlichtglanz, das den Schatten schuf, der wohlig wärmte - mit Ruhe für zwei Menschen, die in Unschuld waren, da sie im Paradiesgarten lebten. [. . .] Er tat es - ihm gelang es: er floh, damit wir nicht vertrieben wurden. Er ließ das Paradies bestehen, wo es uns nicht vernichtet

werden konnte. Geheim in uns, wo niemand
Zutritt findet. - - Es gab auch keinen Abschied
zwischen uns. [. . .] Es schickt nur Ströme
neuer Wärme ins Paradies, das frischer sprießt
und blüht. - - - Dann war es, daß Alain Veniot
noch einmal mit Augen den Wintergarten
wiedersehen wollte - die Wirklichkeit des
Traums - und als er eintrat, begegnete im
Paradies er Herrn Dapperre. Es war der
Eindringling, der ihn empörte - und ihn vertrieb,
als er Herrn Dapperre erschoß. - - - - - - - -
(B. 3, S. 472f.)

Nach der langen Rede aus Elises Traumwelt, in der nur Alain Wärme, Liebe und Paradies schaffen konnte, entscheidet er sich spontan für das falsche Geständnis. Seine Übereinstimmung mit ihrer mythischen Liebe erfolgt nicht aufgrund eines momentanen Entschlußes, sondern aus tiefer Erkenntnis und der Anerkennung, daß die reinste, einfachste und doch ursprüngliche Form ihrer Liebe Quelle kreativer Schöpfung ist. Sowie sie durch ihn zum wahren Sinn des Lebens kommt, rüttelt ihn ihre reine treue Liebe aus seinem künstlerischen Traum auf. Er nennt sich nun „Wächter"(B. 3, S. 506), da er sich als solcher erwählt und dazu berufen fühlt, zur Vollendung der Schöpfung der Welt immer wachsam zu bleiben: Fortan schläft sein Gefühl nicht mehr. Die Überzeugung von Elises idealer Liebe verändert seine bisherige Kunst- und Lebenseinstellung vollkommen. Er sieht sich als Meister voller kreativer Inspiration, der absolute Freiheit für sein Künstlertum benötigt. Die sinnliche Liebe zu einer Frau war für ihn zunächst ein Störfaktor. Er denkt aber um und besinnt sich auf die mythische Vision der Liebe: „Die Kunst ist Vorbereitung - es erfüllt sich anders, wenn du berufen bist."(B. 3, S. 506)

Elise trifft Alain in voller Übereinstimmung einer gemeinsamen Vision wieder, bevor er lebenslang ins Gefängnis geht. Die mythische, höhere Liebe zwischen Alain und Elise vollzieht sich in einer visionären, irrealen Welt. Beide wissen, daß es in der irdischen Welt keine Möglichkeit ihrer Realisierung gibt:

Alain:	Die Treppe - abwärts führend - stand vor mir!
Elise:	Führt sie dich in die Tiefe?
Alain:	Abwärts und aufwärts!
Elise:	Wohin führt sie dich?
Alain:	In aller Tiefen Höhe. Ist das das Ziel?
Elise:	Es ist das Ziel, Alain! - - - -
Alain:	Wo bist du in der Welt?
Elise:	Ich kann nicht bei dir sein, Alain!
Alain:	Du bist es deutlich. Ich habe doch dein Bild gemalt!
Elise:	Du maltest widerwillig. Da verblaßt es!
Alain:	Wie Zeit verblaßt, um Ewigkeit zu werden! - - -

(B. 3, S. 508f.)

Die absolute Liebe in *Der Gärtner von Toulouse* und in *Alain und Elise* wird durch die Gegenüberstellung von Selbstlosigkeit (von Janine und Alain) und Selbstsucht (von François und Elise) zum Ausdruck gebracht. In diesem Zusammenhang kann man Laotses Gedanken über Liebe als das absolute Lebensprinzip zitieren:

[. . .]
Wenn man Liebe hat im Kampf
so siegt man.
Wenn man sie hat bei der Verteidigung,
so ist man unüberwindlich.
Wen der Himmel retten will,
den schützt er durch die Liebe.[133]

Laotse differenziert in seiner Lehre zwischen drei Schätzen: Liebe, Genügsamkeit und Zurückhaltung. Diese Verhaltensprinzipen sollen dem Menschen zur Einheit mit sich selbst und der Umwelt dienen und zugleich seinen Lebenssinn vertiefen. So gesehen wird sein Liebesbegriff nicht vom Leben getrennt, sondern mit dem

---

[133] Laotse 1998, S. 110.

gemeinsam verstanden, das sowohl in der sichtbaren, irdischen Welt als auch in der unerreichbaren, überirdischen errichtet werden kann.

Die Liebe von Kaisers Idealisten François, Elise und Rosamunde Floris wird auch in der visionären, irrealen Welt hervorgehoben. Sie setzen sich daher mit allen ihnen zur Verfügung stehenden Mitteln gegen die Realität zur Wehr. Sie alle haben als Ziel die Verwirklichung, Vollendung und Verteidigung ihrer paradiesischen Idealwelt vor Augen. Als Zeichen dieser Idealwelt dienen in allen drei Dramen tropische Gewächshäuser und elementare Naturmetaphern wie Meer, Wasser, Flut und exotische Pflanzen.

4. 2 Kinder als Träger des Erlösungsgedankens

Bei einer anderen Spielart der späten Dramen weicht Kaiser weniger in eine Traum- und Vorstellungswelt aus. Neben die absolute Liebe in *Der Gärtner von Toulouse* und *Alain und Elise* tritt die Bedeutung des Kindes als Zeichen einer hoffnungsvolleren Zukunft. Die Liebe opferbereiter Mütter zu ihren eigenen Kindern erscheint als Humanität im Dienst der Menschheit. Die Kindesthematik als Erlösungsgedanke in *Agnete* (1935) und *Die Spieldose* (1943) läßt sich als Versuch einer humanen Bewältigung einer durch Gewalt und Krieg geprägten Zeit interpretieren.

Agnete handelt vom Schicksal des Heimkehrers Heinrich aus russischer Kriegsgefangenschaft und der Stellung der Titelgestalt zwischen zwei Männern, ihrem Ehemann Stefan und Heinrich. Eine entscheidende Rolle spielt das Kind, dessen Geburt die Vorgeschichte erklärt, auf die die gesamte Handlung zurückgeht. Agnete, die Schwester Lenas, mit der Heinrich verlobt war, macht sich auf den Weg zu dem schwer erkrankten Heinrich in ein Kriegslager, um ihn zum Weiterleben zu ermutigen, ohne ihm die Nachricht vom Tode Lenas zu überbringen. Doch Heinrich kann Agnete nicht von Lena unterscheiden und hält sie für seine Braut. Die Liebesbeziehung hat Folgen. Agnete erwartet ein Kind von Heinrich, während dieser in russischer Gefangenschaft festgehalten wird. Nach dem Krieg bringt die Meldung von seiner Rückkehr aus Rußland Agnetes Ehe mit Stefan durcheinander. Um dem Kind einen Vater zu geben, hatte sie ihn zur Heirat gedrängt. Ohne die Vorgeschichte zu kennen, hatte Stefan sie zur Frau genommen. Er gewinnt mit der Geburt des Kindes Kraft, die Kluft zwischen seinem Dasein als fast Blindem und der objektiven Realität zu überbrücken. Das Kind regt ihn an, auf das Leben nicht zu verzichten. Es rettet ihn vor dem Nichts, so daß er sich daran stärker gebunden fühlt als an seine Frau. Es wird somit zu einem Symbolträger von Stefans neuem Leben, der als Halbblinder zwischen Licht- und Dunkelwelt taumelt. Es bringt ihm die durch das Augenleiden getrübte Umwelt näher:

> Stefan: [. . .] Dies Kind - mein Kind übt einen Einfluß auf mich aus, den ich mit wachsendem Erstaunen in mir wirken fühle. Wie soll ich diesen Vorgang, der sich im Innersten vollzieht, schildern? Ich bin dem Leben näher. Eine Kluft, die sich auftut - in meinem Fall besonders - ist überbrückt. [. . .] In immer dünnere und kältere Schichten, wo alles stirbt - der Todeshauch der Wesenlosigkeit erbarmungslos vernichtet. Die Flucht im Geiste mündet in den Tod. Ist das der Zweck des Forschens ohne Grenze? Ich war nicht weit von dieser Eiseszonengrenze - da rief mir eine Kinderstimme halt zu. Und ich gehorchte. Ich konnte gar nicht anders als dem Befehle folgen, der mir von einem Kind gegeben war. Ich kehrte um und fand das Leben wieder, aus dem ich mich verstoßen glaubte. Ich habe doch ein Kind. Kann sich das Leben gültiger beweisen? (B. 6, S. 85f.)

Die Bedeutung der Existenz des Kindes steigert sich im Verlauf der Auseinandersetzung zwischen Stefan und Agnete, die sich für oder gegen das Kind entscheiden muß. In den Diskussionen des 3. Aktes wird das Kind zur symbolischen Erlösergestalt. Stefans Einstellung gegenüber dem Kind erschöpft sich nicht in persönlicher Bindung. Er fühlt sich vielmehr verpflichtet, das Kind bei sich aufzunehmen und sich um es zu kümmern, weil er durch es das schaffende Gefühl für seine Forschungsarbeit empfängt. Unklar bleibt, um welche Art Werk es sich handelt, es besteht aber eine Abhängigkeit zwischen Werk und Kind. Darüber hinaus betont er die Bedeutung des Kindes für die Menschheit, für die das Kind 'eine Mission' darstelle. Er erzählt ein Traumbild, in dem er und Agnete mit ihrem Sohn inmitten einer Versammlung vieler Menschen stehen. Dabei kommt er auf den geheimnisvollen Sinn des Kindes zu sprechen:

Stefan: [. . .] Mein Werk entstand, ich hatte es von einem Kind empfangen - doch war das nun mit solcher Stärke ausgezeichnet, daß es das Werk einmal bestätigen würde - in der lebendigen Erfüllung seines Wesens? Im Durchbruch in die Bahn mutigster Wesenhaftigkeit? - - - - [. . .] Es sollte dieser Sohn geboren werden - um viele zu verpflichten. Um den Scheiterstoß so hoch zu schichten, daß eine Flamme lodert wie sie noch nicht brannte. Denn große Opfer werden hier gebracht - und nur am Opferfeuer wärmt sich diese Welt.

Agnete: Was ist mein Opfer, Stefan? Wen wärmt es?

Stefan: Das ist das unergründlichste. Hier dringt die Einsicht nicht durch den Nebel, der den Kern umflort. Nicht meine Blicke, die ein Traumbild trübt. [. . .] Vorhin, Agnete, als ich wegfuhr, träumte ich so. Ich mußte vor dem mächtigen Sonnenlicht die Augen schließen und es verwandelten sich Raum und Zeit. Wo waren wir? Auf einer Ebene, die sich auf klüftigem Land erhob und unersteigbar schien von allen Seiten, empfing uns die Versammlung vieler.

[...] Wir schritten bis ins Innere eines Kreises,
der sich dicht um uns schloß. Um uns - das
Kind und dich und mich.
(B. 6, S. 159f.)

Im obigen Text wird die Vorahnung des blinden Sehers für die Lösung des Konfliktes zum Ausdruck gebracht. Er redet von einem Opfer, das Agnete bringen soll. Indem sie die Entscheidung gegen Heinrich und für das Kind trifft, berichtigt sie ihre frühere Lüge und erhält sich damit das Naturrecht der Mutter auf ihr Kind.

Ehe sich Agnete entschließt, dem gemeinsamen Leben mit Heinrich zu entsagen, wird ihr die Bedeutung des Kindes bewußt. Geht sie mit Heinrich, verliert sie ihr Kind. Stefans Traumerzählung bewirkt aber eine entscheidende Verwandlung in ihrem Wesen. Es wird ihr bewußt, daß sie ein Opfer bringen muß, indem sie nicht mit Heinrich geht. Sie bittet deshalb Heinrich um Verständnis und Freispruch wegen ihres Fehlers, der ihm Unglück gebracht hat. Ihre Opferbereitschaft gibt zugleich eine Gelegenheit, die Schuld dafür zu sühnen, daß sie Stefan ein fremdes Kind schenkte:

Agnete: Ich komme um deines Kindes willen nicht!
Heinrich: Ist das denn mächtiger?
Agnete: Mächtiger, Heinrich - weil ich es von dir empfing und Stefan brachte: das ist nun erhoben in herrlichster Erfüllung. Ich zeige es der Welt und lasse nicht die Arme sinken. Wer rüttelt denn an meinen Armen, daß sie von den Schultern brachen. Du, Heinrich, der mich einst beglückte? - Der das nicht wußte??
Heinrich: Unwissend war auch Stefan!
Agnete: *mit voller Kraft.* Denn es sollte der Sohn geboren werden, der keinem von euch beiden ganz zugeteilt ist. Dir nicht - und Stefan nicht. Doch mir ist anvertraut: daß ich ihn hüten soll.

	Dein Kind für Stefan - Stefans Kind für dich. So war das Wunder wirksam! - War es Schuld?!
Heinrich:	*tritt zurück - sieht sie an.* Wenn einer dich verklagen wollte - ich würde ihm die Zunge aus den Wurzeln reißen und diese Lästerung ersticken!
Agnete:	*fast mit einem Aufschrei.* Sprichst du mich frei - von dem Betrug an dir - an Stefan?!
Heinrich:	Wenn du ein Zeugnis brauchst - für die vollkommene Echtheit meiner Worte, es sei geliefert.

(B. 6, S. 162)

Agnetes tragende Rolle manifestiert sich in ihrer Hingabe und Liebe als Mutter und Frau. Sie vernimmt den Ruf Heinrichs in höchster Not und leistet ihm bedingungslos Folge. An ihrer Schwester Stelle eilt sie an das Krankenbett Heinrichs in einem weit entfernten Kriegslager, ohne eigensüchtige Ziele im Auge zu haben. Sie spricht gegenüber Heinrich aus, was sie dazu antreibt, das Leben des schwer erkrankten Mannes zu retten: „Es muß ein Mensch ihn hören und aus dem Hause laufen - immer dem Lärm nach, den der Hilfeschrei verursacht. Heinrich, ich lief so viel die Kräfte mich forttragen konnten. [. . .] Dafür war ich ganz blind und taub. Doch innen hellsichtig wie mit tausendfacher Augenkraft." (B. 6, S. 136) Ihre absolute Hingabe geht von der geschlechtlichen Beziehung in die Verwirklichung eines humanen Zwecks über, die aus dem Verzicht auf eigene Interessen möglich ist. Ihre Entscheidung wird durch Stefans Hinweis auf das Aufrechthalten der Mütterlichkeit, das Urrecht der Natur, angeregt. In der Auseinandersetzung um Agnetes Entscheidung werden von Stefan Lichtmetaphern wie „Opferfeuer", „Flamme", „Wärme" und „Sonnenlicht" ins Gespräch gebracht, die den symbolischen Charakter ihrer Entscheidung für den Sohn als Hoffnungsträger eines neuen Menschentums hervorheben. Der Schlußsatz des Dramas bestätigt den mystischen Charakter ihrer Mütterlichkeit: „Ich habe ihn geboren - diesen Sohn!" (B. 6, S. 163)

Kinder als Hoffnungsträger für die folgenden Generationen werden auch in *Die Spieldose* thematisiert. In dem Anti-Kriegsdrama stellt Kaiser menschliche Schicksale in der Zeit des 2. Weltkriegs dar. Eine Frau steht zwischen zwei Männern, wobei ein Kind eine wichtige Rolle spielt und zwar insofern, als das zukünftige Leben des Kindes trotz allen Unglücks letzte Hoffnung bleibt.

Pierre lebt mit Noelle, der Freundin seines Sohnes Paul, zusammen. Paul kämpft als Soldat an der Front. Mit der Mitteilung von Pauls Tod geht das Verhältnis zwischen Pierre und Noelle in ein erotisches über; sie bekommen einen Sohn. Er soll von der Auferstehung des toten Pauls künden und wird auch Paul getauft. Doch der alte Paul war nur für tot erklärt worden. In Wahrheit ist er gefangen genommen worden und kehrt schließlich in die Heimat zurück. Er hat jedoch sein Gedächtnis verloren und kann sich an seine Vergangenheit nicht erinnern. Durch die Vermittlung des Bürgermeisters kommt Paul als Knecht auf den Bauernhof zu Pierre und Noelle. In der mehr oder weniger gewohnten Umgebung wird seine Erinnerung erweckt. Durch die Melodie einer Spieldose gewinnt Paul sein Gedächtnis zurück. Wie in der griechischen Tragödie *Ödipus* tötet er seinen Vater Pierre und muß dafür büßen.

Für Noelle beginnt mit ihrem Sohn ein neues Leben. Der junge Paul soll den Platz des gefallenen Paul einnehmen. Damit kommt dem jungen von Anfang an Zweideutigkeit zu. Das Kind befreit die Lebenden von dem Gefühl moralischer Schuld und vermittelt für den Toten Frieden. Dadurch findet sich das Ehepaar mit dem Verlust des alten Paul ab:

Pierre: Als das Kind geboren wurde.
Noelle: Es tauchte das neue Leben auf. Da schloß sich ganz das Grab, an das wir nicht zu treten wagten. Es ebnete sich ein so spurlos, daß wir es nicht mehr finden. Grab und Wiege sind ein Behälter für dasselbe Leben. Dasselbe und ein anderes Leben. Eins störte nicht mehr das andre.
Pierre: Wir nannten Paul ihn wieder.

Noelle:	Konnte ein andrer Namen uns auf die Lippen kommen?
Pierre:	Es gibt nur diesen, der die Auferstehung kündet.
Noelle:	*verhalten.* Damit der Tote mit den Toten ruht.
Pierre:	Amen - in Ewigkeit. - - - -

(B. 3, S. 863)

Die glückliche Ehe von Pierre und Noelle hält solange an, bis der alte Paul aus der Gefangenschaft in die Heimat zurückkehrt und sich an seine Vergangenheit erinnert. Den entscheidenden Wendepunkt markiert die Melodie der Spieldose, die der alte Paul in einer Schublade findet und erklingen läßt. Den Zusammenhang zwischen der Spieldose und Pauls wiedergewonnenem Gedächtnis interpretiert Walter Huder als die Entwicklung der physischen und psychischen Situation des vom Krieg zerrissenen Menschen: „Bewußtwerdung des Ichs aus Betroffenheit, Erinnerungsschwund und Schuldverstrickung in die Selbstbesessenheit des freien Willens zur Identität von Schuldbekenntnis und Opfertat."[134] Der alte Paul hat als Opfer des Krieges das vergangene Leben verloren. Durch die Melodie der Spieldose kehrt er in die Realität zurück, in der er vor den unerwarteten Problemen fassungslos und hilflos dasteht und sich die Frage nach der Gerechtigkeit seines verlorenen Lebens stellt. Mit dem Erklingen der Spieldose gerät er zugleich in eine tragische Situation. Er entscheidet sich für die Ermordung des Vaters zugunsten des gemeinsamen Lebens mit seiner ehemaligen Freundin. Das Motiv des Vatermordes stellt Paul als legitimen Kampf um eine Frau dar, obwohl er seinen Vater aus Rache von den Klippen ins Meer stürzt: „,- Um Frauen wird gekämpft - und einer muß im Zweikampf fallen. Das war ein Zweikampf. Ich war stärker - jünger bin ich." (B. 3, S. 864) Der Vater, der in die Situation geraten ist, mit der Freundin seines eigenen Sohnes zusammenzuleben, muß dafür mit dem Leben bezahlen. Aber die Schuld- und Sühnefrage ist mit dem Mord noch nicht beendet, Sühne und Rettung werden erst am Ende des Dramas miteinander verknüpft.

---

[134] Huder, Walther: Nachwort. In: Georg Kaiser Werke 3. Hrsg. v. W. Huder. Frankfurt a. M. 1970. S. 880.

Die Gelegenheit der Genugtuung für den Vatermord bekommt Paul durch den zweiten Wendepunkt des Dramas. Ein Soldat wird ermordet. Da der Täter entkommen ist, sollen zehn Geiseln erschossen werden. Der Bürgermeister berichtet Paul davon. Daraufhin beschließt er, die unschuldigen Geiseln vor dem Erschießen zu retten und auch seine Schuld für den Vatermord zu sühnen. Dabei werden Sühne und Rettung miteinander verknüpft: Täter wird Opfer. Sein Schuldbekenntnis vor Noelle beruft sich auf die „Erde" und tritt für eine humane Zukunft des Kindes ein:

    Paul: [. . .] Das ist die Antwort auf der Erde Anerbieten - wir darben. Wir darben an Brot und Öl und Milch. So spotten wir des Sprießens - Blühens - Reifens. *Nach einer Pause.* Lass' dein Kind nicht wissen, wie wir Unwürdigen waren. Lehr' es: der Erde würdig werden. Das ist gewaltiger als jeder andre Ruf. Er übertönt am Ende alle Stimmen, die uns betörten. Nebel sinkt auf sie - Vergessen hüllt sie ein. Lass' Nacht es sein - für einen schöneren Morgen deines Kindes: der Erde würdig werden - sag' ihm das
- - - - - -

(B. 3, S. 870)

Die Bedeutung der Erde kann im Sinne eines Weitergehens des Lebens verstanden werden, dem das Kind angehören soll. Mit Pauls letztem Appell an Noelle und die Menschen mündet das Anti-Kriegsdrama in einer Apotheose der Natur, die Ernte und Früchte trägt und von Blühen und Reifen erfüllt ist. Die Menschen richten durch den Krieg auf der Erde Unheil an und ihr Bewußtsein soll aufgerüttelt werden, um sie an ihre Verpflichtung gegenüber Erde und Natur zu erinnern.

4. 3 Lichtmetaphorik und Frauen im Sinne des Lebensprinzips

Das Licht kennzeichnet die Frauen als Figuren, die an der hoffnungsvollen Zukunft beteiligt sind und das optimistische Lebensprinzip repräsentieren. Sie handeln aus der Überzeugung, daß das neue Menschentum nur durch das Bekenntnis zur reinen, absoluten Liebe und durch Opferbereitschaft entstehen kann. Solche Frauenfiguren, die als Liebende oder als aufopferungsvolle Mütter für eine zukünftige Menschheit stehen, sind besonders auffallend in *Agnete*, *Alain und Elise* und *Die Spieldose* mit Lichtmetaphern verbunden. Daher soll hier die Frage nach dem Zusammenhang der Lichtmetaphern und der Frauengestaltung im Mittelpunkt stehen.

Das Licht sorgt für Helligkeit und eine bestimmte Atmosphäre im Alltag. Zum Ausdruck des Hellen, Warmen und Liebevollen tragen Blumen in *Agnete* bei. Diese nonverbalen Zeichen haben symbolische Bedeutung und treten im Verlauf der Handlung zusammen mit Lichtmetaphern dominant hervor. Agnete erscheint mit einem bunten Blumenstrauß, der das Wohnzimmer erhellt und Lebensfreude und Heiterkeit beim Gast schaffen soll. Sie erwartet mit der Schwiegermutter, Frau M, den Besuch Heinrichs aus der Gefangenschaft:

> Frau M: Die hellsten, die du pflücken konntest, sind es.
> Agnete: Weil ihre Farben leuchten. Hier fast lustig zwischen den Büchern und den dunklen Bildern.
> Frau M: Soll Lustigkeit hier einziehn?
> Agnete: Das soll nur freundlich winken dem Eintritt. Es muß sich doch der Blick erhellen - oder ist jedes Zeichen frohen Grußes verwehrt?
> Frau M: Von mir stammt kein Verbot. Von Stefan nicht.
> Agnete: *betroffen*. Ja - ich riet ab. Doch Blumen - Blumen sind stumm. Dann duften sie auch und die Luft ist frisch durchhaucht. Wer atmet, labt sich. Das hat alles Wirkung.
> (B. 6, S. 92f.)

Der Blumenstrauß wird mit Zeichen des Lichtes verbunden; von „leuchten" und „erhellen" wird gesprochen. Die entstehende Lichtatmosphäre drückt zugleich die innere Haltung Agnetes gegenüber dem Heimkehrer Heinrich aus. Die leuchtenden Blumen können zwar nicht die Wahrheit sagen, aber sie sind Zeichen für ihre Liebe zu Heinrich. Außerdem stellen sie eine Verbindung zur erfrischenden und heilenden Natur her. In ihnen drückt sich die natürliche Leuchtkraft des Wahren aus.

In der Lichtmetaphorik spielt das Auge als Ausgangspunkt des Erkennens eine große Rolle, worauf Dieter Kafitz mit Bezug auf Hans Blumenberg am Beispiel von Kaisers *Gas 1* eingeht: „Von Kaiser wird es [das Auge] als Fenster der Erkenntnis eingesetzt. Gemessen an seinem bisherigen Sehen, muß der Mensch erst blind werden, um die Wahrheit erkennen zu können[. . .]."[135]

Alain und Elise beginnt auch mit der Augen-Thematik. Im Auftrag des Herrn Dapperre malt Alain das Porträt von Elise. Als er das Bild vollendet hat, kann Elise sich nicht erkennen, weil ein völlig anderes und für sie fremdes Bild von ihr selbst entstanden ist:

Elise:	Man muß sich erst daran gewöhnen, daß man das ist.
Alain:	Und glauben Sie, daß Sie sich - nicht gewöhnen?
Elise:	Ich - weiß es nicht. Deshalb bat ich Sie um Erklärungen, ob uns ein Bild verändert. Ob wir so sind, wie uns der Maler sieht. Im guten oder bösen. - Ist das nicht ein hartes Auge, das Sie mir gaben?
Alain:	Sie blickten so. Ich habe diesen Blick nur festgehalten.
Elise:	Er hat Sie nicht erschreckt?

---

[135] D. Kafitz 1994, S. 80.

Alain:	Mich fesselte der strenge Ausdruck - im Gegensatz zu den sonst weichen Linien des übrigen Gesichts.
Elise:	*schüttelt den Kopf.* Das bin ich nicht.
Alain:	Ich kann nichts mildern!
Elise:	Das bin ich noch nicht-
Alain:	Dann sah ich voraus!
	(B. 3, S. 439)

Das Eindringende und das Unerbittliche der „harten" Augen Elises sieht Alain als Maler voraus, was für ihn Folgen haben wird. In Elises harten Augen sieht Alain etwas Fesselndes, aber er kommt nicht darauf, was das sein könnte. Nur eines wird klar, daß er nicht irritiert, sondern davon überzeugt ist, daß in ihrem Blick etwas Rätselhaftes, Mystisches liegt: „Jetzt haben Sie die harten Augen, die ich malte. Ich hatte recht gesehen. Sie wollten mir nicht glauben - nun halten Sie den Ausdruck fest. Ich hole einen Spiegel."(B. 3, S. 453) Als er mit dem Spiegel zurückkommt, ist sie gegangen. Gleich danach begegnen sie sich im Gewächshaus bei Dapperre; Elise erschießt ihren Mann Dapperre in Anwesenheit von Alain.

Die rätselhafte Leuchtkraft des „harten" Auges wird später von Alain als Weihe empfunden, die er empfängt. Daher ist es aus seiner Sicht nicht mehr nötig zu bestreiten, daß er der Mörder ist. Elises Augen strahlen als Funken in der Dunkelheit und vertreiben den Einfluß der Finsternis. Alain wird von Elise quasi erweckt:

Alain:	*mit halbem Ton.* Vorher war der Frost verbreitet. Die Kälte herrschte. Wie an allem Anfang das Eis ist. Bis wir den Funken fühlten. Sie fühlte ihn zuerst. Sie kam mit dieser Kunde zu mir. Taub blieben meine Ohren. So verschlossen, daß erst ein Schuß erdröhnen mußte, damit ich lausche. Doch ich begriff noch nichts. Was für ein Plan? Ich mußte warten - warten bis an den Tag, der mich belehrte. Als alle Dunkelheit vertrieben wurde und sich das

Licht in meine Finsternis ergoß. Ich stand in meiner Schranke. Sie sprach und stieß mit Worten, die die anderen hörten, mich in die Nacht der Tat. Doch mit denselben Worten, die nur ich verstand, erhob sie mich aus nächtiger Tiefe in immer weitere Höhen. [...]
(B. 3, S. 505)

Elise wird als Lichtträgerin dargestellt, die Licht in Alains Leben projiziert. Ihre Liebe offenbart sich bereits in ihrem Kostüm, das sie beim Abschied von ihm trägt: „*Elise tritt heraus: sie trägt ein helles blumenbuntes Kleid und entfaltet über sich einen Sonnenschirm vom selben Stoff, durch den das Sonnenlicht wie blühend auf sie rieselt.*"(B. 3, S. 508) Die helle Farbe ihres Kostüms wird verstärkt durch das sie überstrahlende Sonnenlicht. Von Anfang an erscheint sie als Lichtfigur und damit als Repräsentantin einer überirdischen, körperlosen Liebe.

Die Geburt des neuen Menschentums - in fast allen Werken Kaisers gegenwärtiges Thema - wird, wie schon herausgearbeitet, vielfach mit der Hingabe und der Liebe der Mutter in Verbindung gebracht. Hingabe und Zuneigung richten sich auf ihr Kind, das sie wie in *Die Spieldose* in Not und Elend der Kriegszeit zur Welt bringt. Noelle ist nicht nur stolz auf das Kind, sie fühlt sich auch der Zukunft des Kindes verpflichtet. Es ist ihr dabei gleichgültig, ob sie Abschied von ihrem Geliebten nehmen muß. Noelle in *Die Spieldose* und Agnete in *Agnete* sind Beispiele für den Zusammenhang der Lichtmetaphern und der Frauengestaltung. In diesen Dramen steht, wie schon dargestellt, die Mutterschaft im Zentrum, in der sich das Erdhafte und das Ursprüngliche des weiblichen Wesens ausdrücken. Die äußere Erscheinung verbindet sich mit Zeichen des Lichtes. Noelles erster Auftritt, in dem sie „von Sonnenlicht umflossen"(B. 3, S. 823) erscheint, signalisiert ihr Wesen: Eine Lichtgestalt, deren Leuchtkraft die Schatten im Haus vertreibt und Fröhlichkeit in der Familie verbreitet. Die Macht des Dunkels drängt sich in Form des Schattens auf, in dem Pierre die Vergegenwärtigung des tot gemeldeten Sohnes Paul sieht. An dieser Stelle spielt sie die Rolle einer heilenden Lichtgöttin, die Pierre alle Sorgen und Ängste nimmt:

Pierre:	War's nicht Parmelin - - in seinem schwarzen Rock?
Noelle:	Schwarz sind die Schatten - - wesenhaft sind die nicht!
Pierre:	Wie dringt der Schatten ein?
Noelle:	Wie er entsteht? Ich kann ihn selbst erschaffen. Ich hebe meinen Arm auf - und da liegt der Schatten quer auf dem Tisch. Oder so - mit einer andern Schwenkung: jetzt auf dem Stuhl. Siehst du ihn sitzen?
Pierre:	Deutlich.
Noelle:	Und das war mit Parmelin, in den wir uns vergafften. Weil uns die Sonne die Augen flimmern läßt. Man kann auch ungeheure Kugeln rollen sehn - und Räder mit Riesenspeichen. Alles Ausgeburten der mittäglichen Blendung. Ich glaubte einmal mich selbst zu sehn als Baum mit Wurzel - Ästen - Blüten. Mich selbst sah ich ganz anders - wie sollte es nicht leicht sein andre zu verwandeln? Siehst du noch Parmelin? (B. 3, S. 831)

Die schwarzen Schatten stehen als Symbol für die Seele des im Krieg gefallenen Sohnes Paul. Sein Vater will es nicht wahrnehmen, als ihnen der Bürgermeister die Meldung vom Tod Pauls überbringt. Um sich und Pierre aus dem Todesgedanken herauszuholen, macht Noelle eine Bewegung, so daß ihr Arm einen Schatten erzeugt. Ihre Demonstration soll Pierre von dem Einfluß des Schattens möglichst fernhalten und seine Aufmerksamkeit auf die Änderung des Mittagssonnenscheins ablenken. Sie spielt eine Muttergott-Rolle, die den mit Pierres Angst verbundenen Schatten herauszutreiben versucht. Sie nimmt Pauls Tod als eine Tatsache hin und befreit sich und den Vater vom Gedanken an das Leid. Die Gegensätze Leben und Tod gehören nach ihrer Ansicht zu der Naturangelegenheit des Menschen. Sie hält daher nichts von dem Schatten („wesenlos - mit dem wir leben." B. 3, S. 843).

Auch der Bürgermeister geht im 2. Akt darauf ein: „Vergessen mit Namen und Dingen ist die Vergangenheit. Es ist, als ob ein Schatten wandle - der Körper, der ihn werfen sollte, ist wesenlos." (B. 3, S. 840)

Noelle ist durch ihre Natürlichkeit bzw. ihre Affinität zum Pflanzlichen („Ich glaubte einmal mich selbst zu sehn als Baum mit Wurzel - Ästen - Blüten." B. 3, S. 831) gekennzeichnet sowie durch die Schönheit der Lichtgestalt. Das mit ihr verbundene Licht bedeutet kein geistiges Licht, sondern ein Sonnenlicht, das das Blühen, Wachsen und Reifen auf der Erde ermöglicht. Darin kann man eine Ähnlichkeit zwischen Noelle und Agnete feststellen. Auch Agnete erscheint am Ende des Dramas vom Sonnenschein überstrahlt: *„Die Sonne - zum feurigen Ball entflammt - schüttet ihre Strahlen auf die Kniende, die darin eingetaucht ist wie in eine Wolke von funkelndem Glanz."*(B. 6, S. 164)

Die Bedeutung der Erde wird am Ende des Dramas *Die Spieldose* betont. Sie wird mit Noelles Sohn in Verbindung gebracht, dessen Zukunft sie gewährleisten soll. Das Prinzip „Zurück zur Natur" soll damit verdeutlicht werden:

> Paul: Du wirst hier leben. Zwischen starken Wänden und unter festem Dach bist du geborgen. Mütter - so sagte Parmelin - entbehren nie des Segens. Das Kind strebt in die Zukunft - und Vergangenheit verwischt zu Schatten. [...] Und du sprichst von dem, was wir erlebten. Wie wir hier miteinander uns verstrickten, das käm' wohl nie von deinen Lippen. Doch leichter macht das andre sich gesprächig. Verhüll' es dichter. Es ist der tiefere Betrug: die Schändung unserer Erde. Treibt - blüht und reift sie nicht? Ist sie nicht gütig, indem sie unsern Schweiß annimmt? Wie danken wir für so viel Gunst?
> (B. 3, S. 869)

Die leuchtende Zukunft mit dem Kind verspricht einen Sieg des Tages und steht im Zusammenhang mit der Verherrlichung der Mutterschaft und der Erde, obwohl von Menschen selbst begangenes Unheil nicht verwischt werden kann. Mit ihren starken Lebenswillen stellen sich Noelle, Agnete und Elise als Lichtgestalten in Kaisers späten Dramen dar, in denen das Grundthema, das neue Menschentum, an die reine, natürliche und absolute Liebe gebunden ist.

5. Schlußfolgerung

Bei der Betrachtung der Frauenfiguren - von den frühen bis hin zu den späten Werken Kaisers - geht diese Studie davon aus, daß die mystischen, naturnahen Darstellungen der Frauen auf das Grundthema von Kaisers Dramen zurückgreifen. Das zentrale Thema der Erneuerung des Menschen beruht auf Verwirklichung eines eigengesetzlichen Lebens. Die dramatischen Konflikte werden meist mit der Liebesthematik verbunden, deren Trägerinnen Frauen sind. Kaisers Frauen stehen als aktiv agierende Kämpferinnen in der erotischen Beziehung über den Männern. Sie unterscheiden sich damit von den traditionellen Frauenfiguren aus dem bürgerlichen Milieu in den Dichtungen der Zeit. In der Art ihrer Gestaltung erscheinen sie als Naturwesen, die auf Verborgenes und Ursprüngliches hinweisen. Aus der Vielfältigkeit der Erscheinungsweise und Problematisierung von Frauen seien abschließend einige Züge ausgewählt

An die Stelle bürgerlicher Moral soll eine neue Natur- und Liebesmoral gesetzt werden. In dem Zusammenhang gestaltet Kaiser in *Die jüdische Witwe* den Rechtsanspruch der Frau auf Sinnlichkeit und ihren Körper in der Gestalt Judiths. Die mit ihr verknüpfte Überzeugung von einem vitalen Leben geht auf Nietzsches Lebensphilosophie und Körperkult zurück; den Normen und Sitten der Gesellschaft stellt er eine neue Wertung der Lebenstriebe, des sinnlichen Bedürfnisses und der Wünsche der Frauen gegenüber.

Judith strebt mit großer Energie ihre Entjungferung an und setzt sich mit entschlossenem Willen durch. Sie ist als eine die Grenzen der Moral überschreitende Amoralistin dargestellt, die zu einer lebensbejahenden weiblichen Kultur als zukunftsträchtiges Ideal auffordert. Mit dem Anspruch auf Selbstbestimmung und der Verwirklichung von Judiths sexueller Freizügigkeit zeigt Kaiser erste Ansätze moderner Frauenfiguren, die zu Beginn des 20. Jahrhunderts sowohl in den Dichtungen als auch in der realen Wirklichkeit wahrgenommen werden.

183

Das Thema des ‚neuen Menschen' setzt sich in den Stücken der zwanziger Jahre, *Nebeneinander* und *Hellseherei*, mit aktuellen Stoffen fort.

Mit dem fortschreitenden Technikkult rücken materielle Werte stärker ins Blickfeld, Isolation und Fremdheit dominieren in den Vergnügungsstätten. Die mehr oder weniger verinnerlichten Helden und Heldinnen Kaisers fühlen sich verpflichtet, den Menschen in der Großstadt aus seinem kalten, materialistischen Dasein zu erlösen, ihn mit dem Nächsten zu einem neuen Leben in Liebe und Gemeinschaft zusammenzuführen.

Ein Widerspiel von Sachlichkeit und Gefühlslosigkeit kennzeichnet die Menschenbilder der Neuen Sachlichkeit. Die Gefahr eines Lebens, das auf den Technikkult setzt und dennoch sich von seinen Auswirkungen bedroht fühlt, wirft den Großstadtmenschen aus seinen Alltagsgleisen und irritiert den gesunden Menschenverstand.

In *Nebeneinander*, einem Schlüsselstück der Neuen Sachlichkeit, zeigt Kaiser vor der Kulisse von Berlin das irregeleitete oder getäuschte Bewußtsein als Massenphänomen der zwanziger Jahre an Beispielen von drei verschiedenen Menschentypen. Der Pfandleiher ist als expressionistischer Visonär der Erneuerung gezeichnet, der sich das Leben nimmt, als er keinen Weg sieht, seine Erneuerungsvisionen eines gemeinsamen Lebens unter den Menschen zu verwirklichen. Anders als der Pfandleiher zieht sich Luise nach einer unglücklichen Liebesbeziehung zurück und gewinnt ein neues Glück durch die Heirat mit Krüger. In der Liebesgeschichte Luises legt Kaiser den Akzent auf die Heimkehr zur Naturhaftigkeit. Er stellt hier eine Frau dar, in der sich die innere Natur mit der äußeren in Einklang befindet, und schafft damit ein Gegenbild zu den Frauen der Neuen Sachlichkeit. In Neumann als Gegenpol zu dem Pfandleiher gestaltet sich der Prototyp der Massenkultur, der mit skrupelloser Sachlichkeit nach Erfolgen strebt.

Als Höhepunkt der Neuen Sachlichkeit läßt sich *Hellseherei* deuten. Die Handlung kreist um einen verlorenen Ring, der zum symbolischen Zeichen einer Liebe wird, die sich einer Erfahrungswirklichkeit stellen muß, wie sie für die Zeit der Neuen

Sachlichkeit kennzeichnend ist. Die Protagonistin stellt dieser Realität eine Illusionswelt gegenüber, in der sie die bedrohte Liebe zu ihrem Mann bewahren kann.

Die Pointe dieses Gesellschaftsspiels liegt in der okkultistischen Dimension des Dramas, in der sich ein weit verbreitetes Gesellschaftsphänomen spiegelt. Veras Leid über den verlorenen Ring, der in Zusammenhang mit der Treulosigkeit ihres Mannes gebracht wird, und ihr Wunsch nach Erklärung begründen die Akzeptanz der Hellseherei. Die okkulte Macht verspricht zurückzuholen, was geschehen ist und noch geschehen wird, aber ihre mangelnde Objektivität beruht auf den Kräften des Zufalls in der Phantasie. Veras Hinwendung zum Okkultismus drückt somit den Wunsch nach einem von der Außenwelt freien sakralen Liebesraum und die Diskrepanz zwischen Selbstbewußtsein und Materialismus in der technischen Gesellschaft aus.

Kaisers Frauen in den späten Dramen nach 1935 erscheinen zum einen als Naturmenschen, die in ihre Illusions- und Wunschwelten eingeschlossen sind, zum andern als verzweifelte und vereinsamte Mütter, die für die hoffnungsvolle Zukunft ihrer Söhne leben. Die Protagonistinnen von *Rosamunde Floris*, *Agnete*, *Der Gärtner von Toulouse* und *Alain und Elise* stehen für die Absolutheit der Liebe. Dabei ist noch bemerkenswert, daß in *Der Gärtner von Toulouse* auch ein Mann Vertreter absoluter Liebe sein kann.

Die Frauenfiguren symbolisieren ein Leben der Reinheit und Einfachheit, das dem Naturbegriff Laotses entspricht. Beide Denker verstehen die Weltordnung als einen dialektischen Prozeß zwischen Gegensätzen von Himmel und Erde, Licht und Finsternis, Wärme und Kälte, Mann und Frau, Yang und Yin. Sie appellieren damit an die Menschennatur, zu ihrem ursprünglichen, einheitlichen Zustand zurückzukehren. Durch die krasse Erscheinungsweise seiner Auffassung von einem visionären Gegenbild unterscheidet sich Kaiser jedoch von Laotse, der nur im Nichthandeln die Rückkehr zur Natur und die Harmonie mit dem Naturgesetz sieht. Kaisers Frauenfiguren begehen hingegen grausame Morde, um die heilige Liebe gegen Hindernisse zu bewahren.

Die Liebe, die die opferbereite Mutter ihrem Kind schenkt - die Titelgestalt in *Agnete* und Noelle in *Die Spieldose* - verwandelt die Eigenliebe in eine humane Liebe zur Menschheit. Um die vom Krieg verursachten Probleme zu bewältigen, entscheiden sich diese Mütter, die Zukunft ihrer Kinder zu sichern, was zum Zeichen für die Sehnsucht nach Erneuerung der Menschheit wird.

Die Frauengestalten als Trägerinnen des neuen Menschentums in Kaisers späten Dramen werden mit Hilfe der Lichtmetaphorik quasi verklärt zu heiligen Bewahrerinnen der absoluten Liebe. Anders als in der manipulativen Literatur der Nationalsozialisten symbolisiert die an die Frauen gebundene Lichtmetapher das Lebensprinzip, das für das Weiterleben auf Erden steht und die Sehnsüchte und Träume zur Erneuerung der Menscheit einschließt. Die Lichtmetaphern als Zeichen der Erneuerungsvisionen mögen ohne konkrete Vorschläge für Änderungen und Reformen der Gesellschaft bleiben, sie zeugen aber von den Wünschen und Sehnsüchten der Menschen. Sie lassen sich als ideelle Appelle deuten, in denen bis zuletzt Kaisers zentrales Thema der Erneuerung der Menschheit präsent ist.

6. Literaturverzeichnis

Quellen (Primärliteratur):

Kaiser, Georg: Werke. Band 1-6. Hrsg. v. Walther Huder. Frankfurt a. M. 1970-1972.

Kaiser, Georg: Briefe. Hrsg. v. Gesa M. Valk. Frankfurt a. M. 1980.

Hauptmann, Gerhart: Sämtliche Werke. Hrsg. v. Hans-Egon Hass. Frankfurt a. M./Berlin 1965.

Hebbel, Friedrich: Werke. Hrsg. v. G. Fricke, W. Keller und K. Pörnbacher. München 1963.

Nietzsche, Friedrich: Sämtliche Werke. Kritische Studienausgabe in 15 Einzelbänden. Hrsg. v. G. Colli und M. Montinari. München 2. Aufl. 1988.

Nietzsche, Friedrich: Werke in 4 Bänden und Registerband. Hrsg. v. Karl Schlechta. Frankfurt a. M./Berlin/Wien 1976.

Forschungsliteratur

Adolph, Rudolf: Das Porträt. In: Frankfurter Hefte 8 (1953).S. 380-384.

Adorno, Theodor W.: Jene zwanziger Jahre. In: Merkur 16 (1962). S. 46-51.
Adorno, Theodor W.: Thesen gegen den Okkultismus. In: Gesammelte Schriften 4. Minima Moralia. 1980. S. 151-178.

Andreotti, Mario: Traditionelles und modernes Drama. Bern/Stuttgart/Wien 1996.

Arnold, Armin: Die Literatur des Expressionsmus. Stuttgart/Berlin/Köln/Mainz 1966.
Arnold, Armin: Georg Kaiser und G. B. Shaw: Eine Interpretation der *jüdischen Witwe*. In: German Life and Letters 23 (1969). S. 85-92.
Arnold, Armin: Der Status Georg Kaisers. In: Frankfurter Hefte 24 (1969). S. 503-512.
Arnold, Armin (Hrsg.): Georg Kaiser. Stuttgart 1980.

Arntzen, Helmut: Zur Sprache kommen. Studien zur Literatur- und Sprachreflexion, zur deutschen Literatur und zum öffentlichen Sprachgebrauch. Münster 1983.

Behrsing, Kurt: Sprache und Aussage in der Dramatik Georg Kaisers. Diss. München 1958.

Bender, Hans: Verborgene Wirklichkeit. Hrsg. v. E. Bauer. Olten u. Freiburg i. B. 1973.

Bienert, Michael: Die eingebildete Metropole Berlin im Feuilleton der Weimarer Republik. Stuttgart 1992.

Bloch, Ernst: Werkausgabe Bd. 4. Erbschaft dieser Zeit. 2. Aufl. Frankfurt a. M. 1992

Blumenberg, Hans: Paradigmen zu einer Metaphorologie. In: Archiv für
Begriffsgeschichte. Bd. 6. Bonn 1960. S. 7-142.

Blumenberg, Hans: Licht als Metapher der Wahrheit. Im Vorfeld der
philosophischen Begriffsbildung. In: Studium Generale. 10. 1957. S. 432-447.

Böckmann, Paul: Die Bedeutung Nietzsches für die Situation der modernen
Literatur. In: DVj. 27 (1953) S. 77-101.

Bohrer, Karl Heinz: Plötzlichkeit. Zum Augenblick des ästhetischen Scheins.
Frankfurt a. M. 1981.

Bormann, A. v. /Glaser, H. A. (Hrsg.): Weimarer Republik - Drittes Reich:
Avantgardismus, Parteilichkeit, Exil. Bd. 9. Reinbek 1983.

Brecht, Bertolt: Tagebücher 1920-1922. Autobiographische Aufzeichnungen
1920-1954. Hrsg. v. Herta Ramthun. Frankfurt a. M. 1975.

Bussmann, Rudolf: Einzelne und Masse. Zum dramtischen Werk Georg Kaisrs.
Kronberg/Ts. 1978.

Butzlaff, Wolfgang: Die Enthüllungstechnik in Hauptmanns „Rose Bernd". In:
Deutschunterricht 13 (1961). S. 59-70.

Cowen, Roy C.: Hauptmann-Kommentar. Zum dramatischen Werk. München
1980.

Denkler, Horst: Die Literaturtheorie der zwanziger Jahre: Zum Selbstverständnis des
literarischen Nachexpressionismus in Deutschland. In: Monatshefte 59. 1967.
S. 305-319.

Denkler, Horst: Die Theorie der „Neuen Sachlichkeit" und ihre Auswirkung
auf Kunst und Dichtung. In: Wirkendes Wort. 18. Jahrgang 1968. S. 167-185.

Diethe, Carol: Aspects of Distorted Sexual Attitudes in German Expressionist

Drama. With Particular Reference to Wedekind, Kokoschika and Kaiser.
New York 1988.

Döblin, Alfred: Die drei Sprünge des Wang-lun. Chinesischer Roman.
Hrsg. v. Walter Muschug. Olten/Freiburg i. B. 1960.

Durzak, Manfred: Hebbels „Judith". Deutungsprobleme und Deutung.
In: Hebbel-Jahrbuch. 1971/72. S. 36-62.

Durzak, Manfred: Der „Zwang zur Politik". Georg Kaiser und Stephan Hermlin im Exil. Zwei exemplarische Möglichkeiten. In: Sprachkunst 7 (1976).
S. 261-278.

Eckardt, André: Laotse. Unvergängliche Weisheit. München/Basel 1957.
(Reihe: Glauben und Wissen 18)

Erdmann, Gustav: Gerhart Hauptmann. Neue Akzente - neue Aspekte. Berlin 1992.

Fähnders, Walter: Avantgarde und Moderne 1890-1933. Stuttgart 1998.

Felbert, Ulrich von: China und Japan als Impuls und Exempel: fernöstliche Ideen und Motive bei A. Döblin, B. Brecht und E. E. Kisch. Frankfurt a. M. 1986.

Fink, Eugen: Nietzsches Philosophie. Stuttgart 1960.

Fischer-Lichte, Erika: Semiotik des Theaters. Das System der theatralischen Zeichen. Bd. 1. 4. Aufl. Tübingen 1998.

Fivian, Eric Albert: Georg Kaiser und seine Stellung im Expressionismus.
München 1947.

Frühsorge, Gotthardt: Fenster: Augenblicke der Aufklärung über Leben und Arbeit. Zur Funktionsgeschichte eines literarischen Motivs. In: Euphorion 77 (1983).
S. 346-358.

Garten, Hugo F.: Formen des Eros im Werk Gerhart Hauptmanns. In: ZfdPH 90 (1971) S. 242-258.

Gehlen, Arnold: Die Seele im technischen Zeitalter. Hamburg 1957.

Geifrig, Werner: Georg Kaisers Sprache. Im Drama des expressionistischen Zeitraums. Diss. Münschen 1968.

Grimm, R. /Hermand, J. (Hrsg.): Die sogenannten zwanziger Jahre. Bad Homburg/Berlin/Zürich 1970.

Gröll, Hans Dieter: Untersuchungen zur Dialektik in der Dichtung Georg Kaisers. Diss. Köln 1965.

Grossklaus, G./Lämmert, E.(Hrsg.): Literatur in einer industriellen Kultur. Stuttgart 1989.

Grundmann, Hilmar (Hrsg.): Friedrich Hebbel. Neue Studien zu Werk und Wirkung. Heide in Holstein 1982.

Han, Ruixin: Die China-Rezeption bei expressionistischen Autoren. Frankfurt a. M. 1993.

Harrigan, Renny: Die emanzipierte Frau im deutschen Roman der Weimarer Republik. In: Stereotyp und Vorurteil in der Literatur. Hrsg. v. J. Elliott, J. Pelzer u. C. Poore. Göttingen 1978. S. 65-83.

Heidemann, Ingeborg: Nietzsches Kritik der Moral. In: Nietzsche-Studien 1 (1972) S. 95-137.

Hein, Jürgen: Aktualisierungen des Judith-Stoffes von Hebbel bis Brecht. In: Hebbel-Jahrbuch. 1971/72. S. 63-92.

Helferich, Christoph: Geschichte der Philosophie. 2. Aufl. Stuttgart 1992.

Hermand, Jost: Stile, Ismen, Etiketten. Zur Periodisierung der modernen Kunst. Wiesbaden 1978.

Hermand, J./Trommler, F.: Die Kultur der Weimarer Republik. München 1978.

Hesse, Hermann: Schriften zur Literatur. 2. Bd. Eine Literaturgeschichte in Rezensionen und Aufsätzen. Hrsg. v. Volker Michels. Frankfurt a. M. 1970.

Historisches Wörterbuch der Philosophie. Hrsg. v. J. Ritter u. K. Gründer. 11 Bde. Basel/Darmstadt 1971-2001.

Hoffmann, Paul: Symbolismus. München 1987.

Holz, Hans Heinz: China im Kulturvergleich. Ein Beitrag zur philosophischen Komparatistik. Köln 1994.

Huder, Walther: Die politischen und sozialen Themen der Exil-Dramatik Georg Kaisers. In: Sinn und Form 13. 1961. S. 596-614.

Hüppauf, Bernd (Hrsg.): Expressionismus und Kulturkrise. Heidelberg 1983.

Jaspers, Karl: Die geistige Situation der Zeit. 7. Abdruck. Berlin 1971.
Jaspers, Karl: Aus dem Ursprung denkende Metaphysiker. Anaximander · Heraklit · Parmenides · Plotin · Anselm · Spinoza · Laotse · Nagarjuna. München 1957.

Justen, Wolfgang Heinrich: Interpretationen zu späten Dramen G. Kaisers. Das Spiel mit literarischen und mythologischen Figuren in den Schauspielen „Rosamunde Floris" und „Alain und Elise". Diss. Houston, Texas 1986.

Kähler, Hermann: Zum Essay. Probleme literarischer Subjektivität in Essayistik und Publizistik der frühen zwanziger Jahre. In: Weimarer Beiträge 12 (1980). S. 92-113.

Kändler, Klaus: „Die Sinnlichkeit des Gedankens". Zur Dramaturgie Georg Kaisers.
In: Weimarer Beiträge 24 (1978). S. 5-23.

Kafitz, Dieter: Struktur und Menschenbild naturalistischer Dramatik. In: ZfdPH
97 (1978) S. 225-255.
Kafitz, Dieter: Tendenzen der Naturalismus-Forschung und Überlegungen zu einer
Neubestimmung des Naturalismus-Begriffs. In: Der Deutschunterricht. Stuttgart 40
1988. S. 11-29.
Kafitz, Dieter: Das intime Theater am Ende des 19. Jahrhunderts. In: Theaterwesen
und dramatische Literatur. Beiträge zur Geschichte des Theaters. Hrsg. v.
Günter Holtus. Tübingen 1987. S. 309-329.
Kafitz, Dieter: Zwischen Avantgarde und kollektivem Diskurs. Zur
Massendarstellung und Lichtmetaphorik in den Dramen Georg Kaisers. In: Drama
und Theater der europäischen Avantgarde. Hrsg. v. F. N. Mennemeier u.
E. Fischer-Lichte. Tübingen 1994. S. 67-90.

Kenworthy, B. J.: Georg Kaiser. Oxford 1957.

Kim, Chung J.: Studie zur Philosophie von Laotse und Changtse. Seoul 1995.

Kim, Tschong Dae: Bertolt Brecht und die Geisteswelt des Fernen Ostens.
Diss. Heidelberg 1969.

Kindermann, Heinz: Vom Wesen der „Neuen Sachlichkeit". In: Jahrbuch des freien
deutschen Hochstifts. Frankfurt a. M. 1930. S. 354-386.

Klabund, A. H.: Literatur-Geschichte. Wien 1930.

Klotz, Volker: Forcierte Prosa. Stilbeobachtungen an Bildern und Romanen der
Neuen Sachlichkeit. In: Erich Kästner. Werk und Wirkung. Hrsg. v.
Rudolf Wolff. Bonn 1971. S. 70-90.

Knopf, Jan: Brecht-Handbuch. Theater. Eine Ästhetik der Widersprüche. Stuttgart 1980.

Kofler, Leo: Zur Theorie der modernen Literatur. Der Avantgardismus in soziologischer Sicht. Neuwied/Berlin 1962.

Kraft, Herbert: Über Hebbels Judith. In: Hebbel-Jahrbuch 1970. S. 57-84.

Kraft, Werner (Hrsg.) : Das Fenster. In: Wort und Gedanke. Kritische Betrachtung zur Poesie. Bern 1959.

Kreuzer, Helmut: Die Jungfrau in Waffen. Hebbels *Judith* und ihre Geschwister von Schiller bis Sartre. In: Aufklärung über Literatur. Autoren und Texte. Ausgewählte Aufsätze. Hrsg. v. W. Drost u. C. W. Thomsen. Heidelberg 1993. S. 92-111.

Künzel, Horst: Die Darstellung des Todes in den Dramen Gerhart Hauptmanns und Georg Kaiser. Diss. Erlangen-Nürnberg 1962.

Kuxdorf, Manfred: Die Suche nach dem Menschen im Drama Georg Kaisers. Frankfurt a. M. 1971.

Laotse: Tao Te King. Das Buch vom Sinn und Leben. Übersetzt und mit einem Kommentar von Richard Wilhelm. Sonderausgabe. München 1998.
Laotse: Die Weisheit des Laotse. Hrsg. v. Lin Yutang. Frankfurt a. M. 1985.

Lapp, John C.: The jealous window-watcher in Zola and Proust. In: French Studies 29 (1975). S. 166-175.

Lemke, Gerhard H.: Sonne, Mond und Sterne in der deutschen Literatur seit dem Mittelalter. Ein Bildkomplex im Spannungsfeld gesellschaftlichen Wandels. Frankfurt a. M. 1981.

Lessing, Theodor: Nietzsche. München 1985.

Lethen, Helmut: Neue Sachlichkeit 1924-1932. Studien zur Literatur des »Weißen Sozialismus«. Stuttgart 1970.

Lethen, Helmut: Unheimliche Nachbarschaften. Neues vom neusachlichen Jahrzehnt. In: Jahrbuch zur Literatur der Weimarer Republik. Bd.1. St. Ingbert 1995.

Lethen, Helmut: Verhaltenslehren der Kälte. Lebensversuche zwischen den Kriegen. Frankfurt a. M. 1994.

Lewin, Ludwig: Die Jagd nach dem Erlebnis. Ein Buch über Georg Kaiser. Berlin 1926.

Lindner, Martin: Leben in der Krise. Zeitromane der Neuen Sachlichkeit und die intellektuelle Mentalität der klassischen Moderne.Stuttgart 1994.

Loschek, Ingrid: Mode im 20. Jahrhundert. Eine Kulturgeschichte unserer Zeit. 2. Aufl. München 1984.

Lotman, Jurij M.: Die Struktur literarischer Texte. 4. Aufl. München 1993.

Lucas, Lore: Dialogstrukturen und ihre szenischen Elemente im deutschsprachigen Drama des 20. Jahrhunderts. Bonn 1969.

Lütkehaus, Ludger: Verdinglichung. Zu Hebbels „Judith". In: Hebbel-Jahrbuch. 1970. S. 85-97.

Mahal, Günther: Naturalismus. 3. Aufl. München 1996.

Markotic, Lorraine: Lou Andreas-Salomés Deutung der Beziehung von künstlichem Schaffen und „Übermensch" bei Nietzsche. In: Deutsche Zeitschrift für Philosophie 44 (1996) S. 1039-1053.

Martens, Gunter: Vitalismus und Expressionismus. Ein Beitrag zur Genese und
Deutung expressionistischer Stilstrukturen und Motive. Stuttgart/Berlin/Köln/Mainz
1971.

Martens, Gunter: Nietzsches Wirkung im Expressionismus. In: Nietzsche und die
deutsche Literatur. Hrsg. v. B. Hillebrand. 2. Forschungsergebnisse.
Tübingen 1978. S. 35-82.

Marx, Julius: Georg Kaiser, ich und die anderen. Alles in einem Leben. Ein Bericht
in Tagebuchform. Gütersloh 1970.

Meese, Arnold: Die theoretischen Schriften Georg Kaisers. Diss. München 1965.

Mennemeier, Franz Norbert: Modernes deutsches Drama. Kritiken und
Charakteristiken. Band 1: 1910-1933. 2. Aufl. München 1979.

Michel, Wilhelm: Physiognomie der Zeit und Theater der Zeit. In: Die Literatur
(Das literarische Echo) 31 1928/29.

Miller, Norbert: Die beseelte Natur. Die literarischen Garten und die Theorie der
Landschaft nach 1800. In: Kunstliteratur als Italienerfahrung. Hrsg. v.
Helmut Pfotenhauer. Tübingen 1991. S. 112-161.

Modick, Klaus: Lion Feuchtwanger im Kontext der zwanziger Jahre.
Königstein 1981.

Nagl-Docekal, Herta: Was ist feministische Philosophie? München 1994.

Neermann, Gerd: Stil und Dramenform der Hauptwerke Georg Kaisers.
Diss. Tübingen 1951.

Neuhardt, Günter: Das Fenster als Symbol. Versuch einer Systematik der Aspekte.
In: Symbolon. Bd. 4. Köln 1978. S. 77-91.

Oh, Sin Tac: Erklärung über Gamsans Laotse-Untersuchung. Seoul 1990.

Paulsen, Wolfgang: Georg Kaiser. Die Perspektiven seines Werkes. Tübingen 1960.

Pausch, Holger A./Reinhold, Ernest (Hrsg.): Georg Kaiser. Eine Aufsatzsammlung nach einem Symposium in Edmonton/Kanada. Berlin 1980.
Pausch, Holger A.(Hrsg.): Kommunikative Metaphorik. Die Funktion des literarischen Bildes in der deutschen Literatur von ihren Anfängen bis zur Gegenwart. Bonn 1976.

Petersen, Klaus: Mythos in Gehalt und Form der Dramen Georg Kaisers. In: Neophilologus 60 (1976). S. 266-279.

Petersen, Klaus: Georg Kaisers *Rosamunde Floris*: Der Engel mit dem Flammenschwert. In: Seminar 13 (1977). S. 13-28.

Pfister, Manfred: Das Drama. Theorie und Analyse. 4. Aufl. München 1984.

Pilz, Georg: Deutsche Kindesmordtragödien. Wagner · Goethe · Hebbel · Hauptmann. München 1982.

Plessner, Helmuth: Die Legende von den zwanziger Jahren. In: Merkur 16 (1962). S. 33-46.

Prümm, Karl: Neue Sachlichkeit. Anmerkungen zum Gebrauch des Begriffs in neueren literaturwissenschaftlichen Publikationen. In: Zeitschrift für deutsche Philologie 91. 1972. S. 606-616.

Reichert, Herbert W.: Nietzsche and Georg Kaiser. In: Studies in philology 61 (1964). S. 85-108.

Reiter, F. C.: Lao-tzu. Zur Einführung. Hamburg 1994.

Richter, K./ Schönert J. (Hrsg.): Klassik und Moderne. Die Weimarer Klassik als historisches Ereignis und Herausforderung im kulturgeschichtlichen Prozeß. Stuttgart 1983.

Rothe, Wolfgang (Hrsg.): Die deutsche Literatur in der Weimarer Republik. Stuttgart 1974.

Rück, Heribert: Naturalistisches und expressionistisches Drama. In: Deutschunterricht 16 (1964). S. 39-53.

Schäfer, Hans-Wilhelm: Das Motiv der Jagd im Werk Gerhart Hauptmanns. In: Jahrbuch für Internationale Germanistik. Hrsg. v. H. Rupp u. H.-G. Roloff. Bde. 8. Basel/Bern/Frankfurt a. M. 1980. S. 454-459.

Scheuer, Helmut (Hrsg.): Naturalismus. Bürgerliche Dichtung und soziales Engagement. Stuttgart/Berlin/Köln/Mainz 1974.

Schlechta, Karl: Der Fall Nietzsche. Aufsätze und Vorträge. München 1958.

Schlüpmann, Heide: Zur Frage der Nietzsche-Rezeption in der Frauenbewegung gestern und heute. In: Nietzsche heute. Die Rezeption seines Werks nach 1968. Hrsg. v. S. Bauschinger, S. Cocalis und S. Lennox. Bern/Stuttgart 1988. S. 177-193

Schmied, Wieland: Neue Sachlichkeit und magischer Realismus in Deutschland 1918-1933. Hannover 1969.

Schrimpf, Hans Joachim: Hauptmann · Rose Bernd. In: Das deutsche Drama vom Barock bis zur Gegenwart. Hrsg. v. B. v. Wiese. Bde. 2. Düsseldorf 1968. S. 166-185.

Schürer, Ernst: Georg Kaiser und Bertolt Brecht über Leben und Werk. Frankfurt a. M. 1971.

Schütz, Adolf: Georg Kaisers Nachlass. Eine Untersuchung über die
Entwicklungslinien im Lebenswerk des Dichters. Diss. Basel 1951.

Schuster, Ingrid: China und Japan in der deutschen Literatur 1980-1925.
Bern/München 1977.

Simmel, Georg: Hauptprobleme der Philosophie. Philosophische Kultur.
Hrsg. v. R. Kramme und O. Rammstedt. Frankfurt a. M. 1996.

Sprengel, Peter: Die Wirklichkeit der Mythen. Untersuchungen zum Werk
Gerhart Hauptmanns aufgrund des handschriftlichen Nachlasses. Berlin 1982.
Sprengel, Peter: Gerhart Hauptmann. Epoche - Werk - Wirkung. München 1984.

Stephan, Inge: Weiblichkeit, Wasser und Tod. Undinen, Melusinen und
Wasserfrauen bei Eichendorff und Fouqué. In: Weiblichkeit und Tod in der
Literatur. Hrsg. v. R. Berger/I. Stephan. Köln/Wien 1987. S. 117-139.

Stumpf, Andrea: Literarische Genealogien. Untersuchungen zum Werk
Friedrich Hebbels. Würzburg 1997.

Szondi, Peter: Theorie des modernen Dramas 1880-1950. Frankfurt a. M. 1975.

Thalmann, Rita: Frauen im Dritten Reich. Autobiographische Zeugnisse.
In: Deutsche Literatur von Frauen. 2. Bd. 19. und 20. Jahrhundert.
Hrsg. v. Gisela Brinker-Gabler. München 1988. S. 293-304.

Vietta, S./Kemper, H.-G.: Expressionismus. 4. Aufl. München 1990.

Wedderkop, H. v.: Wandlungen des Geschmacks. In: Der Querschnitt 6 (1926).
S. 497-502.

Wege, Carl: Gleisdreieck, Tank und Motor. Figuren und Denkfiguren aus der
Technosphäre der Neuen Sachlichkeit. In: DVj 68 (1994). S. 307-332.

Williams, Myrina: The role of the woman in the works of Georg Kaiser.
Edmonton 1965 (Magisterarbeit).

Witte, B.: Neue Sachlichkeit. Zur Literatur der späten zwanziger Jahre
in Deutschland. In: Etudes Germaniques 27 (1972). S. 92-99.

Wittkowski, Wolfgang: Das Tragische in Hebbels „Judith". In Hebbel-Jahrbuch.
1956. S. 7-27.
Wittkowski, Wolfgang: Hebbels »Judith«. In: Hebbel in neuer Hinsicht.
Hrsg. v. H. Kreuzer. 2. Aufl. Stuttgart 1969. S. 164-184.

Ziegler, Klaus: Georg Kaiser und das moderne Drama. In: Hebbel-Jahrbuch. 1952.
S. 44-68.
Ziegler, Klaus: Hebbel · Judith. In: Das deutsche Drama. Vom Barock bis zur
Gegenwart. Hrsg. v. B. v. Wiese. Bd. 2. Düsseldorf 1968. S. 101-122.

www.ingramcontent.com/pod-product-compliance
Lightning Source LLC
Chambersburg PA
CBHW020120010526
44115CB00008B/906